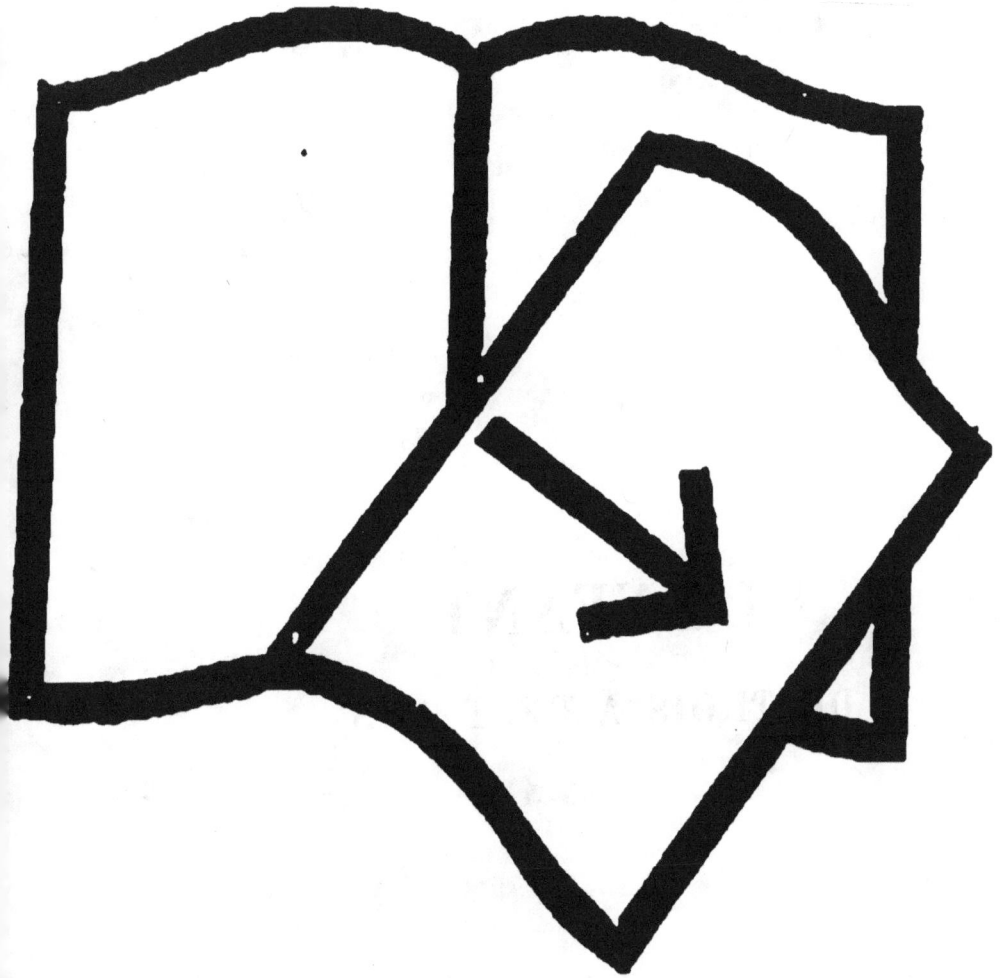

Couvertures supérieure et inférieure
manquantes

L'ENFANT

DE TROIS A SEPT ANS

OUVRAGES DU MÊME AUTEUR

L'Éducation dès le Berceau. Essai de pédagogie expérimentale. 1880. 1 vol. in-8. . . . . 5 fr.

Th. Tiedemann et la science de l'enfant. — Mes deux Chats. Essai de psychologie comparée. 1881. Une br. in-12. **2 fr.**

J. Jacotot et sa méthode d'émancipation intellectuelle. 1883. 1 vol. in-12. 3 fr.

Les trois premières années de l'enfant. 3ᵉ édit. 1 vol. in-8 de la *Bibliothèque de philosophie contemporaine*, avec une introduction de M. James Sully. . . . . 5 fr.

Sceaux. — Imp. Charaire et fils.

LA PSYCHOLOGIE DE L'ENFANT

L'ENFANT

DE

TROIS A SEPT ANS

PAR

BERNARD PEREZ

PARIS

ANCIENNE LIBRAIRIE GERMER-BAILLIÈRE ET C⁰

FÉLIX ALCAN, ÉDITEUR

108, BOULEVARD SAINT-GERMAIN, 108

—

1886

TABLE DES MATIÈRES

PRÉFACE.   VII

CHAPITRE PREMIER. Mémoire et association. — 1. Révivis-
cences singulières. — II. Mémoires diverses. — Maladies de
la mémoire. — III. Association par ressemblance. — Association par contraste.   1

CHAPITRE II. Mémoire et association (suite). — I. Mémoire
verbale. — II. Mémoire des vives perceptions. — Excitants
de la mémoire. — III. Mémoire émotionnelle.   37

CHAPITRE III. Imagination. — I. Imagination animale. — L'i-
magination, faculté pratique. — II. L'obsession imaginative.
— Inhibition des sentiments — Inhibition par sentiment.
— III. L'enfant optimiste.   55

CHAPITRE IV. Imagination (suite). — I. L'imagination et les
vocations. — II. L'imagination et le jeu. — III. L'imagination
intellectuelle.   75

CHAPITRE V. L'Attention. — 1. Le sentiment influe sur l'attention. — L'attention et la sympathie. — L'attention portée
sur les sentiments. — II. L'attention et les mouvements. —
III. L'attention et la nouveauté. — La préattention. — La
préoccupation. — IV. Concentration de l'attention. — Étendue de l'attention. — Rapidité de l'attention.   105

CHAPITRE VI. L'Abstraction et la généralisation. — I. Faibles
progrès de l'abstraction. — Passage du général au particulier. — Jugement des ressemblances. — Degrés d'abstraction.
— II. La connaissance de soi-même   141

CHAPITRE VII. L'Abstraction et la généralisation (suite). —
I. La connaissance des autres. — II. L'abstraction et le sentiment.   161

CHAPITRE VIII. Inférences (jugement et raisonnement). —
I. Erreurs des animaux. — La bêtise humaine. — L'intelligence sociale. — Influences sociales sur le jugement. —
II. Clarté du jugement. — Exactitude du jugement. — Le jugement comparatif. — Décision du jugement. — Le jugement
et la volonté.   181

CHAPITRE IX. Inférences (jugement et raisonnement) (suite).
— I. Inférence du général. — Le raisonnement et l'action.
— II. Le sentiment et le raisonnement. — III. Raisonnements
plus ou moins bien conditionnés. — Formes du raisonnement. — La logique enfantine. — L'inférence relative au
concept du temps. — Appréciation de la durée. — Maniement
des concepts généraux. — Analyse du concept. - Inférence
morale.   203

CHAPITRE X. Les Sentiments. — I. Le plaisir et la peine. —
Les émotions et le caractère. — II. Émotions personnelles.
— III. Émotions sociales.   220

CHAPITRE XI. Les Sentiments supérieurs (suite). — I. L'émotion
esthétique — II. L'esthétique des affections. — III. L'esthétique et la décence. — IV. L'esthétique et la pudeur.   255

CHAPITRE XII. La Volonté. — I. L'imitation et la volonté. —
II. Les habitudes et la volonté. — III. La volonté moins impulsive. — Simulacre de délibération. — La réflexion après
l'action. — Éducation morale de la volonté. — IV. Le tempérament volitionnel. — Modification du tempérament volitionnel. — Éducation de la volonté positive. — Éducation
de la volonté négative   279

FIN DE LA TABLE DES MATIÈRES

PRÉFACE

Il est bien difficile d'assigner des époques déterminées aux progrès plus ou moins continus du développement intellectuel et moral. Il m'a paru toutefois que l'intervalle de trois à sept ans marquait une période plus typique d'évolution que celui de trois à six ou huit ans. Mais, de même que l'étude des trois premières années de l'enfant a pu m'amener à anticiper sur les années suivantes, j'ai dû aussi plus d'une fois porter mes regards au delà des sept premières années, pour mieux mettre en évidence certains faits dont les conséquences éloignées pouvaient seules compléter la signification.

Je ne me fais pas illusion sur la valeur psychologique ou littéraire du présent livre. On en remarquera d'autant mieux les imperfections et les lacunes que mon sujet n'est plus aussi nouveau qu'il l'était encore à la date où je publiai mes premiers essais

psychologiques. Je glisse modestement sur les imperfections. Quant à certaines lacunes, elles pourront, je l'espère, sembler toutes naturelles. S'il est
vrai que l'auteur doit faire son œuvre d'abord pour
lui-même, le premier soin du lecteur ne sera-t-il pas
de se mettre à son point de vue pour la juger? Or, je
n'ai pas eu la prétention de composer une psychologie complète de l'enfant. Même en me bornant aux
points essentiels de la psychologie élémentaire,
il m'aurait fallu disputer aux considérations générales la place réclamée par les anecdotes, les résu-
més de petits faits et les explications indispensables.
Je risquais surtout, avec ma méthode, qui n'est pas
biographique, mais éclectique, d'aboutir à un de ces
volumineux dossiers dont la mode a tant de peine à
s'acclimater en France. J'ai donc eu quelques bonnes
raisons de circonscrire et d'alléger mon sujet autant
que possible, et de m'en tenir à quelques-uns des
faits les plus significatifs, véritables « têtes de file »,
comme dirait M. Taine, qui commandent, impliquent
et suggèrent les autres.

Mon ambition n'est pas, d'ailleurs, excessive. Elle
se borne à ajouter quelques observations et quelques
idées au recueil déjà fort riche que d'autres s'occu-
pent chaque jour de grossir. J'ai nommé, parmi les
étrangers, Vierordt, Uffelmann, Simonowicz, Pollock,
Ferri, Berra, Sikorski, et le plus éminent de tous, le
physiologiste Preyer. Ce sera pour moi un très

grand honneur de pouvoir être lu en même temps qu'eux[1].

On peut regretter que, dans un pays où la passion de la synthèse ne détruit, même chez les métaphysiciens, ni le goût de l'analyse ni l'esprit de finesse, dans un pays qui a produit, après l'*Émile*, les travaux précieux de Mme Guizot, de Mme Necker de Saussure, de Taine et d'Egger, je sois encore le seul qu'aient séduit les recherches de psychologie infantile. A cela rien d'étonnant. Je ne vois pas d'ailleurs que l'exemple de M. Taine, de M. Ribot et de M. Espinas leur ait suscité beaucoup d'émules. Que voulez-vous? Notre éducation de collège nous a habitués à « croire qu'on arrive de plain-pied aux généralités sans avoir passé par l'étude des détails ». Par la nature de l'enseignement et des examens qui leur sont imposés, nos jeunes gens sont « plus portés à prendre la science par le sommet que par la base »[2]. Je déplore cette abdication systématique à l'égard de la philosophie expérimentale, ce facile renoncement de la pensée à la recherche objective. Que de force intellectuelle et de talent littéraire perdus pour la philosophie nouvelle!

A défaut des philosophes, les romanciers, ces indépendants de la psychologie, s'ingénient depuis

1. Les lecteurs français pourront lire bientôt le livre de M. Preyer, l'*Âme de l'enfant*, que je me félicite d'avoir contribué à faire traduire en notre langue.
2. E. Renan, *Dialogues philosophiques*, p. 265-286.

quelque temps à nous fournir des documents sur l'en-·
fance. Grâce à eux, le mot de Taine a cessé d'être
vrai : « Les enfants manquent dans notre littérature[1]. » Nos conteurs les plus en renom, sans parler
des auteurs de mémoires personnels, nous décrivent
aujourd'hui l'enfant avec plus de charme et d'intérêt, cela va sans dire, mais souvent même avec plus
de précision que les psychologues d'état. Qui n'a lu
ces œuvres charmantes et vraies, signées des noms
de Zola, Vallès, Daudet, Mme Daudet, Anatole France
et d'autres peut-être que j'oublie? Ces psychologues
sans brevet, nos heureux confrères, poussent ferme,
en n'ayant pas l'air de s'en douter, à l'avancement
de cette science de l'enfant, que tous les bons observateurs contribueront à fonder.

Lorsque, à la fin du siècle, elle s'élèvera quelque
peu sur les fondements que nous cherchons à asseoir,
mes essais ne seront plus qu'un bien vague souvenir. Je m'estimerai néanmoins heureux, si j'ai pu,
en passant, éveiller chez quelques parents et chez
quelques maîtres la curiosité d'étudier à fond les
enfants dont l'éducation et l'avenir leur tiennent au
cœur. Car, en observant et en décrivant l'enfant, je
n'ai jamais perdu de vue l'utilité pratique, et même
l'utilité immédiate. Peut-être même ai-je cédé plus
souvent que je ne devais à la tentation de placer un

1. *Histoire de la littérature anglaise*, p. 80.

conseil à côté d'une observation. Le psychologue de l'enfant, qui n'a rien de tel à se reprocher, me jettera la première pierre.

Mon idée était pourtant bien de faire œuvre psychologique, et non pédagogique.

Il y a tout intérêt, pour le progrès et la diffusion de la psychologie et de la pédagogie, à séparer la psychologie de l'enfant de la psychologie de l'élève. Celle-ci s'est déjà affirmée dans divers essais, qui font bien augurer de son avenir. Je citerai, entre autres, les traités de psychologie de M. Henri Marion et de M. James Sully, où la pédagogie, comme il est naturel, ne vient qu'en seconde ligne, et surtout le traité de pédagogie de M. G. Compayré, où il est fait un heureux mélange de la psychologie et de la pédagogie. La première partie de ce traité nous offre un spécimen excellent de cette psychologie scolaire que Mme Necker conviait les maîtres de tous pays à fonder sur les bases de l'expérience comparative. Cette psychologie d'un genre tout spécial, de même que la psychologie générale, devra beaucoup, tout en la payant de retour, à la psychologie de l'enfant.

TARBES, *mai* 1886.

L'ENFANT

DE TROIS A SEPT ANS

CHAPITRE PREMIER

MÉMOIRE ET ASSOCIATION

I

La mémoire, ou la faculté qu'a l'esprit de reproduire le plus grand nombre de ses états passés, se manifeste sous l'action de causes, les unes psychologiques, les autres purement physiologiques. Les premières sont l'attention, le sentiment, la volonté, le raisonnement ; elles se ramènent elles-mêmes à ces deux conditions essentielles : état normal du cerveau, circulation régulière et active dans cet organe. A l'âge où mon observation prend ici l'enfant, « le sang est poussé en courants rapides et abondants » [1] dans le cerveau chaque jour accru et développé. « L'activité du processus nutritif est tellement grande que les connexions nouvelles sont rapidement établies [2] . » Cet âge est particulièrement favorable à l'enregistrement des percep-

---

1. Ribot, les *Maladies de la mémoire*, p. 161.
2. Id. *Ibid.*, p. 186.

tions, des émotions et des jugements simples. Cette période si intéressante et si connue promet encore beaucoup aux observateurs. Voici un petit nombre de faits que j'ai pu, quant à moi, plutôt recueillir avec patience que généraliser avec ampleur.

La mémoire est faite d'oubli, d'oubli partiel, et plus apparent que réel[1]. A l'âge de trois ans, les souvenirs des deux premières années sont tous, ou peu s'en faut, rentrés dans la nuit de l'inconscient. L'enfant de cet âge reconnaît à peine quelques souvenirs qui ont fait date dans les huit ou dix derniers mois, mais qui surnagent rarement dans le flux et le reflux des réminiscences ultérieures. Je ne vois trace d'aucune des impressions de cette époque chez les

---

1. « Une condition de la mémoire, dit M. Ribot, c'est l'oubli. Sans l'oubli total d'un nombre prodigieux d'états de conscience et l'oubli momentané d'un grand nombre, nous ne pourrions nous souvenir. » M. Ribot cite, à ce propos, le cas d'un docteur doué d'une faculté extraordinaire pour apprendre les langues, qui pouvait répéter quelque long document lu une seule fois, mais qui ne pouvait se rappeler un point particulier qu'en se répétant à lui-même la totalité du morceau, jusqu'à ce qu'il arrivât au point désiré. V. les *Maladies de la mémoire*, p. 45.

Chez l'enfant déjà grand, comme chez l'adulte, l'oubli dont il est ici question n'est donc qu'apparent. Un enfant de six ans, qui m'est très affectionné, m'avouait, après un an d'absence, qu'il n'avait pas une seule fois pensé à moi depuis *le premier de l'an*. Il est de même très probable qu'un chien ou un chat qui nous fait des démonstrations affectueuses en nous revoyant au bout de quatre ou cinq ans n'a peut-être jamais pensé à nous que pendant les premiers jours de la séparation. On sait aussi qu'après avoir perdu l'habitude de certains actes comportant une adaptation difficile, nous les apprenons de nouveau bien plus aisément que la première fois. C'est que les décharges nerveuses dont ils étaient l'effet ont tracé leur voie une fois pour toutes. L'habitude de marcher, de parler, de jouer à la paume, de faire partir un fusil, de toucher du piano ne se perd jamais entièrement. Je lis dans Romanes que le célèbre Robert Houdin ayant appris dans son enfance à jongler, même en lisant un livre, avec trois balles, se retrouva en possession de la même faculté trente ans après en avoir abandonné l'usage. V. l'*Evolution mentale chez les animaux*, p. 24.

écrivains qui nous ont raconté leur enfance. « J'ignore, dit Rousseau, ce que je fis jusqu'à cinq ou six ans, je ne sais comment j'appris à lire, je ne me souviens que de mes premières lectures et de leur effet sur moi : c'est le temps d'où je date sans interruption la conscience de moi-même [1]. » « Ai-je été nourri par ma mère? dit Vallès : est-ce une paysanne qui m'a donné son lait? Je n'en sais rien. Quel que soit le sein que j'ai mordu, je ne me rappelle pas une caresse du temps où j'étais tout petit; je n'ai pas été dorloté, tapoté, baisoté; j'ai été beaucoup fouetté. Mon premier souvenir date d'une fessée [2]. » De leur côté, ni M. et Mᵐᵉ Daudet, ni M. Anatole France n'ont consigné un seul événement se rapportant à ces toutes premières années. Nous savons pourtant que tout n'en est pas perdu pour la mémoire consciente. M. Ribot cite des cas où des excitations psychiques ont produit, même à l'état sain, des souvenirs se rapportant à la première année ou au commencement de la seconde [3]. C'est au même âge que se rapporte le souvenir pour moi terrifiant d'une ignorante et grossière bonne, qui me tint un moment suspendu en dehors de la fenêtre et fit mine de vouloir me jeter en bas. Quoi qu'il en soit, l'oubli apparent est la loi pour toutes ces premières et fondamentales acquisitions du petit enfant. De nouvelles expériences se succèdent sans interruption, perdant de semaine en semaine, ou de mois en mois, leur facilité à se reproduire, au moins avec conscience. Les plus spéciaux de ces souvenirs latents se dérobent même à l'œil de l'observateur qui ne pourrait pas établir une comparaison entre les états correspondants du jeune esprit à deux époques

1. Les *Confessions*, partie I, liv. I.
2. *Jacques Vingtras*, p. 1.
3. Les *Maladies de la mémoire*, p. 111.

différentes. Ainsi les faits suivants seraient restés sans
signification pour celui qui n'en aurait connu qu'une partie.

La petite Henriette revint, à trois ans et demi, au village
de sa nourrice, qu'elle avait quitté à l'âge de vingt mois.
Elle se rappelait fort bien l'aspect et la situation de la
maison. A l'entrée du village, elle dit à son père : « Je sais
où c'est ; je vais te conduire ». A quelques pas de la maison,
elle aperçoit le chien, qui se met à aboyer. Elle lui crie :
« Ne gronde pas, Médor, c'est la petite Henriette qui revient. » Pendant son séjour d'une semaine chez sa nourrice,
elle voisina, elle visita plusieurs maisons ressemblant à
celle de sa nourrice. Cela mit-il quelque confusion dans
son esprit? Le fait est qu'étant revenue trois ans après, elle
hésita un moment à dire : « C'est ici la maison de maman
nourrice. » Tout en embrassant la bonne paysanne, elle lui
dit : « Ta maison est bien changée ! Je la croyais plus jolie
et plus grande ! ». Après le second voyage, ce souvenir
local était fixé à tout jamais dans sa mémoire.

Il convient de rapprocher ce fait d'un autre, qui m'a
paru assez curieux. Un enfant âgé de six ans se souvenait
d'événements de sa seconde année, qu'à l'âge de quatre ans
il paraissait avoir oubliés. C'étaient des scènes de famille,
des incidents de voyage, des rencontres, des visites, des
visages vus en passant, des mots, des phrases, des refrains
reproduits seulement pendant une ou deux semaines. Comment expliquer ces apparentes anomalies de la mémoire?
Le cas de la petite Henriette nous montre un souvenir tout
d'abord oblitéré parce que l'impression n'en a pas été assez
répétée. Le cas de l'autre enfant doit être aussi simple. Mais
ici la cause ne nous est pas expérimentalement donnée ; il
nous faut la supposer. Un rêve, une émotion suggestive ont
pu raviver par hasard, et leur répétition fortifier et préciser

l'image affaiblie des impressions de la seconde année. Nul
doute aussi que, pour les images les plus lointaines, l'aptitude à reparaître dans la conscience n'augmente avec les
pouvoirs sans cesse accrus de discrimination, d'association,
de localisation dans l'espace et dans le temps. Ce qui manque
le plus souvent à un souvenir pour faire image, pour éveiller
la conscience, ce sont les circonstances du temps et du lieu,
en un mot, c'est le cadre. Or, le cerveau de l'enfant croit
chaque jour ; il s'enrichit à chaque instant d'impressions
touchant par quelque point aux anciennes ; capable d'un
travail plus prolongé et plus ample, il a des occasions de
plus en plus nombreuses et une facilité de plus en plus
grande de reproduire certaines de ces images longtemps
étouffées sous la masse des impressions courantes. Tout
le développement de l'intelligence, ou, si l'on veut, du
cerveau, vient donc naturellement en aide à la mémoire.
Ainsi se trouvent psychologiquement expliquées les récur-
rences quelquefois si étonnantes du souvenir.

Voilà expliqué, du même coup, comment il se fait souvent que notre mémoire remonte le cours de la vie à mesure
que nous y avançons davantage. Je ne parle pas, il est vrai,
de ces retours obsédants des souvenirs du jeune âge, qui
sont souvent chez les vieillards les indices d'une décompo-
sition active du cerveau, derniers éclairs d'une intelligence
à peu près fermée aux impressions actuelles. Mais chacun
de nous a pu vérifier sur lui-même qu'à vingt ou trente ans
il est plus bien facile qu'à quinze ans ou à dix ans d'évoquer
des souvenirs de la deuxième à la septième année. Rousseau nous dit avec un charme singulier que de tels souvenirs, totalement éclipsés depuis son enfance, lui reve-
naient en foule dans la vieillesse. « Près de trente ans se
sont passés depuis ma sortie de Bossey, sans que je m'en

sois rappelé le séjour d'une manière agréable par des
souvenirs un peu liés; mais depuis qu'ayant passé l'âge
mûr, je décline vers la vieillesse, je sens que ces souvenirs
renaissent tandis que les autres s'effacent; ils se gravent
dans ma mémoire avec des traits dont le charme et la force
augmentent de jour en jour : *comme si, sentant déjà la vie
qui s'échappe, je cherchais à la ressaisir par ses commence-
ments.* Les moindres faits de ce temps-là me plaisent par
cela seul qu'ils sont de ce temps-là. Je me rappelle toutes
les circonstances des lieux, des personnes, des heures. Je
vois la servante et le valet agissant dans la chambre, une
hirondelle entrant par la fenêtre, une mouche se poser sur
ma main tandis que je récitais ma leçon; je vois tout
l'arrangement de la chambre où nous étions; le cabinet de
M. Lambercier à main droite, une estampe représentan
tous les papes, un baromètre, un grand calendrier, des
framboisiers qui, d'un jardin fort élevé, dans lequel la
maison s'enfonçait par derrière, venaient ombrager la
fenêtre et passaient quelquefois jusqu'en dedans [1] ». L'explication donnée par Rousseau, dans les mots soulignés, de
cette chère remembrance du passé lointain est tout à fait
sentimentale et métaphysique. Il me paraît, à cela près,
avoir réalisé l'idéal proposé par un ingénieux critique aux
écrivains appliqués à noter leurs souvenirs d'enfance, c'est
« de les noter tels quels, de n'en point altérer le relief et
la couleur originale par l'addition de sentiments éprouvés
après coup, de sentiments « de grande personne [2] ». Idéal
difficile à atteindre, comme tous les autres : car dans toutes
ces remémorations plus ou moins naïves du jeune âge,

---

1. Les *Confessions*, partie I, liv. I.
2. J. Lemaître, *Revue polit. et litt.*, n° du 6 juin 188

l'écrivain déplairait aux lecteurs, et même aux critiques, s'il n'y mettait pas un peu du sien.

II

Il est bien difficile d'étudier la mémoire seule, indépendamment des autres facultés qu'elle sert et qui l'aident à leur tour. Je m'efforcerai cependant de le faire, et, pour plus de clarté, d'en étudier séparément les applications les plus spéciales, en commençant par la mémoire intellectuelle.

Que d'intéressants problèmes se rattachent à la psychologie de la mémoire! Il faudra étudier d'année en année, de mois en mois, dans les enfants isolés ou groupés, les progrès que chaque mémoire spéciale fait en facilité, en ténacité, en précision; le nombre d'individus des deux sexes que leur constitution primitive paraît préparer à tous les genres d'acquisitions, en un mot, mesurer, s'il est possible, la plasticité générale du cerveau humain; chercher si, comme l'a dit Bain, la période maxima de la faculté rétentive est entre six et onze ans; quelle quantité de travail utile paraît convenir aux enfants considérés par catégories d'âges, de sexes, de tempéraments, de caractères, et d'après leur force naturelle de perception, de jugement, d'imagination, d'abstraction; quelle est exactement l'influence des mobiles, des procédés éducatifs, de l'exercice antérieur, de la nutrition complète ou défectueuse, de l'humeur habituelle ou accidentelle, de l'état de santé, des saisons, des jours et des heures, sur l'acquisition et la reproduction des idées de tout ordre; enfin quels sont les abus, les maladies, les illusions, les redressements et les restitutions possibles de cette faculté sans laquelle les autres n'existeraient pas, et dont elles ne sont toutes que les formes largement différenciées. Sur toutes ces questions importantes, les éducateurs, les psychologues, les hygiénistes eux-mêmes ont déjà posé les bases des recherches fécondes. Mais leurs solutions sont encore trop vagues ou trop générales. Chacun de ces points réclame des enquêtes approfondies, pouvant faire l'objet d'un ou de plusieurs livres. Il me suffit ici de présenter quelques observations suggestives. Elles se rapporteront cette fois à différents groupes d'enfants que j'ai pu suivre de près pendant quelques années. Il n'est pas sans intérêt de contrôler les uns par les autres les différents états d'une intelligence dans une assez longue suite d'années. Il s'agit d'ailleurs ici de psychologie féminine; mais chacun sait qu'il ne peut sérieusement être parlé que de petites différences de degrés entre fillettes et garçons. Il ne m'a pas du moins été donné d'en saisir d'autres quant à la facilité, à l'ampleur et à la force de la mémoire. Si le cerveau des petites filles s'accroît dans cette période un peu plus que celui des garçons, cette avance ne doit pas être attribuée au développement des facultés intellectuelles.

De cinq à six ans, les petites filles n'étudiaient pas encore dans des livres. Leur maîtresse leur apprenait à lire par le procédé phonomimique, avec lequel elle faisait merveille, en dépit de mes critiques plus ou moins fondées. Elle leur répétait des fables, des narrations demi-sérieuses, des récits tirés de l'histoire de France; elle leur faisait un peu d'histoire naturelle à la façon de Mme Pape-Carpantier. Elles apprenaient ainsi presque toutes avec facilité, toutes avec entrain. Elles étaient toujours ravies et redoublaient d'attention quand la maîtresse ajoutait quelque chose à leur petit répertoire, quand elle leur parlait, en leur montrant le dessin ou l'échantillon, de quelque fleur ou de quelque animal nouveaux. Il était assez difficile, à cette époque, les répétitions étant très fréquentes, et les interrogations étant surtout générales, de noter de bien grandes différences individuelles, soit pour la mémoire, soit pour l'intelligence. Les inégalités se montraient seulement à la lecture : il est même digne de remarque que les petites filles ayant appris à lire avec difficulté furent presque toujours les mauvaises élèves des classes suivantes. Les élèves les plus promptes à saisir les côtés saillants des objets, à signifier qu'elles les remarquaient, étaient aussi celles qui en conservaient le plus longtemps le souvenir. C'est que la mémoire, même dans la petite enfance, ne fonctionne jamais seule, qu'elle est ou paraît essentiellement liée à la vivacité des perceptions et à l'exactitude des jugements. Ce fait d'observation se trouve, du reste, vérifié par les expériences psycho-médicales : chez les somnambules, « la finesse de perception rend la suggestion facile [1] », et la reproduction mémorielle n'est pas autre chose qu'une suggestion.

De six à sept ans, les petites filles apprenaient de courtes leçons, déjà lues en classe et expliquées par la maîtresse. Les médiocres commençaient à se montrer. Les distances étaient assez accusées à la fin de l'année. Telle petite qui, sept ou huit mois auparavant, apprenait une fable de Florian en vingt-cinq minutes, n'y mettait plus que vingt minutes ou un quart d'heure. Même résultat pour la grammaire et les récits historiques. Déjà aussi quelques mémoires étaient en retard pour tout ou partie des matières. C'étaient, en général, des enfants malades, lymphatiques, plus ou moins

1. Bernheim, l'*Hypnotisme chez les hystériques*, *Revue philosophique*, mars 1885.

dépourvues d'attention, ou des enfants assez vives, mais
gâtées dans leurs familles, qui leur laissaient faire toutes
leurs fantaisies, et les promenaient de plaisir en plaisir.
On leur faisait de temps à autre apprendre en classe une
fable ou un morceau littéraire. Une élève les lisait à haute
voix, puis chacune se mettait à les étudier bribe par
bribe. Au boutde dix ou douze minutes, cinq ou six élèves
fermaient le livre, et regardaient en souriant la maîtresse.
Quelques instants après, six ou sept autres, rouges d'émotion, fermaient aussi leurs livres. Celles qui arrivaient en
retard, dès le milieu de la séance, avaient montré quelque
distraction ; leur regard allait çà et là, leur main machinalement agitait le livre, saisissait et retournait un crayon ;
elles en tapotaient sur la table et y fixaient leurs yeux,
tout en se récitant la leçon à elles-mêmes. Si, au bout de
trois jours, on leur redemandait cette leçon, lue seulement
une fois, à peine cinq élèves sur vingt la récitaient sans
faute ; les deux tiers des élèves la récitaient avec plus ou
moins d'hésitation, et y faisaient de trois à dix fautes. Le
reste de la classe en reproduisait par-ci par-là quelques
mots. La maîtresse voyait là une exacte mesure des diverses
mémoires. L'intelligence proprement dite n'était pas beaucoup en cause, puisque la leçon avait été expliquée, et que
le sens des mots était compris de toutes les élèves. La maîtresse constatait, en somme, et sauf de rares exceptions,
que les élèves les plus lentes à apprendre et les plus
promptes à oublier étaient celles qui n'avaient pas l'habitude de savoir les leçons étudiées dans leurs familles.

De sept à huit ans, la facilité s'était quelque peu accrue,
la ténacité restant au même point, pour la moyenne des
élèves, ce qui laissait un plus grand intervalle entre elles
et le dernier tiers de la classe. Cette augmentation de faci-

lité rétentive n'avait pas pour cause unique ce qu'on appelle
la culture de la mémoire, ou les exercices fréquemment
renouvelés sur telle ou telle matière ; car mainte élève qui
arrivait en classe à cet âge sans avoir jamais rien appris
ne laissait pas de rattraper ou même de surpasser en très
peu de temps des enfants ayant trois ou quatre ans d'école.
Dans le courant de la même année, quelques élèves qui
avaient pu donner autrefois des illusions commençaient à
inquiéter par l'infériorité en quelque sorte croissante de
leur mémoire ou de leur intelligence. Il arriva souvent que
leur maîtresse disait à sa sœur, directrice des plus grandes
élèves : « Tu sais, une telle et une telle, elles travaillent
tant que je dois leur donner des bons points et des billets
de satisfaction : ce sont des élèves irréprochables ; mais,
comme telle ou telle autre, ce ne sont que des sottes. Je le
vois au travail des ardoises. » Y avait-il là un simple résultat
de l'évolution ? Peut-être, puisque rien ne paraissait avoir
changé dans les influences du milieu, dans le tempérament,
le caractère et les habitudes morales des enfants [1]. Il est
donc probable que la vraie cause, due elle-même à des

---

1. Tous les hygiénistes ont considéré, après Tissot, la perte de la
mémoire chez les enfants comme un indice accusateur des désordres
secrets. « Tout enfant, dit M. Fonssagrives, chez lequel la mémoire
faiblit d'une façon marquée, qui fait des efforts évidents et infructueux pour apprendre ses leçons, et qui n'est ni dans la période de
préparation d'une maladie cérébrale, ni dans celle de convalescence
d'une maladie longue, une fièvre typhoïde, par exemple, doit, par ce
seul fait, être tenu en une suspicion que la coïncidence de quelque
autre indice ne tarde pas d'ailleurs à rendre plus probable. » Le
même auteur ajoute : « Je ne sache pas qu'on ait cherché à analyser celles des qualités de la mémoire : facilité, ténacité, spontanéité,
que ce fléau frappe ou éteint de préférence. Il y aurait là un sujet
d'étude intéressant pour le philosophe et l'hygiéniste. Je serais disposé à croire que c'est la ténacité qui est surtout menacée. » L'Éducation physique des garçons, p. 308-311.

circonstances inconnues, était un ralentissement dans le développement du cerveau.

Les mêmes élèves passaient, de huit à dix ans, dans les mains de sous-maîtresses, ni bien instruites, ni bien zélées : mais ce n'est pas sans doute cela seul qui faisait qu'on avait beaucoup à se plaindre de leur paresse et de leur diablerie. Elles n'avaient plus de goût pour les leçons d'histoire naturelle, d'ailleurs mal préparées et mal faites. Elles ne rapportaient plus le soir dans leurs familles ces charmants récits, ces notions utiles, ces explications intéressantes qui charmaient tant autrefois leurs parents. Si la tête de la classe restait ferme à son niveau, la moyenne baissait manifestement.

Vers l'âge de douze ans, les premières élèves paraissaient avoir donné la mesure définitive de leur facilité et de leur ténacité mémorielle, ou du moins progressaient-elles fort peu sous ce rapport, tandis que leur jugement et leur imagination faisaient quelquefois des progrès étonnants. Il semble aussi qu'elles n'eussent dès lors presque rien à gagner au point de vue de la netteté ou de la précision du souvenir, soit que cette qualité corresponde à une qualité native de la perception, soit que les exercices propres à la développer ne fussent pas connus de ces maîtresses d'ailleurs si capables. Les distances restaient toujours les mêmes, pour la mémoire, entre les bonnes et les mauvaises élèves d'autrefois. Où les différences s'accusaient surtout de semestre en semestre, c'est dans les réponses explicatives, dans les applications orales ou écrites des matériaux entassés, dans les compositions autres que la dictée et l'analyse grammaticale.

Entre la neuvième et la douzième année, il ne fallait compter, chaque année, sur une centaine d'élèves, que

quatre ou cinq élèves aptes à tout faire. Celles-là, tout
était de leur compétence : sciences, lettres, dessin, musique,
travaux d'aiguille. Pour le plus grand nombre, les aptitudes (naturelles ou acquises) étaient fort inégales. Beaucoup apprenaient avec une facilité prodigieuse, séance
tenante et comme en se jouant, des morceaux de prose
ou de vers, quand elles ne pouvaient retenir les plus simples règles de grammaire. Il y avait des catégories bien
tranchées : morceaux appris par cœur, pas de raisonnement;
les mathématiciennes apprenant difficilement de mémoire et
devant étudier les leçons la veille pour les savoir. Du reste,
les nulles, comme les bonnes têtes prêtes à tout, ne faisaient aucun effort, et cela aurait bien suffi pour expliquer
leur nullité. A cette époque, et même beaucoup plus tard,
le cas du père Hardouin se montrait fréquemment : mémoire sans jugement. Telle élève qui avait récité tout d'un
trait un chant de Boileau, la tragédie d'Esther ou d'Athalie,
ne répondait que sottises si on lui demandait la moindre
explication. Sans revenir sur la discussion faite ailleurs de
ces inégalités d'aptitudes, je dirai seulement, encore une
fois, que la nature a bon dos, et que nous la chargeons
souvent de nos fautes et de nos négligences. Une culture
vraiment sérieuse des facultés devrait les comprendre
toutes; elle devrait supposer que la mémoire intégrale est
formée de mémoires partielles, qu'elle embrasse tout à la
fois la mémoire des mots, celle des formes, celles des conceptions, des jugements et des liaisons d'idée. Le fait est
que parmi les jeunes filles dont il est ici question ces dis-
proportions choquantes entre les divers genres de mémoire, comme entre la mémoire récitative et le jugement,
se rencontraient plus souvent chez les élèves venues d'ailleurs que chez les élèves restées depuis leur enfance à la

pension et dont l'éducation scolaire n'avait pas été contrariée par l'éducation de famille.

La mémoire, dont les manifestations scolaires sont rangées dans une classe à part et fort élevée, a un rôle non moins important dans le ressort des manifestations émotionnelles, éthiques et mécaniques. Il y a des mémoires comme des aptitudes affectives. « Sous le rapport du cœur on naît cela, et pas autre chose, me disait la directrice du pensionnat dont il est ici question. Une petite vaniteuse à six ou sept ans sera une grande vaniteuse. Une petite fière et orgueilleuse promènera sa morgue et sa grandeur au-dessus des badauds. Une paresseuse, une malpropre le seront toujours. Une jeune fille dissipée a tous les instincts d'une courtisane, dont elle a déjà les manières et les poses. Tout cela arrive fatalement, si des leçons sévères ou quelque grand amour ne se jettent pas à la traverse. Mes anciennes élèves, mes anciennes compagnes, je les retrouve à trente ans les mêmes qu'à quinze ans, qu'à huit ans : l'une sensuelle, aimable, aimée, parce que l'on ne la redoute pas ; l'autre, esprit étroit, cœur banal, lectrice infatigable et point romanesque de romans ; celle-ci amie du luxe et du confort, mais de mœurs sévères, rigide dans ses censures ; celle-là grincheuse et avare, sage par avarice ; une autre enfin, complaisante et généreuse, à quinze ans l'ange des petites, à vingt ans sœur de charité ; du reste, cruelle pour les animaux, comme tous les dévots, si j'en excepte le bon saint François d'Assise. » Assurément nous avons mille exemples de personnes que leur volonté ou des circonstances extraordinaires ont rendues tout autre chose que ce qu'elles paraissent destinées à être toute leur vie. Il n'en est pas moins vrai que, surtout pour les femmes, étant donné l'éducation toujours en vigueur, la thèse de la sa-

vante institutrice est plus facile à contredire qu'à réfuter.
On reste le plus souvent ce que l'on est, sauf à s'échapper
de son caractère de temps à autre, à se donner une enve-
loppe d'emprunt, comme les ambitieux, les amoureux, les
sages, les hypocrites, pour plaire à quelqu'un, à des foules,
à soi-même, pour tromper soi ou les autres. L'habitude,
qui est une mémoire artificielle, peut affaiblir, sinon sup-
primer la mémoire héréditaire, par rapport à une émotion,
et augmenter l'intensité d'une émotion contraire. Dans
quelles limites, c'est ce qui n'a pas encore été mesuré avec
précision.

Je dois dire aussi quelques mots de la mémoire propre
aux acquisitions mécaniques. Bain range ces dernières parmi
les acquisitions intellectuelles : il a raison, et j'estime, avec
Rousseau et tant d'autres, qu'on ne leur fait pas une place
suffisante dans l'éducation dite libérale. Un agriculteur,
un ouvrier entendus dans leur métier se montrent fins et
sensés en mainte matière où des savants, des littérateurs,
des artistes seraient d'une affligeante nullité. C'est qu'ils
ont inconsciemment cultivé certaines sortes de mémoires
non moins precieuses que celles de faire des vers, d'écrire
des romans, voire des romans de philosophie, et de résoudre des problèmes mathématiques. Otez pourtant de la
tête même des paysans et des ouvriers que leur mémoire
à eux est infiniment inférieure à la nôtre! Toujours dans
l'institution de demoiselles dont j'ai déjà beaucoup trop
parlé, j'ai connu une malheureuse fille qui récitait ad-
mirablement, comme un moulin, une fois partie, toute
l'*Histoire de France* de Mangin. Or, quand il fallait en arriver à l'analyse et à l'interprétation du texte, Marseille avait
été fondée six cents ans après Jésus Christ ; Jésus-Christ était
né après le commencement de l'ère chrétiennne ; les Anglais

avaient porté le protestantisme en France ; la Vallière était l'épouse de Napoléon ; nos soldats avaient considérablement souffert au passage de Golgotha. Sur la diplomatie, la politique des traités, la philosophie de l'histoire, l'enchaînement des faits, les progrès des arts et de la civilisation, les chats de l'institution en auraient remontré à cette pauvre fille. Que voulez-vous ? Ses parents, rustres enrichis au commerce des blés et du bétail, avaient l'ambition de faire d'elle une institutrice. Et notez qu'aux champs, à la ferme, aux marchés, elle se montrait entendue à tout, aux soins du ménage, à l'élevage des moutons et des bœufs, à la couture, aux calculs d'économie, aux transactions et aux échanges. Je me demandais quel pédagogue attardé avait pu fausser à tel point et pour la vie ce que cette jeune paysanne avait d'intelligence naturelle, en développant en elle outre mesure la mémoire des mots et des dates, sans rien faire pour les autres mémoires, pour les plus essentielles.

Le préjugé qui fait sacrifier aux mémoires de luxe les mémoires utiles, les mémoires pratiques, est aussi enraciné, je le répète, chez les ouvriers que chez les paysans, et j'ajoute que chez les gens officiellement chargés de cultiver les premières chez les enfants, et qui n'ont pas eu le loisir d'en cultiver d'autres pour eux-mêmes. Voici un garçonnet de cinq ans et demi, peu avancé en fait d'instruction scolaire. Il sait tout au plus ses lettres, il n'a aucun goût à lire : il est vrai que sa chétive santé l'oblige souvent à manquer la classe, et que sa maîtresse n'exige pas beaucoup de ce petit être pâle et souffreteux. Son père, ouvrier intelligent, relativement instruit, voit un effet d'hérédité dans le peu de goût que son enfant montre pour l'instruction. « Ni ma mère, ni moi, dit-il, n'avons jamais rien fait en classe. » L'enfant retient, d'ailleurs, avec plaisir et facilité des fables qu'on lui répète à la maison : le père, à tort, ne considérait pas ces récitations comme des exercices scolaires. Il était surtout loin de se douter qu'il y eût des applications, assurément très importantes, de la mémoire, outre celles dont on fait si grand état à l'école et au collège. Son fils, dit-il, n'est pas affectueux. Très doux, très plaisant très gentil (c'est le mot de l'enfant parlant de lui-même), si on lui donne quelque chose ou si on lui rend un service, il remercie poliment, mais sans témoigner de l'amitié ni de la reconnaissance. Faut-il voir là un défaut héréditaire ou accidentel de la mémoire sympathique? La mère de l'enfant est morte alors qu'il avait à peine un an; son père, toujours affairé ou préoccupé, sa grand'mère, d'un caractère assez froid, ne l'ont guère habitué aux caresses. En tout cas, cette lacune dans les aptitudes ou dans l'éducation de l'enfant est beaucoup plus regrettable que celle de son peu de goût pour la lecture.

Sa mémoire est, d'ailleurs, excellente à beaucoup d'autres égards. Il a la mémoire du langage : il tient de son père une grande facilité et une grande justesse d'expression. Il retient à la première audition, et pour plusieurs mois, les mots les plus difficiles à prononcer, par exemple, des noms propres, comme *Quirreti, Veinterschum*. Il a dérobé à son père et à sa grand'mère un certain nombre de mots et de locutions périgourdines, car ceux-ci s'expriment quelquefois dans ce patois, quand ils ne veulent pas être entendus; le petit indiscret, guidé par la triple analogie des sons, des intonations et des gestes, est parvenu à deviner le sens d'un très grand nombre de mots. Il mélange même d'une façon très piquante l'accent gascon, imité de ses parents, avec l'accent parisien imité de tout le monde.

Il a encore à un très haut degré la mémoire des promesses qu'on lui a faites, des projets dont on a parlé devant lui, des lieux où il a laissé des objets, des actions se rapportent à la pratique de divers métiers. Il a la mémoire ou l'habileté du coup d'œil, du coup de main : deux qualités que son père tient de ses ascendants maternels, et que l'enfant a montrées avant tout exercice. Voilà, certes, et j'en passe, une foule de mémoires autrement appréciables peut-être que celles du fort en thème, en grammaire, en histoire et en arithmétique, quand ces dernières se trouvent chez quelqu'un toutes seules. Je ne crois pas d'ailleurs, comme son père, que l'enfant ne puisse au besoin montrer quelque aptitude scolaire. Le tout est d'attendre et de savoir s'y prendre.

Il y a des infirmités de la mémoire, mais jamais incurables ou absolues. Les maladies de la première enfance peuvent amener des amnésies comme des hypermnésies temporaires. J'ai connu une jeune fille qu'une fièvre typhoïde laissa presque idiote à partir de sa troisième année. Elle put seulement apprendre à lire, très difficilement à écrire, un peu à coudre, jamais à faire de bonne cuisine; elle n'apprit jamais leçon d'aucune sorte. Ses parents évitaient d'ailleurs tout ce qui pouvait fatiguer ou surexciter son système nerveux très susceptible. Elle relevait évidemment de la psychiâtrie, qui aurait pu sans doute restaurer en quelque façon ce cerveau délabré. Chose surprenante, on lui apprit à déclamer; elle s'animait et pleurait aux endroits émouvants, sans rien ressentir, comme un parfait automate ou un parfait acteur. C'était là un genre de mémoire très spéciale, la seule qu'elle eût à un assez haut degré. On peut voir dans ce cas une sorte d'atrophie générale, mais non pas absolue, de la mémoire.

On peut aussi amener, par un excès de travail intellectuel, une hypertrophie, bientôt suivie elle-même d'une
atrophie de cette faculté. Une très intelligente jeune fille,
surmenée par sa mère, s'était tellement fatiguée à apprendre par cœur à fortes doses qu'un jour vint où sa tête ne
put plus unir deux idées. Elle ne pouvait plus réciter
même la table de multiplication sans se tromper. Une
courte maladie interrompit à propos ses veilles prolongées
quelquefois jusqu'à trois heures du matin. Elle se présenta,
convalescente et reposée, aux examens du brevet de capacité. Elle y fut radieuse comme une étoile, suivant la
poétique expression d'un de ses juges, qui se sont longtemps souvenus des réponses de cette charmante enfant.
Ce ne fut qu'une lueur et qu'un relèvement passager : le
cerveau était décidément ruiné. Quelques efforts de plus,
qu'aggravèrent les pratiques d'une hallucination mystique,
achevèrent de détraquer la machine. Elle mourut phtisique à vingt ans, après avoir donné des signes très caracté-
risés de manie religieuse. Le travail et la dévotion à
outrance, c'était trop d'un mal pour briser cette délicate
organisation.

Résumons. De cinq à sept, ou plutôt à huit ans, la mémoire, ou l'ensemble des mémoires propre à chaque enfant,
prend en général un accroissement notable. C'est surtout la
facilité et la ténacité qui progressent à cette époque. Dès la
sixième année, les différences individuelles se sont accusées.
Toutes les qualités de la mémoire, la fidélité et la précision
y comprises, semblent avoir donné leur mesure de la
dixième à la douzième année. On pourra apprendre un
plus grand nombre de choses, se les remémorer plus aisément, confier à la mémoire des perceptions plus nettes,
des observations mieux faites : on n'en aura pas pour cela

des souvenirs plus précis, et l'on sera souvent obligé de compenser par artifice ces défauts originels de la mémoire. Tel fut Rousseau, et tel, si j'ose le dire, suis-je un peu moi-même. Écoutez l'étrange confession du plus éloquent des écrivains : « Deux choses presque inalliables s'unissent en moi, sans que j'en puisse concevoir la manière : un tempérament très ardent, des passions vives, impétueuses, et des idées lentes à naître, embarrassées, et qui ne se présentent jamais qu'après coup. Ce qu'il y a d'étonnant est que j'ai cependant le tact assez sûr, de la pénétration, de la finesse même, pourvu qu'on m'attende : je fais d'excellents impromptus à loisir ; mais sur le temps je n'ai jamais rien fait ni dit qui vaille... [1] » Du reste, ce qui importe le plus, et Rousseau l'avait, ce qui importe plus que la facilité à retenir et à retrouver, c'est la ténacité.

On s'accorde à croire que ceux qui apprennent vite oublient aussi fort rapidement. Cela paraît vrai pour les capacités moyennes. Il en est d'elles pour la mémoire comme il en est des corps à l'égard de la chaleur : vite reçue, la chaleur se perd vite ; lentement acquise, elle est longtemps gardée. Les écoliers se divisent, sous ce rapport, en bons et en mauvais gardiens des notions acquises. On peut, tout le monde le sait, obvier par la répétition assidue au défaut de ténacité. Le remède, quelque effet qu'il puisse avoir, réside, en somme, dans l'attention volontaire. Les mémoires prodigieuses, ou simplement excellentes, sont généralement en rapport avec une grande force ou facilité d'attention. On apprend et on reproduit par un effort d'attention qui est plus ou moins agréable, qui coûte plus ou moins. Legouvé dit quelque part qu'il voulait faire un

1. Les *Confessions*, partie I, liv. III.

pari et le gagner avec l'élève le mieux doué du côté de la mémoire : il se flattait d'apprendre trois fois plus vite que lui une page quelconque, vu qu'on apprend surtout par la manière dont on lit et l'attention qu'on y apporte. Si la mémoire dépend à tel point de l'attention, elle dépend nécessairement aussi de ses stimulants, c'est-à-dire de la sensibilité sous toutes ses formes. Je reviendrai ailleurs sur cette double relation.

III

L'association ou suggestion des idées n'est pas une faculté à part. Elle est simplement une des lois, des formes, des conditions de la mémoire. On la trouve dans la production et la reproduction de tous les faits mentaux, comme dans celle de tous les faits organiques. S'ils nous reviennent toujours associés dans un ordre correspondant à quelqu'une de nos expériences passées, c'est que, sans association, le plus simple d'entre eux ne saurait une première fois se produire. Il met en branle un nombre prodigieux de cellules et de fibres nerveuses. « Les sensations conscientes, minimes, constatées par les procédés de psycho-physique, ne sont, en somme, que des modes de sentir si faibles, si courts et relatifs à des termes sensibles si délicats qu'au delà il n'y a plus pour nous de sentiment appréciable [1]. » La perception est une résultante de sensations complexes, comme la sensation simple une résultante de sensations élémentaires. L'association est donc, psychologiquement et physiologiquement, une dépendance établie entre certaines impressions ou actions organiques, en

---

1. L. Ferri, la *Psychologie de l'association*, p. 231.

vertu de laquelle la reproduction de l'une des coassociées détermine celle des autres. Cette suggestion organique et psychique obéit, sous toutes ses formes, à la loi de contiguïté, c'est-à-dire de simultanéité, ou plutôt de succession immédiate. Tout ce qui a coexisté un seul instant dans la sphère mentale peut y reparaître ensemble.

Les philosophes distinguaient autrefois des associations, soit par ressemblance, soit par contraste : deux noms à conserver, si l'on veut, mais en expliquant pourquoi. La ressemblance et le contraste ne sont, en eux-mêmes, ni causes ni objets d'association. Il n'y a de deux semblables qu'une seule idée. Une sensation ou une image n'ont donc pas le pouvoir de susciter leur semblable : ce qui renaît, c'est une seule image, et aussitôt, par contre-coup, une ou plusieurs de celles qui lui furent contiguës dans notre expérience. Nous pouvons alors dédoubler l'image unique en deux images formées par les accompagnements rapportés à tels objets ou à tels moments différents. Nous n'avions qu'un portrait; deux cadres s'y superposent, et nous avons deux portraits. « On ne peut nier que le portrait ne ressemble à l'original. Mais, pour peu qu'on y réfléchisse, on voit qu'il rappelle de l'original, non les traits qu'il retrace, mais précisément ceux qu'il ne retrace pas. Par exemple, comme le portrait est immobile et muet, l'on dira qu'on s'attend à le voir gesticuler, à l'entendre parler. Il arrive tous les jours que, mis en présence d'une personne pour la seconde fois, vous vous souvenez de l'avoir vue une première fois. A parler exactement, vous vous souvenez de la première fois que vous l'avez vue. En effet, l'objet propre du souvenir, ce sont les circonstances où vous l'avez jadis rencontrée, en tant que différentes de celles où vous la rencontrez aujourd'hui. Vous vous rappeléz le salon où elle était, les personnes avec qui elle causait, la toilette qu'elle avait mise; vous remarquez qu'elle était plus jeune, ou plus maigre, ou moins bien portante... Bief, vous ne vous remémorez en aucune façon les traits ou les circonstances identiquement semblables. Comment, d'ailleurs, pourriez-vous le faire, puisque vous les avez devant les yeux?... La perception d'une chose que vous avez perçue antérieurement met en branle un ou plusieurs états périphériques antérieurs qui, dans les points où ils se distinguent de l'état périphérique actuel, donnent lieu à des conceptions. L'esprit juge que les images en sont ternes, comparées à celles des objets présents qui entourent la chose qui provoque le souvenir... Telle est l'exacte signification des lois de ressemblance et de contraste que certains philosophes font à tort figurer parmi les lois d'association [1]. » Le jugement assimilateur se produit donc, quand il se produit, lorsque certaines circonstances suggérées par une idée en font pour nous deux ou plusieurs objets, que nous jugeons plus ou moins semblables à l'objet de la première idée [2].

1. Delbœuf, *Revue phil.*, avril 1880.
2. On sait que Bain voit dans la *similarité* l'un des deux grands principes de toute association. M. Brochard, *in Revue phil.*, t. IX, et M. Rabier, dans ses *Leçons de philosophie, Psychologie*, p. 187, ont montré le défaut de cette théorie. « S'agit-il, dit M. Rabier, d'une *ressemblance de fait?* Cette ressemblance de fait *n'existe pas* avant la réalisation des deux idées, qui, une fois réalisées, se trouvent être semblables; la ressemblance n'existe pas avant les semblables, mais après. Donc, tant que l'une des deux idées seulement est donnée dans l'esprit, cette ressemblance à *venir* n'est rien encore; donc, n'étant rien, elle ne peut avoir aucune vertu pour susciter la seconde idée. S'agit-il de la *perception d'une ressemblance?* Cette perception suppose évidemment la perception préalable des deux termes entre lesquels est reconnue la ressemblance. Donc, tant qu'un seul des termes est donné, cette perception *n'existe pas;* donc, elle ne peut avoir la vertu de susciter le second terme. »

Nous pensons, a dit Stuart Mill, par parties de concepts. Autrement dit, il suffit, pour qu'une image en évoque
une autre, qu'elles aient une partie commune. Cette partie
commune a le pouvoir de réveiller tous les éléments qui
lui ont été associés dans les diverses expériences où elle
s'est reproduite. « Ainsi s'expiquent toutes les associations
par ressemblance, qui rapprochent, en vertu de la loi même
de contiguïté, grâce à l'identité de l'une des parties com-
posantes, des choses que l'expérience n'avait jamais rapprochées. » De là tout le développement infiniment varié
de la pensée poétique ou scientifique. De là cet entrecroi-
sement infini des idées s'irradiant dans le cerveau, « sphère
intellectuelle dont le centre est partout et la circonférence
nulle part », — « Si une idée peut évoquer non seulement
celles qui, de fait, se sont rencontrées avec elle dans la
conscience, mais toutes celles qui ont avec elle quelque
rapport de ressemblance, quelle est l'idée qui ne pourra
suggérer n'importe quelle autre idée? Qu'on cherche, dans
la multitude de nos idées, deux idées qui n'offrent pas
quelque caractère commun : on n'en trouvera point. Dans
le monde, comme dit Pascal, toutes choses s'entretiennent
par des liens naturels et insensibles; de même, dans l'intelligence, qui n'est que la réflexion du monde dans la
conscience, s'entretiennent toutes nos idées. — L'idée d'un
ciron et l'idée d'une étoile enferment l'une et l'autre les
idées d'étendue, de forme, d'infinité en petitesse ou en
grandeur, etc. , et voilà pourquoi Pascal, dans un passage
célèbre, a pu associer ces deux idées, et se figurer l'étoile
comme un ciron au regard de l'immensité, le ciron comme
un système d'étoiles au regard des infiniment petits qu'il
peut enfermer encore. Entre l'idée d'un homme et celle d'une
feuille d'arbre, il y a en commun, outre les idées de gran-

deur, de forme, de matière, etc., celles d'organisation, de
vie, de mort, etc., et voilà pourquoi Homère associant ces
idées a pu dire: « Les générations des hommes se succèdent
comme celles des feuilles. » — Quoi de plus distinct, de
plus hétérogène que les deux mondes de l'étendue et de la
pensée? Ces deux idées sont comme les deux pôles extrêmes de la conscience : pourtant, entre ces deux mondes,
existent encore, sinon des ressemblances, du moins des
analogies qui permettent à notre pensée de passer sans
cesse de l'un à l'autre (comparaison, métaphores, allégo-
ries, etc.). Le remords évoque l'idée d'un aiguillon ou d'un
fouet vengeur; la sympathie, l'idée d'un lien ou d'une
chaîne, etc. — D'une façon générale, on peut dire que deux
choses absolument hétérogènes ne peuvent faire partie ni
d'un même monde, ni d'une même conscience, ni d'un
même monde, puisqu'elles n'auraient entre elles aucun
rapport; ni d'une même conscience, puisque cette conscience ne pouvant jamais passer, soit immédiatement, soit
par une série quelconque de moyens termes, de l'une à
l'autre, se trouverait par là même comme coupée en
deux[1]. »

D'expériences en expériences, de corrections en corrections, le jugement de ressemblance en est venu à fonc-
tionner avec une rapidité telle que plusieurs philosophes
ont pu y voir une suggestion primitive, et non la seconde
phase d'une suggestion. Quel spectacle merveilleux pour
un savant doublé d'un poète, s'il pouvait tenir dans sa main
et faire jouer tout à la fois toutes ces innombrables idées,
dont les fils ténus et serrés s'unissent sans se confondre
dans une petite tête de cinq à six ans! Aussi n'est-il pas de

1. E. Rabier, *loc. cit.* p. 214.

plus fascinante récréation pour un père instruit que de
voir tous ces rapports analogiques se réfléchir, avec une
richesse infinie, dans le langage et jusque dans la physionomie de l'enfant. A six ans, l'analogie a considérablement avancé le développement même scientifique de sa
pensée. Une foule de jugements génériques lui sont aussi
familiers que ces jugements si généraux qu'on a pu les
dire universels. A trois ans, il appelait arbre tous les
arbres indistinctement, sauf peut-être un ou deux qu'il connaissait sous leurs dénominations propres. A quatre ans,
tel couple d'images représente pour lui un acacia, un pla-
tane, un peuplier, un chêne, un cerisier, un figuier, une
vigne, un noyer, et de plus le type ou l'être arbre. Voulez-
vous savoir que de notions disponibles l'éducateur trouve
dès lors pour façonner l'enfant à la science, pour le mener
du connu à l'inconnu, des acquisitions antérieures à des
conceptions nouvelles ? Il suffit de jeter les yeux sur une
page d'un livre fait pour les enfants par un savant même.
A coup sûr, cet enseignement scientifique, bien que destiné
aux élèves de neuf à onze ans, est à la portée de la moyenne
des enfants de six ans, rompus aux leçons des choses :

« ANIMAUX A OS ET ANIMAUX SANS OS. Oui, il faut faire
comme les savants, et mettre tout cela en ordre. Eh bien,
les savants ont d'abord remarqué qu'un très grand nombre
d'animaux *ont des os* dans l'intérieur du corps, tandis que
d'autres animaux, aussi nombreux que les premiers, n'*en
ont pas*. Ainsi un homme, nous l'avons déjà vu, a des os,
un cheval aussi, un poisson aussi, une poule aussi, et de
même un serpent, une grenouille ; tandis qu'une limace
n'a pas d'os, ni un hanneton, ni une écrevisse, dont la peau
seule est dure. Cela fait donc déjà deux grandes catégories ; les animaux à os et les animaux sans os. On ap-

pelle *squelette* l'ensemble des os, nous le savons déjà.

« LES VERTÉBRÉS ET LES INVERTÉBRÉS. Tous les animaux qui ont des os ont aussi, comme l'homme (déjà étudié), une *colonne vertébrale*. Par suite, on a désigné les animaux à os sous le nom de vertébrés ; et les autres, par conséquent, sous le nom d'animaux invertébrés, c'est-à-dire non vertébrés. Un autre signe, un autre *caractère*, très aisément reconnu et très important, sert à distinguer les vertébrés des invertébrés. C'est que les vertébrés seuls ont dans le corps du *sang rouge* comme le nôtre. Vous avez pu le vérifier, sans doute, plus d'une fois chez nos animaux domestiques. De même, les serpents, les grenouilles, les poissons ont du sang rouge. Si, au contraire, vous piquiez un hanneton, une limace, une écrevisse, il n'en sortirait qu'un liquide non coloré [1]. »

Si les suggestions de ressemblance ont une si grande influence sur le développement intellectuel de l'enfant, ces avantages sont souvent payés par bien des erreurs, des illusions et des maladresses. Un défaut ordinaire chez l'enfant et tout à fait conforme à la loi du moindre effort, c'est de fixer son attention plutôt sur les ressemblances que sur les différences, et sur les grosses ressemblances plutôt que sur les autres. On a bien remarqué, il est vrai, que certains esprits sont frappés davantage par l'analogie, et d'autres par la diversité. C'est l'exception. L'enfant est, en général, très coulant en fait de ressemblance. Il se joue volontiers à la surface des choses, et difficilement il pénètre au fond. Soit par vivacité, soit par paresse d'esprit, et surtout par ignorance et défaut d'habitude, l'ancien, dans ses souvenirs, fait presque toujours tort au nouveau,

1. Paul Bert, la *Première année d'enseignement scientifique*, p. 31-33.

le bien connu au moins bien connu. A tout propos, il fait
d'une ressemblance légère une ressemblance entière. Un
exemple des plus familiers, entre mille. On voulait apprendre un jeu de cartes très simple à un enfant de cinq
ans. Ayant joué quelquefois au loto, il disposa ses cartes
les unes au-dessous des autres, sans vouloir écouter aucun
avis ni observer comment les autres s'y prenaient.
« Laissez-moi faire tout seul, criait-il avec feu ! je sais
jouer aussi bien que vous. A qui de tirer les numéros ? Je
veux, avant tout le monde, faire terne, quaterne et quine. »
Ainsi les Romains prirent-ils un jour les éléphants de
Pyrrhus pour des bœufs de Lucanie. Ainsi les gens à passions et à préjugés se font un type du républicain ou du
royaliste d'après quelques traits appartenant à des person-
nifications très imparfaites de l'un ou de l'autre parti.
Ainsi jugeons-nous tous, de prime saut, du caractère, des
dispositions, de la moralité, du talent d'une personne,
d'après son visage et sa voix. Ainsi apprécions-nous au
hasard un livre ou une pièce à la vue du titre ou du nom de
l'auteur. Ainsi inférons-nous grossièrement la nature d'un
objet des propriétés mal connues de quelque autre objet.
Ainsi, car il faut toujours parler des poètes quand on parle
des petits enfants, un vieux rimeur, au sens peu rassis, se
garda-t-il de retoucher cette métaphore, plus séduisante que
bienvenue, par laquelle il faisait des poissons de « rapides
muets ».

Comme les poètes (soit dit sans oublier les exceptions),
l'enfant est porté à juger sur des rapports vagues, superficiels, peu nombreux. Il imite avec empressement nos assimilations, soit ingénieuses, soit ridicules. Il en est qui animent et personnifient tout de la plus absurde façon. Je sais
bien qu'enfants et poètes ont du moins cette excuse facile

que le sentiment n'est pas la raison, ou plutôt le raisonnement. Mais trop souvent ne nous en font-ils pas admirer le
brillant divorce ? Prenons le plus éminent de tous : Victor
Hugo, l'admirable fouilleur de l'âme humaine, le savant
créateur d'harmonies morales et sensibles, n'a-t-il pas sura-
bondamment démontré la prétendue incompatibilité qui
existait pour lui entre l'imagination littéraire et l'imagination scientifique, s'étant toujours contenté des connaissances les plus vulgaires en fait de science et de philosophie ? Admirons donc l'enfant qui, dès que le sentiment
s'éveille, que l'imagination s'allume, tire de la vue d'un
objet mille images imprévues, mille rapprochements
curieux ou ravissants, qui multiplie, qui projette, qui enlace, en vives fusées, les idées et les mots, identifie le ver
luisant avec l'étoile, le fétu de paille avec le chêne immense,
l'insecte minuscule avec une personne, un animal avec un
autre à cent lieues de lui dans l'échelle zoologique. Mais
n'oublions pas que ce ne sont toujours là que des formes,
ou transitoires, ou peu sérieuses de la pensée. Il y a, j'y
consens, la logique des savants, celle des poètes et des
artistes, tout comme celle des logiciens. Mais n'attribuons
à ces combinaisons et à ces créations d'images souvent dis-
cordantes au regard du bon sens ou de la vérité vraie
d'autre valeur, avec un peu plus de charme, qu'aux con-
structions de la métaphysique, qui ne vaut que par son
accord avec la réalité, quand cet accord est vérifié. Met-
tons-les presque au même niveau que ces bonshommes
aux formes géométriques dont les enfants barbouillent
les murs et les cahiers, et au prix desquels les dessins des
hommes primitifs [1], auxquels on a trop facilement comparé

1. Il suffit de citer, par exemple, le type du grand ours très bien
reproduit sur un galet provenant de la grotte de Massat (Ariège); la

l'enfant, sont des œuvres de grand art. Ils ne signifient guère plus d'ouverture d'esprit que les fictions plus ou moins spontanées de la petite fille convertissant en poupée le premier objet venu et jouant à la mère avec elle. Un savant voyageur, voulant justifier le jeu de la poupée, me racontait le fait suivant, qui lui paraissait une imitation tout instinctive des pratiques maternelles. Une petite océanienne s'était fait un poupon d'une longue courge, qu'elle berçait dans ses bras comme un enfant, faisant mine de lui donner le sein, et, pour dormir, le rejetant derrière ses épaules, selon l'usage des femmes indigènes. Ce ne sont là que des imitations et des assimilations, dont le caractère esthétique ou éthique n'est guère prononcé, et qui, dans tout les cas, sont d'une exécution assez facile. Si c'est par là que les enfants sont poètes, et que les poètes se font enfants, avouons que le rapprochement convenu ne relève guère ni les uns ni les autres.

Quand la loi de contiguïté ou d'habitude a fait son office, quand deux idées se sont succédé de façon à former un couple dans la conscience, nous pouvons juger qu'elles sont semblables ou dissemblables. La perception du con-

tête d'ours de Bruniquel, exécutée avec une pointe de silex sur bois de renne, la première image d'homme trouvé à la Madeleine sur un bâton de commandant, et celle d'un chasseur d'aurochs rapportés à l'époque du renne. Dans les représentations les plus authentiques de l'époque quaternaire, nous trouvons plus de précision et de détails qu'un enfant de six ans, ayant appris tout seul le dessin, ne pourrait aussi bien réunir : croquis d'animaux, ou hachures indiquant assez bien les ombres, expression de la physionomie, le type et l'allure de l'animal rendus avec beaucoup de vérité, bas et hauts reliefs, rondes bosses ébauchées, toutes ces qualités indiquent une sûreté de main et un sens de l'harmonie des lignes, de la vérité, de l'expression, déjà cultivés par des générations d'artistes dont les auteurs de ces dessins et de ces sculptures étaient les héritiers. Dans ses plus lointaines origines, l'art préhistorique nous échappe, et ce n'est pas l'enfant qui nous en apprend rien.

traste, comme celle de la ressemblance, est donc la conséquence et non la cause de la suggestion. Le contraste, pas
plus que la ressemblance, ne saurait établir un lien d'at-
traction entre les idées. Autrement ne le feraient-ils pas
toujours ? Or, quand les idées se sont présentées en même
temps, la perception de ressemblance ou de contraste peut
se produire ou ne pas se produire. Le contraste est donc
une suggestion surajoutée à une autre, de même nature,
et n'en différant que par l'objet. L'animal et l'enfant encore
muet, comme l'adulte apercevant cette relation et remar-
quant (quand il le remarque) qu'il l'aperçoit. produisent de
ces sortes d'associations proliférées d'associations. Il est,
en effet, difficile de voir autre chose qu'une différence de
degré, et non de nature, entre les deux opérations de
l'homme ayant conscience de son jugement, et l'animal et
l'enfant qui agissent comme s'ils en avaient conscience[1].

Le jugement, ou la suggestion de contraste, a d'abord
son principe dans la succession des choses réelles. Nous
voyons partout des phénomènes se suivre en contradiction
avec d'autres. Ainsi les alternances du jour et de la nuit,
du bruit et du silence, les oppositions du grand et du petit,
du fort et du faible, du beau et du laid, du bon et du mau-

1. M. V. Brochard, qui, dans la *Revue phil.* de mars 1880, a fait
une attrayante et solide étude sur la prétendue *loi de similarite*, me
semble avoir un peu trop élargi la distance entre l'animal qui agit
comme s'il apercevait les ressemblances (ou les contrastes), et l'homme
qui peut « penser la ressemblance indépendamment des semblables ».
Dans les deux esprits, c'est toujours « la même reproduction machinale du passé ». Elle est seulement un peu plus compliquée ici que
là. Est-ce une raison d'expliquer ce petit degré de complication par
un *a priori*, que l'expérience n'expliquerait pas? « L'expérience
fournit l'occasion, l'esprit la saisit; l'expérience donne la matière;
l'esprit la *forme*. C'est *de lui-même*, par sa vertu propre, qu'en présence de l'expérience il s'avise de découvrir ce qu'est une ressemblance, qu'il aperçoit, comme disait Platon, les idées du même et de
l'autre. »

vais. Nous voyons les contraires se succéder dans les êtres
naturels, dans les autres hommes et dans nous-mêmes.
Nous les voyons se succéder dans le temps comme dans
l'espace : après le sommeil vient le réveil, après une répri-
mande un éloge ou une caresse, après un orage le ciel
calme, la plaine s'étend au-dessous de la montagne, et les
flots de la mer sont limités par la terre ferme, etc. Ces différences frappantes, ces oppositions, ces contrastes sont pour
nous journaliers, du moins très fréquents, presque toujours
très frappants pour un petit être ignorant, s'émouvant,
s'étonnant de beaucoup de choses. Plus la lumière nous
égayait et nous était nécessaire, plus sa privation subite
nous sera sensible ; et plus l'obscurité nous aura contrariés,
plus nous serons charmés de voir reparaître la lumière.
Ainsi tous ces renversements complets ou à peu près complets d'expériences attirent l'attention sur les deux êtres
ou les deux faits en contraste, et enracinent fortement
l'association. Ajoutons que si l'enfant découvre par lui-
même, en lui-même et autour de lui un nombre infini de
variations et d'oppositions, les influences du milieu social
fortifient singulièrement en lui cette tendance. Le langage
lui apporte des contrastes tous faits, des synonymes de dé-
gradation entre des termes extrêmes, quelquefois même les
deux termes soudés ensemble ou joints par une copule,
comme dans les expressions *aigre-doux*, *clair-obscur*, *gris-
vert*, *ni chaud ni froid*, *ni gras ni maigre*. De plus, comme
l'a fort bien remarqué M. James Sully, la mère et le maître
commencent l'instruction de l'enfant en lui faisant apercevoir les plus gros contrastes [1]. Le fait est que les fines
distinctions, les nuances intermédiaires échappent en

1. *Éléments de psychologie*, p. 271.

général au petit enfant, bien qu'il puisse, à quatre ou cinq
ans, adopter et comprendre un grand nombre des formules
qui les expriment. Il voit le plus souvent un contraste où
il n'y a qu'une différence, et une contradiction où il n'y a
qu'un contraste. Dans ses actes comme dans ses paroles,
il est l'antithèse vivante.

Aussi voyons-nous que *oui* et *non, je veux* et *je ne
veux pas* se succèdent, ou se mêlent à tout propos, sur
ses lèvres. Ce sont là les deux pôles de sa pensée et de sa
vie d'enfant, les deux plateaux sur lesquels son jugement
se balance pour trouver son équilibre, et s'assurer des
autres comme de lui-même. Il se produit, en effet, dans
son expérience journalière, tant d'occasions de se décider,
lorsqu'il ne sait en vérité lequel vaut le mieux du *oui* ou
du *non!* Il sait d'ailleurs fort bien que, dans la majeure
partie des cas, les choses sont ou ne sont pas, selon ce qu'il
décide ou ce qu'on décide pour lui. Il est donc naturel qu'il
n'abandonne qu'à regret la formule négative, quand sa pensée ou son désir sont tout à fait inclinés vers l'affirmative. Il
semble croire que sa décision ou son affirmation ne seraient pas complètes sans l'adjonction de la formule opposée. « C'est mon cheval, dira-t-il, il n'est pas à Paul. » Cette
tendance à l'expression par contraste est d'ailleurs encouragée par beaucoup de mères. Il y a quelques mois, dans
une ville du midi, j'entendais quatre ou cinq fois par jour,
sous mes fenêtres, les conversations d'une jeune mère avec
un enfant de quatre ans. L'entendant user à tout propos
de la forme négative, j'eus la curiosité de noter les phrases
que je pourrais saisir au passage. Or la négation, seule ou
accompagnée d'interrogation, se reproduisait de trente à
trente-cinq fois sur cinquante phrases. Deux exemples
suffiront : « Elle n'était pas belle, non, la vilaine grimace

du clown. » — « Qui ne couchera pas seul ce soir ? » Question amenant la réponse de l'enfant : « Paul couchera dans le lit de maman. » Et ainsi du reste. Le *non* employé pour le *oui*, d'un effet si oratoire et si poétique dans l'antithèse, les contraires et l'emphase, d'un tour si fin et si agréable dans la conversation ordinaire, me paraît du plus fréquent usage chez les gens du peuple, chez les enfants, et chez les femmes, au moins les femmes du midi. Comme l'enfant est porté à en abuser, je pense que la tendance en est vite acquise par la plupart des mères. Aussi bien, le mot *abus* est-il à sa place ? Une habitude est toujours légitime, lorsqu'elle est utile au développement intellectuel et moral de l'enfant. La négation répond à la faculté de différenciation, comme l'affirmation à celle d'assimilation. Le procédé qui nous aide à réunir mentalement les choses serait bien limité sans le concours et le contrôle de celui qui nous aide à les séparer. L'un suppose l'autre, et l'association suggestive qui s'établit entre ces deux fonctions diverses est aussi indispensable qu'elle est facile.

Nous ne dirons donc pas, avec M. James Sully, que le contraste joue un rôle très limité dans l'acquisition. Son principal usage est, d'après l'illustre psychologue. « d'éveiller l'attention, et par là de graver plus profondément dans l'esprit ce qui est inusité, exceptionnel, en contraste avec le cours ordinaire de l'expérience, comme la vue d'un géant ou d'un nain, le rugissement du Niagara, etc. [1]. » Le contraste a, selon moi, une part aussi considérable dans l'acquisition que dans la reproduction et la combinaison des idées, ce mot entendu au sens le plus large. Il a pour effet de mettre en relief non seulement l'extraordinaire et le démesuré, mais aussi l'ordinaire et le banal,

1. *Éléments de psychologie*, p. 271.

dans notre expérience quotidienne. Nous avons vu, en
effet, que les différences sont nécessaires pour la perception
nette des ressemblances. Bain va jusqu'à voir dans la discrimination le germe de toute conscience, c'est-à-dire de
toute connaissance. Pour Spencer, l'intelligence, dans ses
adaptations les plus complexes, procède toujours en inté-
grant et désintégrant. Comme le savant assimile et distingue
les êtres et les idées, comme l'orateur et le poète nous
saisissent et nous captivent par l'opposition des images,
des sentiments, des membres de phrases et des mots, comme
les artistes produisent sur nos yeux et sur notre oreille les
plus puissants effets en opposant avec art les ombres et les
jours, les voix hautes et basses, ainsi l'enfant à toute heure
se distrait, se sauve de l'ennui, rafraîchit son attention,
s'amuse et s'instruit par le jeu des oppositions et des contrastes. Nous verrons plus loin de quelle importance les
suggestions de contraste sont dans les généralisations, les
jugements et les décisions de l'enfant[1]. Nous montrerons

1. Bain a dit avec son autorité en matière de psychologie et d'é-
ducation : « Le contraste entre deux objets différents est une res-
source toujours prête, et qui abrège le travail en excluant tout de
suite les idées susceptibles d'être confondues avec celle que nous avons
en vue. Pour graver dans l'esprit l'idée d'un cercle, nous le mettons
à côté d'une ellipse. Avec un groupe d'objets destiné à faire comprendre le nombre abstrait *quatre*, nous mettons un groupe composé
de trois et un autre de cinq objets. Nous mettons le blanc et le noir
à côté l'un de l'autre. Pour mieux expliquer en quoi consiste le
luxe, nous citons des exemples de mœurs simples et frugales. Tout
maître doit savoir trouver des contrastes ou des oppositions aussi
bien que des exemples et des faits particuliers. » Et encore : « Les
vérités présentées sous la forme d'antithèses bien marquées s'apprennent facilement avant d'avoir été comprises. Cette définition « une
ligne est une longueur sans largeur » a un sens réellement obscur,
mais elle est très facile à retenir. (La *Science de l'éducation*, chap. II.)
Remarquons pourtant que Bain a peut-être eu tort en recommandant d'une manière absolue le rapprochement des variétés extrêmes.
« Il convient plutôt, dit avec raison M. Compayré, de présenter à
l'enfant, pour chaque classe d'objets, des spécimens moyens où les

aussi quel est leur concours dans l'inhibition des sentiments. Il me suffit de dire en passant que les contrastes ou les variations, portant sur deux objets ou sur un seul, outre qu'ils mettent en jour les faits ou les objets opposés, ont le pouvoir d'éveiller des émotions concordantes, de les aviver, de les aiguiser par des rapprochements imprévus, en un mot, nous amènent à mieux préciser et à ressentir plus complètement nos désirs et nos aversions, source et fondement de notre vie affective et morale.

caractères communs apparaissent avec quelque relief et ne soient pas comme obscurcis par des particularités trop saillantes. Il faut, en d'autres termes, aider le travail de généralisation de l'enfant en ménageant à son esprit une transition facile d'un objet à un autre. Les variétés extrêmes, séparées par trop de distance, gêneraient assurément la perception des ressemblances ; elles ne doivent être présentées qu'en dernier lieu. » (*Cours de pédagogie*, p. 166.)

CHAPITRE II

I

Les suggestions verbales jouent un grand rôle dans notre développement intellectuel et moral. Un enfant de cinq ans me disait : « J'ai lu peut-être dix-neuf fois *La toute petite*. Je sais ce livre presque par cœur. — Tu relis ainsi les livres qui t'ont fait plaisir, lui dis-je ? — Oui, mais ceux qui m'ennuient, ou que je ne comprends pas, je les laisse de côté; c'est pour plus tard. — Tu les comprendras plus tard? — Eh oui, parce que je saurai plus de mots. » Pour l'enfant, pour l'ignorant, savoir beaucoup de mots, c'est être savant. Cette idée n'est qu'à moitié fausse. Dès que l'enfant possède tant bien que mal notre langue, apprendre des mots et les appliquer aux objets, c'est pour lui tout un. Il doit être extrêmement frappé de cette facilité de passer des mots aux idées et des idées aux mots, qui fait les uns les substituts des autres, à tel point que pour M. Taine les idées ne sont que des mots. Cette facilité entraîne bien des inconvénients, à côté de très grands avantages. Les signes, qui n'ont de valeur que comme symboles, ne sont que trop facilement considérés à part des objets avec lesquels ils sont en relation. En parlant, en lisant, en écoutant, tout le travail intellectuel se réduit souvent pour l'enfant à la rapide intuition des mots. Ajoutez à cela l'imparfaite organisation du cerveau qui rend l'esprit plus propre aux fonctions d'acquisition qu'à celles d'élaboration, et l'on comprendra que l'enfance soit, avant tout, mais non exclusivement, l'âge des acquisitions verbales, comme, en général, de toutes les acquisitions sensibles [1].

L'enfant qui sait quelques centaines de mots, d'un sens net et précis, possède déjà par le fait un joli bagage scientifique. Qu'est-ce que comprendre? N'est-ce pas, pour celui qui écoute, mettre des idées nouvelles sous des mots connus, et pour celui qui observe, appliquer à des faits nouveaux des idées jamais bien déterminées sans des mots prononcés à haute voix ou intérieurement figurés sur les organes de la parole? Comprendre, en somme, c'est toujours mettre des mots sur des idées, ou des idées sous des mots. Or, tant qu'une longue habitude ne nous a pas mis en état de passer tout d'un coup et sans effort des mots aux idées, et réciproquement, ces suggestions idéo-verbales se produisent mal et sans effet utile. « Les réflexions que nous trouvons toutes simples aujourd'hui, dit M. Victor Egger, enfants, elles auraient fait honneur à notre saga-

---

1. Les expériences psychométriques ont démontré l'importance et la fixité de ces lointaines associations. Sur 124 associations de mots et d'idées, dont M. Galton a pu déterminer l'époque de formation, il a trouvé que 48 remontaient à l'époque de sa jeunesse, et il a remarqué en même temps que leur répétition était plus fréquente que celle d'associations plus récentes réveillées par les mêmes mots (*Revue phil.* déc. 1879, p. 678). Wundt a confirmé les expériences de Galton. Ayant divisé sa vie en trois périodes, enfance jusqu'à 16 ou 17 ans, jeunesse de 17 à 25, et période postérieure, il a trouvé sur 44 associations 25 pour la première période, 14 pour la seconde, 5 pour la troisième, ce qui donne 57 0/0, 32 0/0 et 11 0/0. (*Revue phil*, mai 1882, p. 535.)

cité[1] », autrement dit, à la facilité, à la justesse et à l'à-
propos de nos suggestions idéo-verbales. Si l'on voit l'enfant parler et penser souvent à tort et à travers, c'est parce
que cette précieuse habitude lui manque, ou que, soit précipitation, paresse, passion ou distraction, il laisse de la
mettre à profit. Il ne prend pas la peine de trouver pour
de nouvelles idées de nouvelles combinaisons de mots, ou
bien sa débile attention ne sait pas résister à l'entraînement
de quelqu'une des séries d'idées ou de mots proliférant
de celles qui sont en jeu dans le moment actuel. « Plus
on est jeune, plus l'expression première est incomplète
et inexacte...; moins la parole peut aider la pensée, plus
on cherche ses mots, moins vite on les trouve, moins appropriés ils sont à rendre les découvertes de la pensée[2]. »

Nous voyons combien la mémoire verbale importe,
soit pour le rappel, soit pour l'intelligence, soit pour la
combinaison des idées. L'idéal serait peut-être que la
mémoire des mots et celle des idées ou des objets mar-
chassent du même pas. Tout au plus est-il possible, comme
l'a dit Bain, qu'elles marchent ensemble. Il s'en faut, dans
la réalité, que cet accord soit jamais bien parfait. La mémoire des choses a de beaucoup précédé celle des mots,
et même alors que l'enfant est soumis aussi complètement
que possible aux influences de notre langage et de notre
éducation, ses observations personnelles, c'est-à-dire les
trois quarts au moins de ses acquisitions durables, se font,
on peut le dire, sans le secours du langage. « Les enfants,
dit Bossuet, conçoivent beaucoup de choses qu'ils ne savent
pas nommer, et ils retiennent beaucoup de mots dont ils
n'apprennent le sens que par l'usage. » Le développement

1. La *Parole intérieure*, p. 217.
2. *Ibid.*, p. 227.

de la pensée et celui du langage se font, chez l'enfant, dans une large mesure, indépendamment l'un de l'autre. Il y a toujours moins de mots que d'idées, et même d'idées bien nettes et bien classées, dans l'enfant de cinq ou six ans dont le vocabulaire est le plus riche. Les deux genres de mémoire dont nous parlons sont d'ailleurs inégalement répartis par la nature ou l'hérédité, et inégalement favorisés par le milieu et par le genre d'éducation. Il n'en est pas moins vrai que, dès le premier âge, ces deux sortes de mémoire coexistent et progressent simultanément ou séparément. La conclusion naturelle est que l'on doit donner un égal soin à la culture de l'une et de l'autre. S'ensuit-il que ces deux formes de la culture intellectuelle ne puissent pas, à certains égards, se faire à part l'une de l'autre, et que la mémoire des mots, dans l'intérêt même des idées, ne soit pas suscep-tible d'être développée pour elle-même? La question a son importance.

On sait que M. Bain a fait, dans l'éducation, une grande part à la mémoire verbale. L'âge de six à onze ans est même pour lui l'âge des acquisitions verbales. Il y a, pense-t-il, beaucoup de choses qu'on peut apprendre sans les avoir bien comprises. « Il faut, dit-il, profiter de cette phase où l'esprit retient facilement les mots, pour y plan-ter certains jalons qu'il est moins facile de planter plus tard. » Ces connaissances par provision seront, par exemple, les définitions, les maximes, les théorèmes, les détails géo-graphiques, les règles d'arithmétique, que sais-je encore, des contes, des hymnes, et, plus particulièrement, les acquisitions linguales, ou les rapports fondamentaux entre les mots et les choses. Pour peu que cela ne soit pas dé-pourvu d'un certain intérêt, on peut l'apprendre sans le comprendre. Il y a toujours là quelque chose pour l'intelligence de l'enfant, et il comprendra le reste ensuite [1]. « Quand le sujet s'adresse au sentiment, une faible lueur de sens suffit. » Bain, assurément, n'entend pas qu'on abuse jamais de cette méthode, jusqu'à mettre une mémoire des mots où il faut des notions scientifiques. » Il a d'ailleurs, mieux que personne, établi qu'il ne doit pas y avoir divorce entre la mémoire et le jugement, et, quant aux premières leçons d'intuition, il en a lui-même présenté d'admirables modèles. Que peut-on reprocher à cette doctrine? Peut-être de n'avoir pas assez indiqué la part qu'on peut faire à l'intelligence dans l'absorption des formules. L'enseignement donné à la première enfance peut toujours amener l'enfant à découvrir et à formuler lui-même la loi, le principe, le précepte, la règle [2].

1. M. Joly a écrit quelques pages très judicieuses sur le principe de n'enseigner à l'enfant que des choses qu'il comprend très bien. Le mot comprendre a un sens très élastique. Si, dans une œuvre artistique ou littéraire, le nombre des choses que l'enfant ne comprendra pas sont les plus nombreuses, M. Joly conseille de ne pas les lui faire lire, apprendre, écouter ou regarder. « Mais si, sans pénétrer dans les profondeurs, l'élève peut encore trouver à sa surface de quoi occuper utilement et agréablement son esprit, pourquoi l'en priver? » Suit, à ce propos, une justification des fables de La Fontaine. Elle m'a beaucoup frappé sans me convaincre. Du reste, et Pestalozzi pensait à peu près de même, est-il besoin que l'enfant voie toutes les intentions d'un auteur, qu'il perçoive et qu'il classe toutes les raisons des faits? « Le travail de la réflexion ne saurait être d'ailleurs qu'un second travail supposant avant lui un travail d'acquisition, non pas inconscient et machinal, mais sans délibération et sans calcul (*Notions de pédagogie*, p. 110). » Pourquoi reculer devant le mot *inconscient*? L'enseignement, réfléchi dans ses plus larges directions, doit faire peut-être une part plus grande qu'on ne pense à l'acquisition et à l'élaboration inconsciente.

2. Parmi les nombreux exemples de cet enseignement approprié à la faiblesse du jeune enfant sans cesser pour cela d'être scientifique, je citerai le petit livre de M. Bagatta : *L'insegnamento dell' aritmetica alla buona*. Citons aussi, pour l'instruction des adolescents, le petit livre savant et familier que Mlle Clotilde Bagatta, suivant les traces de son père, a publié sous ce titre: *Un premier regard sur la nature, l'eau*. Turin, 1885.

Étant établi que ce qu'on appelle mémoire de mots est
la plupart du temps une mémoire de choses, je tiens
pourtant qu'on doit cultiver la première pour elle-même,
et cela, dès que l'enfant commence à se débrouiller dans
sa langue maternelle. Cette culture sera limitée d'abord à
ce que Bain appelle les acquisitions linguistiques. Ici les
parents devront avoir à cœur de fournir à l'enfant, par
d'incessantes répétitions, un vocabulaire composé de mots
les plus corrects, les plus propres à désigner les objets, ou
à décrire les actes importants ou familliers. On se néglige
trop aisément, en général, sous ce rapport, comme si l'évolution mentale du petit enfant était chose en soi futile ou
du moins transitoire, et l'on use à son égard d'un langage
qui est la dérision du sien ou la caricature du nôtre. Pourquoi lui enseigner des choses qu'il devra bientôt désap-
prendre, lui donner ou lui laisser prendre des habitudes
qu'il lui faudra bientôt perdre, si cela est possible? Ce
système est surtout désastreux dans son application aux
langues vivantes : sous prétexte d'y familiariser l'enfant
dès le berceau, on le confie à des bonnes étrangères qui
ne méritent, ni pour la pureté de leur idiome, ni sous
d'autres rapports plus délicats, la confiance et l'hospitalité
dont on les honore. Mais passons. La culture de la mémoire
verbale s'élève bientôt, même pour le petit enfant, jusqu'à
des récitations littéraires. Sans doute, ces morceaux de
prose et de vers peuvent toujours, par quelque côté, intéresser l'enfant, faire vibrer le sentiment du beau, et par suite
celui du naturel dans l'expression. On a vu des fables de
La Fontaine, des passages de Racine, jusqu'à des pièces
de Molière captiver et réjouir de petits enfants. On sait
même que Molière engageait ses camarades à amener leurs
enfants à la lecture de ses pièces pour s'éclairer des im-

pressions qu'elles leur feraient. Mais je n'envisage ici la récitation que comme un moyen de cultiver, ou plutôt d'orner, d'enrichir la mémoire verbale. C'est, à mon avis, par des récitations courtes, mais quotidiennes, et incessamment répétées du début au terme de la vie scolaire, qu'on approvisionnera le cerveau de mots et de tournures variés, propres, commodes, élégants, instruments d'expression et moyens d'intellection. Le goût esthétique, la culture affective et morale y trouveront peut-être leur compte : mais la culture de la mémoire verbale est le résultat le plus net et le plus désirable qu'on puisse demander à la récitation littéraire.

II

La faculté des vives réminiscences, comme celle des vives perceptions, est une aptitude organique à enregistrer et à reproduire des impressions générales ou spéciales [1]. Bien qu'il soit difficile qu'elle s'exerce en l'absence de tout élément émotionnel, elle peut paraître quelquefois, chez l'adulte, strictement intellectuelle. C'est alors l'absorption à peu près exclusive du cerveau par un ensemble de fortes images, une obsession visuelle, acoustique, tactile, ou sensorielle en quelque façon, telle que va nous la décrire un écrivain dont la plume est un pinceau : « Quand je rentre, après une journée ainsi passée, j'éprouve comme une sorte d'ivresse causée, je crois, par la quantité de lumière que j'ai absorbée pendant cette immersion solaire de plus de douze heures, et je suis dans un état d'esprit que je voudrais te bien expliquer. C'est une sorte de clarté intérieure qui demeure, après le soir venu, et se répète encore à

---

1. V. Th. Ribot, les *Maladies de la mémoire*, passim.

travers mon sommeil. Je ne cesse pas de rêver lumière; je ferme les yeux, et je vois des flammes, des orbes rayonnants, ou bien de vagues réverbérations qui grandissent pareilles aux approches de l'aube; je n'ai, pour ainsi dire, pas de nuit. Cette perception du jour, même en l'absence du soleil, ce repos transparent, traversé de lueurs comme les nuits d'été le sont de météores, ce cauchemar singulier, qui ne m'accorde aucun moment d'obscurité, tout cela ressemble beaucoup à la fièvre. Pourtant je ne ressens aucune fatigue; je devais m'y attendre, et je ne m'en plains pas [1]. » Quand les perceptions ont atteint ce degré de force et de vivacité, elles laissent dans l'esprit une vision hallucinatoire pour la vie durant : Fromentin aurait pu la reproduire après vingt ans comme il l'a fait au premier jour.

Mais un pareil ébranlement des centres perceptifs n'a lieu ordinairement que sous l'influence de quelque fort sentiment qui se mêle à la perception, de quelque sensation si intime et si prolongée qu'elle équivaut à un sentiment. Il en est ainsi dans le cas décrit par le même auteur. « Mais je sens que la paresse m'envahit et que peu à peu ma cervelle se résout en vapeur. La soif qu'on éprouve ne ressemble à rien de ce que tu connais; elle est incessante, toujours égale; tout ce qu'on voit ici l'irrite au lieu de l'apaiser; et l'idée d'un verre d'eau pure et froide devient une épouvantable tentation qui tient du cauchemar. Je calcule déjà comment je me satisferai en descendant de cheval à Médéah. Je me représente avec des spasmes inouïs, une immense coupe remplie jusqu'aux bords de cette eau limpide et glacée de la montagne. C'est une idée fixe

1. Fromentin, *Un été dans le Sahara*, p. 192.

que je ne puis chasser. Tout en moi se transforme en appétit sensuel, tout cède à cette unique préoccupation de se désaltérer [1]. » N'est-ce pas là une de ces obsessions intenses et tenaces, comme chacun peut en exhumer de sa mémoire d'enfant, désir terrible et implacable, supplice bien supérieur à celui qu'a imaginé Dante, et qui consiste à passer d'un cercle glacial à un cercle torride, deux impressions atténuées, ne serait-ce qu'un moment, par leur contraste même?

En dehors de ces cas, on peut le dire, d'une intensité exceptionnelle, on voit que les émotions modérées, et surtout agréables, sont celles qui favorisent le mieux le réveil des idées. « Nous devons conserver davantage, dit Bain, tout ce qui aide et soutient l'énergie nerveuse [2]. » Or, les passions tristes, dont la peur est le type exagéré, ont un effet plutôt déprimant qu'excitateur. La peur, par la contraction des vaisseaux, entraîne une accélération du pouls et de la circulation dans le cerveau; mais par ses effets sur les viscères et les capillaires, elle nuit considérablement au travail psychique. Elle fait subir au système nerveux une série de déperditions considérables, et dans ce trouble général de toutes nos activités mentales, elle ne permet guère à l'attention d'autre office que celui de se concentrer sur un seul et même objet. Je ne crois même pas que cet afflux du sang au cerveau, que la peur amène, produise la rapide et synthétique succession de souvenirs dont quelques médecins et psychologues nous ont parlé. Si les faits cités étaient absolument vrais, des personnes sauvées d'une mort certaine auraient vu, en un moment, quand l'asphyxie commençait ou que le train avançait,

1. Fromentin, *Un été dans le Sahara*, p. 283.
2. Les *Émotions et la volonté*, p. 90.

« leur vie entière dans ses plus petits incidents [1] ». J'assure que m'étant trouvé, pour mon compte, dans des circonstances analogues, rien de tel ne m'est arrivé. J'ai failli me noyer trois fois et, dans ces instants fatals, je n'ai jamais eu que des impressions d'actualité. Un autre cas se rapporte au premier combat où je me suis trouvé. Je dois dire tout d'abord que le combat ayant duré plusieurs heures, il ne me semblait pas avoir duré plus d'une heure ; pourtant, bien que la notion du temps eût reçu dans mon esprit cette grave atteinte, rien de ce que j'avais vu, entendu, fait et dit pendant la lutte n'avait échappé à ma conscience. J'en conserve encore des souvenirs très précis. Mais voici le point le plus important de l'affaire. Je me trouvais, avec une partie de ma compagnie, à la lisière d'un petit bois formant une sorte de talus à l'intérieur. Notre sous-lieutenant et son ordonnance, ayant sans doute eu l'imprudence de regarder au-dessus du talus qui nous protégeait, avaient eu leurs têtes fracassées par deux balles. En ce moment l'idée me vint de dire mentalement adieu à tous les miens : je m'aplatis contre terre et, les mains sur mes yeux, j'essayai d'évoquer ces chères images. Il ne me fut pas possible de les fixer dans mon esprit ; ce qui me rendit furieux, et je rechargeai fiévreusement mon chassepot.

La crainte et tous les sentiments tristes, quand ils sont modérés, peuvent exciter la mémoire. Mais, très souvent aussi, ils l'enrayent. Un petit enfant de cinq ans et demi, point menteur, s'entend demander, au retour de classe, s'il n'a pas eu des bons points. — Non, pas aujourd'hui. — Alors, tu as dû avoir des mauvais points? — Oh ! je n'en

---

1. V. Taine, l'*Intelligence*, et Ribot, les *Maladies de la mémoire*, p. 111. Ce dernier estime qu'il y a, dans ces récits, une part à faire à l'exagération.

sais'rien. Comment veux-tu que je le sache, puisqu'on ne me les donne pas? « L'enfant avait entendu le maître dire qu'il lui marquait des mauvais points, mais la peur d'être grondé, ou le regret de n'avoir pas eu de récompense, refoulaient' en ce moment ce souvenir. En effet, son père, quelques instants après, lui ayant dit : « Oh! tu ne me dis pas tout ce qui s'est passé en classe, mais je le sais, » aussitôt l'enfant, mis sur la voie, raconta le fait dans tous ses détails. L'enfant se souvient assez mal, en général, de ce qui, sans beaucoup l'affliger, l'a laissé froid et ennuyé; et cela surtout, parce que l'attention, cette pourvoyeuse d'idées, s'attache à ce qui flatte et se détourne de ce qui contrarie nos goûts, nos penchants et nos habitudes. Quand il y va de son plaisir ou de son repos, l'enfant oublie le plus innocemment du monde ses promesses les plus formelles. Il a même souvent conscience de son irresponsabilité relative. Un enfant de quatre ans fut obligé à promettre de ne pas faire une chose dont l'interdiction le chagrinait fort. « J'obéirai, dit-il à son père, mais pourquoi me faire promettre de ces choses-là? Tu sais bien que de telles promesses, comme tu dis, ça entre par une oreille et ça sort par l'autre? »

Les émotions agréables, ne dépassant pas certaines limites, activent régulièrement la circulation dans les centres nerveux et dans toutes les parties du corps, et sont presque toujours excitatrices de la mémoire. Un petit garçon de trois ans et demi reconnaissait mieux les couleurs, les chiffres, les lettres de l'alphabet quand on les lui demandait d'un air souriant. S'y prenait-on d'un air sérieux, il fixait ses yeux sur ceux de la personne, et, quoique n'étant pas timide, il balbutiait, ou répondait à tort et à travers. Au Jardin d'acclimatation, la mère obte-

nait mieux que le père les noms des plantes, des oiseaux,
des mammifères habituellement désignés à l'enfant. Une
fillette de quatre ans, avec laquelle sa sœur aînée faisait
souvent la maîtresse d'école, retenait toutes choses avec
elle beaucoup mieux qu'avec d'autres persónnes. Une
autre, âgée de six ans, distinguait et qualifiait mieux les
choses, apprenait plus vite et retenait plus longtemps,
lorsque sa sœur un peu plus âgée l'excitait et l'encourageait
des yeux, de la voix et du geste. L'exemple, qui est comme
une dérivation du sentiment impulsif, produit de semblables effets : les forces mentales d'un enfant au milieu de
son groupe sont quelquefois le double ou le triple de ce
qu'elles sont à l'état d'isolement. Rousseau, qui fut partout
un si pauvre élève, avait pourtant beaucoup appris en faisant la lecture à son père ; un peu plus tard, quand il eut
environ huit ans, dans l'heureux séjour de Bossey, son
maître, M. Lambercier, s'y prenait si bien que, malgré son
aversion pour la gêne, Rousseau ne s'est jamais rappelé
avec dégoût ses heures d'étude, et que, s'il n'apprit « pas
de lui beaucoup de choses, ce qu'il apprit, il l'apprit sans
peine, et n'en oublia rien [1]. »

III

Après avoir étudié les sentiments comme causes, nous
devons les étudier comme objets de suggestion. Il est des
tempéraments émotionnels, autrement dit des mémoires
émotionnelles, particulièrement aptes à la reproduction,
soit des émotions de tout genre, soit plutôt des émotions
agréables ou des émotions pénibles. A ce point de vue,

1. Les *Confessions*, partie I, liv. I, p. 17.

l'enfant a de très bonne heure donné son ton, sinon sa mesure. Ce que l'un sent et se remémore le mieux, c'est la catégorie des impressions douces, riantes, bienveillantes; un autre, celle des impressions tendres et affectueuses; un autre, celle des impressions haineuses, malveillantes, critiques. On a depuis longtemps classé les caractères selon la prédominance de ces sortes de mémoires. Ce ne sont là, à vrai dire, que les grandes lignes de la sensibilité et du caractère. Mais ceux qui nous ont connus enfants nous affirment que sous ce rapport nous n'avons jamais beaucoup varié [1]. Je retrouve, à trente ans d'intervalle, mes compagnons d'enfance ce qu'ils étaient à six ou sept ans, enjoués ou tristes, audacieux ou timides, inertes ou entreprenants, pacifiques ou agressifs, rusés ou candides, généreux ou vindicatifs, prodigues ou avares. J'ai été quelquefois étonné de la quantité de fiel qui a pu s'amasser chez certaines natures, d'ailleurs droites et honnêtes, mais d'une mélancolie ou d'une âpreté extrêmes : leur mémoire a une fraîcheur et une précision remarquable pour évoquer, non pas seulement tel ou tel mauvais traitement, tel affront, telle injustice subis à différentes époques de leur vie, mais jusqu'aux plus petites particularités de leur enfance, dont ils s'indignent et s'irritent comme si les faits étaient tous récents, jusqu'aux ridicules et aux travers qui les avaient frappés avant l'époque de la raison. Il se fait aussi dans les natures mélancoliques, mais tendres, une espèce de compromis entre la mémoire pessimiste et la mémoire optimiste. Rousseau est un très intéressant exemple du cas. Il attribuait au long ressentiment d'une correction imméritée la fureur qui l'enflammait à la vue

1. Voir ce qui en a été dit, p. 13.

ou au récit d'une action cruelle, ce qui non seulement le
lançait en guerre contre les fourbes et les tyrans, mais lui
faisait, dit-il, « poursuivre à la course ou à coups de
pierre un coq, une vache, un chien, un animal qu'il
voyait en tourmenter un autre, uniquement parce qu'il se
sentait le plus fort[1]. » En somme, les mieux partagés,
sinon toujours du côté de la moralité, tout au moins du
côté du caractère (et ils sont assez nombreux), sont ceux
pour lesquels toutes les misères de la vie passent sans laisser
de traces. Dès l'enfance, on les voit plus prompts à oublier
le mal que le bien, tout ouverts aux impressions joyeuses,
fermés aux impressions tristes. Leur mémoire est faite de
belle humeur, de sympathie, de confiance. Il n'est d'ailleurs
pas rare que les deux tempéraments émotionnels, ceux
qui voient tout en noir, et ceux qui voient tout en rose, et
ceux qui tiennent des deux, se trouvent rapprochés dans
une même famille : chacun y reproduit à sa façon un ou
plusieurs des types ancestraux.

Mais il ne faut voir là que les plus larges aspects de la
mémoire émotionnelle. La plupart de ses combinaisons et
de ses modifications sont d'avance enregistrées, à titre de
possibilités plus ou moins fortes, dans l'organisme hérité.
Ce sont souvent les germes les moins apparents, qui par
le fait du simple développement, et surtout par le fait des
circonstances, sont destinés à se manifester plus tard avec
le plus de force. « Je crois, dit Jacotot avec sa pointe habituelle d'humour, que César enfant pensait comme César
au Rubicon... Le petit César pensait aux bonbons, et le
grand César aux couronnes; mais la pensée ne varie pas
avec son objet. » Ce paradoxe aura raison neuf fois sur

1. Les *Confessions*, partie I, liv. I, p. 32.

dix. Mais le difficile, c'est de démêler dans un enfant les
mille dispositions qui, tels événements étant donnés, aide-
ront une de ses dispositions maîtresses à s'ouvrir carrière. Nous prenons souvent le transitoire pour le permanent, les goûts et les habitudes factices pour les révélations
du caractère définitif. Nous nous trompons encore quand
nous attribuons absolument à des causes extérieures ou à ...
tre volonté des changements produits par l'hérédité, ...
elles n'ont été que les modestes auxiliaires. Un père me
parlait en vrai furieux de son enfant intelligent, mais devenu paresseux depuis un an, peut-être à la suite d'une
grave maladie. « Je le briserai, dit-il ; puisque les récom-
penses ne lui donnent pas le goût du travail, la cravache
et les privations de toutes sortes en viendront à bout. » Ce
père-là avait une confiance vraiment excessive en lui-même
et dans la puissance de l'éducation. Une dame en wagon,
après m'avoir raconté quelques événements de sa vie,
ajoutait : « Je me fais très facilement à toutes les situations.
Je me trouve à peu près bien partout, quand les gens autour de moi sont satisfaits. Je dois cette facilité d'humeur
à ce fait qu'ayant été forcée de vivre toute jeune avec ma
grand'mère, femme des plus rigides, je pris sur moi de ne
faire attention qu'aux bons traitements que je recevrais
d'elle. Je fis de vice vertu, et puis habitude. » Jusqu'à quel
point cette résolution n'était-elle pas le produit d'une tendance naturelle, servie à souhait par les circonstances,
mais que des circonstances tout autres auraient empêchée
de se développer?

On peut se demander si la mémoire émotionnelle comporte des différences quant au sexe. Si quelque émule de
M. Galton calcule un jour les différentes associations de
sentiments, qui, à parité de causes excitatrices, naissent,

dans un temps donné, dans des groupes d'enfants des deux
sexes, la plus forte moyenne sera du côté féminin. L'élément affectif domine jusque dans les plus simples perceptions des jeunes filles. Mis en présence d'un objet nouveau,
un garçon de quatre ou cinq ans dira volontiers : « Qu'est-
ce que c'est? Qui a mis ça là? Pourquoi est-ce faire? » Une
petite fille dira plutôt : « C'est bien joli ou vilain. J'aime
cela. Cela me fait horreur. » Ce sont là des nuances bien
tranchées du même sentiment primordial de curiosité qui
les pousse à demander l'objet, à vouloir le saisir, le considérer et le manipuler. Des deux éléments de la perception,
celui qui se rapporte à la connaissance et celui qui se rapporte à la sensibilité, c'est le second qui, la plupart du temps,
s'accuse le plus vite ou le plus fortement chez les petites
filles. Cette disposition parait essentielle chez la femme.
Un ingénieux critique nous en donne un exemple curieux.
Une femme qui écrit, passant près d'un arbre où chante
un oiseau, dira : « L'oiseau fait entendre sous le feuillage
un chant joyeux », ou, si elle est Sévigné : « C'est joli, une
feuille qui chante. » L'expression virile, artiste, sera :
« La feuille chante. » « Le style pittoresque (à son plus haut
degré et dans la plupart des cas) me paraît consister essentiellement à saisir et à fixer la perception au moment où
elle éclôt, avant qu'elle ne se décompose et qu'elle ne de-
vienne un sentiment. » Les femmes n'ont pas d'ordinaire
l'expression pittoresque. Pourquoi? « Parce qu'elles sentent très rapidement, parce que, pour elles, une perception
(ou un groupe de perceptions) se transforme tout de suite
en sentiment, et que le sentiment est ce qui les intéresse le
plus, qu'elles en sont possédées, qu'elles ne vivent que par
lui et pour lui [1]. » Il paraît donc bien démontré que chez la

1 Jules Lemaître, *Revue polit. et litt.*, numéro du 6 juin 1885.

femme, petite fille ou adulte, c'est l'élément affectif de la
suggestion qui est particulièrement suscité par l'impression
ou par l'image des objets. L'éducation doit compter avec
cette tendance sans jamais désespérer de lutter contre elle
avec succès.

CHAPITRE III

IMAGINATION

I

Pour bien comprendre le rôle de l'imagination, cette forme tout à la fois inférieure et supérieure de la mémoire, il ne faut jamais perdre de vue ses formes ou ses origines animales. Nous pourrions même, avec d'ingénieux philosophes, faire remonter bien loin les phases et évolutions premières de cette faculté. Ne craignons pas de nous arrêter un moment devant ces hypothèses plus ou moins scientifiques, en ayant soin de réserver les analogies invérifiables.

M. Caporali attribue le sentiment et la figuration même à l'atome éthéré. Tout atome est, suivant lui, une unité positive et sentante, toujours en quête de nouvelles combinaisons pour former des unités supérieures. Le mouvement des atomes éthérés produit des atomes matériels, par la répétition et la multiplication de leurs unités conscientes, celles-ci ayant choisi la plus brève et la plus efficace des voies figurées. La figuration dans la chimie donne aux atomes cet admirable géométrie que montrent les molécules. La cristallogénie n'est pas autre chose qu'un perfectionnement de la géométrie chimique. Les synthèses cristallines, par une plus grande richesse de figuration, nous montrent des consciences heureuses de vibrer de diverses manières, et, en emmagasinant chaleur et lumière, de perfectionner leur étonnante structure. Dans la reproduction cellulaire, toutes les molécules des cellules issues de la cellule mère reçoivent d'elle l'influence figurative qui les fait se distribuer harmoniquement autour du noyau central. Dans la reproduction sporoïde, l'unité complexe de la colonie sert de modération et de type aux cellules agrégées qui toutes concourent à la formation de la colonie nouvelle. Remarquons que lorsque la conscience de la conie a choisi sa figuration et créé le mécanisme physiologique, la conscience s'en retire pour se concentrer sur d'autres organes commençants; dès lors la nécessité commence, géométrie compliquée et inconsciente, qui réside non seulement dans l'expérience de l'espèce, mais dans celle des amibes, du protoplasme, jusque dans l'expérience des molécules chimiques. Dans la reproduction sexuelle, le processus est une synthèse de la conscience, poussée à conserver la forme et le caractère hérités, et en même temps à le modifier, à le varier, en perfectionnant les fonctions qui ne sont pas adaptées aux besoins, si bien que dans cette reproduction se préparent toutes les variations des espèces et de l'evolution brilogique. Pour rendre régulière, facile et prompte la figuration, toute la faune tend à s'en former un organe opportun dans le système nerveux, et spécialement dans sa complète organisation, qui est le cerveau...

« Le cerveau animal est certainement une grande puissance motrice dans un très petit espace, qui sert à figurer le mouvement reçu du monde externe, à le transformer, à commander aux membres le mouvement le plus propre pour conserver et développer l'individu. Aussi, la figuration occupe-t-elle continuellement la conscience des animaux. L'homme peut vivre sans faire de grandes réflexions ni de grandes études, mais il ne peut vivre sans la figuration qui exerce et occupe les couches corticales de son cerveau...

« L'homme se distingue des animaux supérieurs par la plus grande puissance figurative et symbolique qui fait les langues, l'architecture, l'écriture, la peinture, la sculpture, la littérature et les sciences. Et cette puissance est plus grande, uniquement parce qu'elle est ordonnée et modérée par l'apriori[1] esthétique, cognitif et moral plus intense, par l'amour du beau, du vrai et du bien, source inépuisable d'originalité, d'ordre, de mesure et de proportion. Le degré de conscience ou la puissance figurative accumulée par l'humanité civilisée arrive à un tel entrelacement qu'au lieu d'un cristal elle fait une cathédrale ou un palais national; au lieu de colonies et de sociétés animales, elle fait les lois de Solon, de Lycurgue, de Numa et des jurisconsultes romains; au lieu de plumes de paon, elle fait la queue longue de six mètres, que se colle Sa Sainteté, et les peintures du Titien et de Raphaël; au lieu du chant des oiseaux, les poèmes d'Homère, Virgile et Dante, et les œuvres de Rossini, Bellini et Verdi; au lieu des faibles hypothèses des animaux sur les causes des événements, elle fait les systèmes philosophiques d'Héraclite, Épicure, Platon, Aristote, G. Bruno, avançant toujours plus dans la recherche idéale de l'unité absolue[2]. »

Revenons sur nos pas. M. Romanes, dans son dernier livre, a consacré un chapitre à l'imagination chez les ani-

1. Ce mot est pris au sens expérimental évolutionniste.
2. *La Nuova Scienza, revue de l'instruction supérieure,* fasc. de décembre 1884, page 434-459.

maux. Il y a lieu, selon lui, de diviser les degrés de l'imagination en quatre classes. « 1° En voyant un objet, tel qu'une orange, nous nous rappelons aussitôt le goût de l'orange, nous imaginons ce goût, et ceci est amené par la puissance d'une association purement sensitive. 2° Puis vient une phase dans laquelle nous formons l'image mentale d'un objet absent, qui nous est suggérée par quelque autre objet; ainsi, l'eau peut nous suggérer l'idée du vin. 3° A une phase plus avancée, nous pouvons former cette idée sans qu'il vienne de suggestion appréciable du dehors, comme l'amant pense à sa maîtresse, malgré des distractions extérieures. Ici le cours de l'idéation se soutient de lui-même : elle n'a pas besoin, pour s'alimenter d'idées ou images mentales, de la suggestion des perceptions immédiates, actuelles. Par exemple, c'est le rêve pendant le sommeil : l'idéation se déroule et travaille d'une façon continue, alors que toutes les voies des sensations sont fermées. 4° Enfin, nous en venons à une phase où des images mentales sont intentionnellement formées dans le but déterminé d'obtenir de nouvelles combinaisons idéales [1]. »

M. Caporali, qui, dans l'article précité, examine en passant cette classification, attribue, quant à lui, aux plus humbles animaux, aux mollusques, aux insectes, aux arachnides, aux crustacés, aux céphalopodes, aux reptiles, ces quatre degrés d'imagination, tous nécessaires pour qu'un animal puisse se mouvoir et vivre au milieu de beaucoup d'ennemis et de difficultés. M. Romanes ne leur accorde que le premier degré. Mais il prouve à l'aide d'exemples variés que les hyménoptères, les lapins et d'autres quadrupèdes, regardés comme peu intelligents, possèdent

1. *L'évolution mentale chez les animaux.* page 137.

au moins le second degré d'imagination. Le troisième
et le quatrième degré] sont communs, d'après lui, à tous
les animaux supérieurs. Il énumère enfin des faits
nombreux qui prouveraient que le sens du merveilleux et
du mystérieux est puissant chez tous les animaux, qui
cherchent les causes et l'enchaînement des phénomènes.
Je suis tout à fait porté à croire que toutes les formes d'i-
magination sont en germe dans tous les animaux, mais
qu'elles comportent des degrés très inégaux de délicatesse et de complexité.

Nous voyons presque toujours la mémoire appliquée à
des combinaisons pratiques, ce mot étant compris dans le
sens le plus large. Elle est essentiellement la faculté de
produire certaines réactions physiques et musculaires à la
suite de certaines excitations éprouvées ou pensées, utiles
ou nuisibles, agréables ou pénibles. Nous verrons tout à
l'heure que la sensibilité se charge à elle seule de faire
mécaniquement l'application, c'est-à-dire le départ ou la
combinaison des souvenirs ou des réactions réclamées selon
les circonstances. Il est bien rare, il est peut-être même
impossible que la mémoire n'ait qu'à nous entretenir
des réalités passées sans nul rapport d'utilité avec les
réalités présentes. La mémoire, en vertu d'une abstraction et d'une sélection toutes naturelles, et indépendamment de la volonté, se subordonne à nos besoins et à nos
goûts. On ne peut donc pas distinguer la mémoire de
l'imagination par cette raison que l'une rappelle les choses
dans leur ordre naturel et que l'autre les dispose en un
ordre artificiel. On peut cependant conserver le mot imagination, en lui rapportant les souvenirs les plus vifs, les
idées-images, qui ont pour contre-coup des émotions
intenses, et, par suite, des combinaisons psychiques ou

musculaires compliquées ou variées. Il est, autrement,
bien entendu que la mémoire n'est point une reproduction
simple et fidèle du passé. Pour les raisons exprimées
ci-dessus, toute représentation est nécessairement une copie
très inexacte du passé. De plus, l'identité du monde et
celle de l'esprit qui le perçoit et le construit ne sont que
relatives. Enfin, le souvenir de quelques parties d'une
représentation donnée a pour condition l'oubli de ses plus
nombreuses parties.

II

Le souvenir proprement dit, c'est-à-dire l'image plus
ou moins vive, mais distincte et localisée dans le temps,
est une première élaboration de l'expérience. Il se produit
au moyen de ce que M. Ribot appelle des points de repère.
La perspective historique se fait par des points de rallie-
ment, états de conscience dominants auxquels nous pouvons rattacher à volonté un certain nombre de nos états
secondaires. Les uns et les autres sont plus nombreux pour
les expériences récentes, moins nombreux pour les expériences lointaines[1]. La valeur d'un esprit est marquée,
selon moi, par la préférence accordée aux points importants sur les points secondaires. On voit ici le rapport de
l'imagination avec le jugement; car si le jugement se
montre dans le choix relatif aux faits dominateurs, c'est
que l'imagination les a mis plus ou moins vivement en
relief. Ecoutez un récit d'enfant : la plupart du temps, il
s'y trouve une diffusion déplorable ; il glissera sur des
détails importants, et racontera tout au long les circonstances les plus futiles. C'est le défaut des conteurs vul-

1. Les *Maladies de la volonté*, p. 36-40.

gaires, des mauvais romanciers et de beaucoup de
femmes. J'ai vu cependant des enfants, et même des
petites filles de cinq ou six ans, qui mettaient dans leurs
récits du choix, de la mesure et de la sobriété, et racon-
taient tant et si bien qu'ils faisaient mentir la maxime de
La Bruyère : « L'une des marques de la médiocrité d'esprit
est de toujours conter. » Il est d'ailleurs très rare que le
sentiment ne collabore pas avec le jugement pour opérer
la série idéale des points de repère. La plupart du temps
les souvenirs les plus importants sont ceux qui ont le plus
flatté ou contrarié les affections, les goûts et les désirs de
l'enfant. On peut même caractériser jusqu'à un certain
point son imagination par la force et la durée des désirs
qui ont fait époque dans sa vie, à titre d'obsessions plus
ou moins intenses et plus ou moins tenaces.

Voici un enfant de six ans très imaginatif et très impressionnable : il a souvent des désirs fixes, qui tiennent
de la manie. C'est une bonbonnière, un livre d'étrennes,
un cheval, un fusil, un chapeau, qu'il s'est fait promettre.
En possession de l'objet, il s'en régale, s'il est mangeable;
il s'en amuse ou s'en sert avec plaisir pendant quelques
jours, tout au plus pendant quelques semaines; mais il ne
tarde pas à le prendre en dégoût. Son frère, âgé de huit
ans, plus lent à s'enflammer pour des objets même utiles,
qu'il apprécie par-dessus tout, plus modéré dans ses
désirs, paraît aussi plus constant dans ses goûts et dans
ses affections. Une de leurs tantes avait fait cadeau au
plus jeune d'un joli porte-plume en nickel; l'enfant ne
tarit pas sur les perfections de l'objet, il fatigua de
remercîments les oreilles de *tante-plumier*. Le voyant si
heureux et craignant que le frère aîné ne fût jaloux,
elle lui demanda s'il voulait un pareil cadeau. « Si tu

veux », répondit-il flegmatiquement. Le jour même il reçut
le porte-plume d'un air presque indifférent, remer-
ciant à peine. Au bout de quelques jours, à force de
le regarder, de l'essayer, de le démonter, il s'en éprit, et
il ne cessait de répéter qu'il en était ravi. Son goût pour
le porte-plume dura plusieurs mois, tandis que l'en-
gouement du plus jeune s'évanouit en quelques jours. Il
en fut de même pour un bateau après lequel il avait soupiré pendant quinze jours. Il écrivait : « Je ne puis dire
combien je suis heureux du bateau, ou plutôt de la frégate,
qu'on vient de me donner. » Six jours après, le bateau
avait subi quelques avaries; l'eau de mer avait décollé un
des mâts et terni sa coque bleue; il filait ses nœuds tout
de travers; le huitième jour n'était pas arrivé que le cher
navire était traité en épave, délaissé, presque oublié.
Aussi l'enfant, qui connaissait certaine histoire de sifflet
racontée par Franklin, écrivait à son père : « Je ne veux
plus avoir d'envies qui passent ; cela rend trop malheureux. Non, s'il m'en vient quelqu'une, je dirai : « Tout
cela pour un sifflet ! » Mot bien trouvé, mais combien
faux ! Cinq jours après, sa mère écrivait qu'il désirait une
montre, violemment, mais qu'il voulait la gagner sou à sou
par son travail. Telles sont les modifications, soit rapides
et superficielles, soit lentes mais persistantes, que l'imagination fait subir à la sensibilité.

Je ne m'étendrai pas sur les influences, si diverses
suivant les individus, les tempéraments, les lieux et les
circonstances, que la sensibilité fait subir à l'imagination.
Les études descriptives abondent sur cette matière, et les
observations faites sur les adultes sont en général applicables à l'âge dont nous parlons. Tout le monde sait, par
exemple, qu'un excès de joie ou de colère évoque nos

idées en tumulte, avec une rapidité et un désordre tels
que l'imagination accumule, tantôt avec le plus heureux à-
propos, le plus souvent en dépit du bon sens, les idées
propres à exprimer ou à justifier cette véhémente passion.
J'ai déjà eu plusieurs fois occasion de parler aussi de cet
état d'obsession, quelquefois si favorable à l'attention,
où l'imagination surexcitée par une émotion de passage
ne s'entretient que d'un seul objet, à l'exclusion des
autres, évoquant toutes les idées en rapport avec une
affection déterminée. C'est là un des points les plus soi-
gneusement élucidés par la psychologie contemporaine,
et je crois utile d'y revenir un instant.

Toute suggestion produit une image occupant dans la
conscience une place que nulle autre ne peut en même
temps occuper. Toutes les suggestions que cette image
evoque à l'état naissant sont tenues en arrêt devant l'image
dominatrice. Non qu'il y ait jamais, à un moment donné,
un grand nombre d'images réveillées, qui tendent à con-
quérir leur place dans la conscience; mais il en est toujours un petit nombre qui, si la place n'avait pas été prise,
auraient le champ libre pour obéir à la suggestion. Le
phénomène dont je parle est de pure inhibition. Il peut
donner lieu quelquefois à une dissociation logique, qui est
le fait d'un jugement, et qui peut devenir plus ou moins
prompte par le fait de l'habitude. Mais on a tort de parler,
à l'exemple de Kant, d'un pouvoir qu'aurait l'esprit de
dissoudre, de faire voler en éclats des éléments associés
dans nos expériences passées. Même alors que l'enfant,
ayant associé l'idée de larcin secret et d'impunité, s'est vu
contraint par l'expérience à associer l'idée absolue de larcin à celle de châtiment, la première association ne disparaît pas de son esprit; elle ne disparaît qu'à titre de

norme logique de sa conscience morale; elle lui revient, elle peut toujours lui revenir associée à d'autres jugements. Même un enfant de deux ans, qui a une idée très nette de la saveur d'une pêche ou d'un raisin, peut penser à un de ces fruits ou à leur saveur sans avoir le moins du monde en idée une des circonstances récentes où il a mangé de ces fruits; si on lui rappelle une de ces circonstances, il peut fort bien se la figurer sans plus songer aux fruits. Une représentation peut empêcher le retour d'une autre, sans porter atteinte à sa virtuali é. L'inhibition, comme l'expérience, peut produire des associations nouvelles, non détruire les anciennes. Le présent ne détruit pas le passé, mais s'y ajoute, à certaines parties plus manifestement, à toutes organiquement.

Le rappel d'une des images associées à d'autres images, avec l'effacement ou l'obstruction de ces dernières, se produit tout d'abord sans le concours de la volonté. L'animal adulte, comme le jeune enfant, en offre à chaque instant des exemples. Mon chat Riquet se méfie, et pour cause, de tous les aliments qu'on lui présente sur une assiette. Il s'en approche d'un air cauteleux, les humant, les éprouvant avec le bout du sa patte, avant d'oser en approcher ses lèvres. Il a une peur excessive du trop chaud. Pourtant, chaque fois que ma ménagère fait cuire un beafteak ou une côtelette, Riquet, très friand du jus, se jette sur le gril à peine sorti du fourneau, et le râpe énergiquement avec sa langue. L'image d'un aliment très chaud est donc associée chez lui à des expériences diverses. Sa sœur, Grimpette, beaucoup plus petite que lui, a souvent à souffrir de ses jeux turbulents. Chaque fois qu'il la tracasse, ma ménagère ou moi nous donnons deux ou trois coups de serviette ou de mouchoir dans l'air, en ayant l'air de chasser Riquet: il détale au plus vite, et sa sœur reste en place, l'air tout rassuré, et comme reconnaissante de se voir protégée. La même menace s'adresse-t-elle à Grimpette, ou à tous les deux à la fois, elle ne manque pas de le comprendre, et de s'esquiver par le plus court. Voilà deux associations toutes contraires, opérant tour à tour, et toujours disponibles au moment où apparaissent leurs suggestions respectives.

La mémoire, même aidée par la volonté, a souvent beaucoup de peine à réagir contre la force inhibitrice d'une image, quand cette image refoule des idées, des sentiments pénibles. Un enfant de quatre ans et demi avait commis une espièglerie jugée assez grave. La mère en appela à l'autorité mieux reconnue du père. Celui-ci appelle l'enfant et l'apostrophe très sérieusement. « Quelle sottise as-tu donc faite encore? » L'enfant qui, à peine grondé par la mère, avait déjà mis sa faute au rang des choses dont on ne parle plus, fut tout décontenancé par cet accueil. Le père insiste. « C'est donc quelque chose de bien sérieux, puisque tu n'oses pas l'avouer? Qu'est-ce que tu as fait? » L'enfant promène ses regards du parquet au plafond, de la cheminée à la fenêtre. « Eh bien? dit le père, d'un ton impatienté. » L'enfant, tout confus : « Je ne sais plus ce que c'était. J'ai beau chercher dans ma mémoire ce qui s'est passé dans la matinée, je ne me rappelle aucune faute. » Et puis, ayant réfléchi, il ajouta : « Veux-tu que j'aille demander à maman ce que j'ai pu faire de mal? »

Cette facilité de succession des images opposées ou contraires influe plus qu'on ne saurait le dire sur les jugements moraux de l'enfant. Un garçonnet de sept ans et demi écrit à son père les événements de la semaine

écoulée, et, entre autres choses, la malechance d'un chat
sauvage ou présumé tel, qui s'était laissé surprendre dans
le pigeonnier. Le grand-père, chasseur passionné, accourt
avec son fusil. Mais déjà la grand'mère avait ouvert la
fenêtre du pigeonnier, et le chat avait sauté dans le jardin. Une décharge de plomb lui cassa une patte de derrière; quoique blessé, il continue de fuir. Un second coup
de fusil l'abat raide. Tout cela dit avec entrain et gaieté,
mais empreint des sentiments de l'entourage, très hostile
aux chats, et surtout aux chats voleurs. « Il n'a pas
échappé, cette fois, le brigand! Il ne mangera plus nos
pigeons! » Une idée surgit tout à coup dans l'esprit de l'enfant, c'est que ses tantes, auprès desquelles son père se
trouve en ce moment, ont horreur du mal fait aux animaux, surtout aux chats. Il met à sa lettre ce *post-scrip-
tum*: « Je te prie de ne pas lire à mes tantes ce que je
viens de t'écrire: elles auraient trop de peine. »

Cet exemple fait voir que, si le même enfant avait
habituellement vécu auprès de personnes douces aux animaux, la suggestion en contraste avec la première aurait
immédiatement réagi contre elle. Il aurait vu dans le meurtre
du chat un abus de la force plutôt que l'exercice régulier
d'un droit. En voici pour preuve un autre fait qui s'est
passé l'autre jour dans la maison que j'habite. Quelques
personnes étaient occupées à traquer un assez gros rat. Un
enfant de cinq ans suivait toutes les évolutions de son
père, qui cherchait à atteindre l'animal avec un bâton. Il
sautait et criait de plaisir, croyant assister à un jeu. Mais
quand il vit son père, ayant acculé le petit animal à l'entrée d'un soupirail de cave, chercher à l'atteindre et à
l'écraser avec son bâton, l'enfant, les larmes aux yeux,
s'écria: — Non, non, papa, il ne faut pas lui faire du mal!

— Mais, répliqua le père, c'est un rat qui fait des dégâts;
il faut bien qu'on le tue. » L'enfant, qui est habitué à voir
son père traiter les animaux avec douceur, parut convaincu
et calmé, d'autant plus que la petite bête avait réussi à se
glisser dans la cave.

III

L'influence de l'imagination sur nos sentiments et nos
affections, sur notre réaction habituelle au plaisir et à la
douleur, ne peut se bien comprendre si l'on se place au
point de vue strictement psychologique. Les facteurs de
l'optimisme et du pessimisme sont avant tout physiologiques. Quelque ombre qui plane encore sur les origines
du caractère, le vulgaire a toujours cru, et les savants
eux-mêmes croient encore à son intime correspondance
avec le tempérament. Le mélancolique et le cholérique,
dit Wundt, tendent au pessimisme, parce qu'ils regardent
seulement au présent, tandis que le sanguin et le flegma-
tique regardent à l'avenir, à l'amélioration du présent.
M. Ch. Richet compte, parmi les causes du pessimisme,
les affections des viscères, et spécialement du grand sympathique, qui ne sait plus s'adapter aux circonstances et
les dominer. Rappelons aussi l'influence, exagérée par
quelques-uns, trop oubliée par d'autres, du climat et du
régime sur l'imagination et la sensibilité, soit des peuples,
soit des individus. Les enfants principalement nourris de
lait et de fruits ont l'imagination douce et calme; l'abus
des mets azotés, épicés et sucrés produit chez eux une
imagination ardente et capricieuse; un peu de vin anime
et égaye, trop de bière alourdit et attriste leur humeur. On
n'a pas eu tout à fait tort de voir dans l'abus du rosbeaf,

du pouding, du pale-ale et du thé l'une des causes du
spleen anglais, et dans celui de la pipe, de la bière et
de la charcuterie l'une des causes du pessimisme allemand,
comme on a pu, sans paradoxe, attribuer à la poétique
ivresse du malvoisie quelques-unes des fougueuses inspi-
rations de Shakespeare, la gaillarde liesse de Rabelais à
la plantureuse chère et aux fumets capiteux de Touraine,
et l'aimable enjouement de Montaigne aux fines fumées
des vins gascons.

|L'enfant dont la santé n'est pas au-dessous de la
moyenne, et dont le régime ne laisse pas trop à désirer, est
dans les conditions physiologiques voulues pour être un
optimiste.|Le tempérament moyen de l'enfance paraît être
le sanguin et le nerveux avec un mélange variable du
lymphatique. La circulation est vive et abondante dans
ces jeunes organes tendant à la vie, à l'accroissement, à
l'harmonie des fonctions, à l'adaptation au milieu. Si le
plaisir est une augmentation de l'être, la tendance au
plaisir doit être habituellement satisfaite chez l'enfant de
plus en plus maître de ses forces. Aussi, quoique nous
ayons pu constater de bonne heure les annonces d'un
caractère joyeux ou triste, la tristesse est rarement chez
l'enfant un état persistant et absolu. Même chez les tout
jeunes, pour qui les pleurs, dit Sikorski, constituent un phénomène purement physiologique [1], même chez les enfants
victimes de prédispositions pathologiques, de soins imparfaits et d'une alimentation insuffisante, on peut observer
cette invincible aspiration à la joie de vivre. Un de ces
pauvres enfants étudiés par Sikorski nous montre par son
aspect extérieur « la prépondérance continuelle des sensa-

1. Le *Développement psychique de l'enfant. Revue phil.*, mars 1885.

tionŝ désagréables : position oblique des sourcils, regard langoureux, immobilité relative de la mimique, le visage tourné constamment du côté la lumière, vers la fenêtre, et les yeux largement ouverts, prouvant la soif de la lumière et le plaisir que cette impression procure à l'enfant. La succion des doigts et la lumière lui procurent, à ce qu'il paraît, le plus de plaisir ; et c'est par ces impressions que l'enfant essaye d'adoucir ses sensations désagréables et ses souffrances. La disparition de la lumière attriste le petit patient. Son regard est fixé au loin et les yeux peu mobiles ; il est très évident qu'il ne cherche que la lumière [1]. »

La tendance au plaisir de vivre est, à plus forte raison, prédominante chez l'enfant déjà grandelet et d'une santé à peu près normale. Si la souffrance remplit les six centièmes de la vie humaine, c'est déjà beaucoup : il resterait donc, pour la santé et le plaisir, dix-neuf jours sur vingt [2]. C'est un beau total, et encore faut-il retrancher de ce jour de souffrance ou de maladie les moments de répit, de sommeil, d'oubli, de plaisir remplaçant ou compensant la douleur. On peut objecter, il est vrai, qu'à égalité de partage entre le plaisir et la douleur, la vie ne serait plus vivable, qu'une forte peine n'est pas contrebalancée par quelques plaisirs même très grands, et que la douleur, croissant en proportion du développement du cerveau et de l'intelligence, un enfant de quatre ans souffrira plus de quelques petits maux qu'un enfant de quatre mois de souffrances prolongées et intenses. Le fait n'est nullement prouvé. Le rôle de la douleur, comme tutrice et excitatrice de la vie, est si indispensable qu'elle doit le remplir avec beauco· p

1. Le *Développement psychique de l'enfant. Revue phil.*, p. 110, avril 1885.
2. V. Caporali, *La Nuova Scienza*, sept. 1885, p. 321.

d'efficacité pendant la première époque de faiblesse et
d'ignorance. Il faut supposer qu'un enfant de cinq mois
jouit moins et souffre plus qu'un enfant de quinze mois, et
à plus forte raison qu'un enfant de quatre ou cinq ans.
Chez ce dernier, la tendance à l'accroissement est déjà
pleinement organisée, facile et prompte la réparation du
dommage éprouvé par la machine, en sorte que pour lui,
comme pour l'adulte, le plaisir doit être la règle, et la
douleur l'exception.

L'enfant, tel que nous le connaissons en général, a ceci
de commun avec le sauvage et le jeune animal qu'il s'ac-
commode assez vite à sa situation, et fait bon ménage avec
le mal, quand il en a conscience. « En même temps qu'il
est plus capable de supporter les maux, le sauvage fait
preuve d'une indifférence relative aux sensations désagréables ou douloureuses qui en sont les effets ; disons plutôt que chez lui ces sensations sont moins aiguës... Les
voyageurs expriment leur surprise de voir que les hommes
de races inférieures paraissent indifférents à la douleur.
Le calme avec lequel ils subissent des opérations graves
nous oblige à croire que les souffrances qu'ils endurent
sont bien moindres que celles que ces opérations produi-
raient chez les hommes des types supérieurs [1]. » Un chat
âgé de quatre mois, étant tombé d'un toit fort élevé dans
la rue, se blessa très grièvement ; quoique ne pouvant se
tenir sur ses pattes ni se retourner, et ayant le museau si
écrasé qu'il ne pouvait l'ouvrir pour boire du lait, il allon-
geait vers ma main sa patte brisée, quand j'approchais
de lui, et il essayait aussi des mouvements de jeu. Il en
est de même, et toutes exceptions réservées, du jeune en-

1. H. Spencer, *Principes de sociologie*, p. 73.

fant! Une de mes sœurs fit, à l'âge de quatre ans, une chute si malheureuse sur le trottoir qu'elle se fendit la lèvre supérieure. Un voisin nous l'amena, le visage tout en sang, mais ne manifestant pas la moindre douleur, et grignotant même une pomme qu'elle mangeait au moment de l'accident.

Remarquons pourtant ici que l'imagination aiguise après coup des douleurs autrement supportées avec calme, parce qu'elle porte notre attention sur la douleur seule, en la séparant des circonstances qui avaient pu en atténuer le sentiment. « Une petite fille à laquelle on s'était vu obligé de couper la jambe avait subi toute l'opération sans proférer une seule plainte, en serrant étroitement sa poupée dans ses bras. — Je m'en vais à présent couper la jambe à votre poupée, lui dit le chirurgien en riant, quand il eut achevé l'amputation ; la pauvre enfant, qui avait tout souffert sans dire mot, à ce propos cruel fondit en larmes. » Il est à croire que le souvenir de sa souffrance, plus vif que la souffrance réelle, exagéré par son imagination, était idéalement transporté à sa chère poupée. Ainsi tel brave pleurerait comme Ulysse au récit de ses épreuves, qu'il avait supportées avec un sang-froid héroïque. Je soupçonne même un peu ceux qui ne tarissent pas en récriminations contre les misères de leur enfance de les avoir quelquefois agrandies en leur prêtant les couleurs d'une imagination assombrie par des douleurs ou des déceptions ultérieures. En tout cas, relisez le premier chapitre de l'*Enfant* : vous verrez que Vallès, le grand affamé, le grand fouetté, eut lui-même, à cinq ou six ans, comme plus tard, ses petits dédommagements de plaisir. En fin de compte, par sa tendance à l'optimisme, l'enfant est toujours l'enfant.

Les enfants les plus maltraités, par le fait de la nature
ou de la société, trouvent chaque jour le moyen de faire
nargue au souci. « On les voit supporter gaiement les désavantages naturels, dont ils ont pourtant la connaissance [1]. »
J'ai vu souvent, en effet, des petits éclopés, des petits bos-
sus se mêler avec entrain aux jeux de leurs camarades,
quand ceux-ci ne font pas d'eux leurs souffre-douleurs. Je
vois, par exemple, presque tous les jours, à la place des
Vosges, un bonhomme affreusement noué, d'environ douze
ans et qui en paraît six ou sept, partager les ébats de ses
grands camarades, et même, le malheureux! suivre leurs
évolutions militaires avec ses courtes jambes de bancal.
Les déshérités du bonheur, s'il en est, sont bien rares
parmi les enfants.

Et que d'autres raisons, celles-ci psychologiques et sociales, l'enfant n'a-t-il pas d'avoir confiance en la vie! Nous
avons vu ce qu'il en est pour lui de la peine physique. Des
autres maux inévitables, des peines morales qui s'y joignent,
sa mobilité d'esprit, son imprévoyance, sa courte mémoire
le sauvent en partie, ou la prévoyance sociale les réduit
au minimum. Ses douleurs imaginaires, car il en a,
sont aussi rares ou peu profondes que son idéal en toutes
choses est borné! Tous ces maux dont nous exagérons l'importance, ces événements improbables dont nous faisons
des certitudes, ces maux qui proviennent de notre imprudence, de notre inconduite, ou de notre lâcheté, et qui
composent les quatre-vingt-dixièmes de nos maux imaginaires ou réels, l'enfant ne les connaît pas, ne les redoute
pas. Les obligations sociales, on s'en charge pour lui; on
lui évite les conséquences de ses fautes; pour lui on sème,

1. M⁰⁰ N. de Saussure, l'*Educ. progr.*, t. I, p. 191.

on récolte, on ménage, on combat, on triomphe. Il a de
la société tous les avantages dont il peut profiter, et il est
à peu près garanti contre tous les désavantages. Loué et
récompensé de ses moindres efforts, jouissant presque sans
mesure et à chaque instant de l'accroissement de ses forces, embrassant dans sa jeune ignorance, comme le philosophe dans sa sagesse universelle, les jouissances de tous
les arts et de toutes les sciences, n'ayant jamais aspiré qu'à
être heureux sans se demander en quoi consiste le bonheur,
goûtant la vie avec confiance, sans lui demander son secret,
> Offrant de toutes parts sa jeune âme à la vie,
> Et sa bouche aux baisers,

n'ayant encore ouï parler du nirvanah bouddhique et prus-
sien, que lui manque-t-il pour être heureux, pour croire au
bonheur? Rien, pas même la condition essentielle, qui est,
nous assure M. Renan « de ne pas chercher le bonheur » [1].

1. Sur les origines de cette aristocratique névrose, le *pessimisme*,
les avis sont divers. Ce qui importe et ce dont je me réjouis, quant
à moi, c'est de voir les nombreuses protestations qui se sont élevées
en France contre les premiers prédicants de cette religion morbide.
Écoutez M. Caro, qui, le premier chez nous, dans son livre du *Pessimisme au xix' siecle*, a donné l'alarme avec une note bien fran-
çaise : « C'est une sorte de maladie intellectuelle, mais une maladie
privilégiée, concentrée jusqu'à ce jour dans les sphères de la haute
culture, dont elle paraît être une sorte de raffinement malsain et
d'élégante corruption... Serait-il possible que cette philosophie fût
jamais autre chose en Europe qu'une philosophie d'exception, et
que l'humanité civilisée s'abandonnât à l'étrange séduction de ces con-
seillers du désespoir et du néant? » Écoutez l'aimable gascon de Bre-
tagne, M. Renan, que cette petite Église de la désespérance a voulu
accaparer malgré lui : « Croyez-moi, disait-il, à ses chers Bretons du
Tréguier, ne changez pas. Vos qualités sont de celles qui repren-
dront de la valeur. Le monde est en train de se laisser envahir par
des races tristes... Touchant au terme de la vie, je veux vous dire un
mot d'un art où j'ai pleinement réussi, c'est l'art d'être heureux. Eh
bien ! pour cela les recettes ne sont pas nombreuses; il n'y en a
qu'une, à vrai dire, c'est de ne pas chercher le bonheur, c'est de
poursuivre un objet désintéressé, la science, l'art, le bien de nos
semblables, le service de la patrie... Voilà le résultat de mon expé-

rience. Je vous la livre pour ce qu'elle vaut. J'ai toujours eu le goût
de la vie, j'en verrai la fin sans tristesse, car je l'ai pleinement goû-
tée. Et je mourrai en félicitant les jeunes; car la vie est devant eux,
et la vie est une chose excellente. » De son côté, avec quelle fran-
chise et quelle verve gauloise M. Dionys Ordinaire rappelle nos
soi-disant *décadents* aux saines traditions du bon sens national! « Ah!
si le grand homme d'État vivait encore, et si on venait lui dire que
le monde a changé depuis sa connaissance première et qu'il s'est
formé dans Paris une école de jolis garçons indifférents à l'idée de
patrie, à l'idée de liberté, l'école du néant, je me représente sa stu-
peur et j'entends l'éclat de rire amer dont il accueillerait cette nouvelle... Quels motifs avez-vous donc de vous décourager et de rester
oisifs dans le mouvement de la grande fourmilière? Êtes-vous ané-
miques? Prenez du fer. Êtes-vous faibles des bras et des reins? Faites de l'escrime. Êtes-vous fatigués du cerveau? Prenez des douches.
Mais cessez de geindre et de décourager par vos lamentations la
chiourme et les passagers, comme faisait ce grand veau de Panurge
pendant la tempête. Ramez, de par tous les diables! Ramez! » (*Revue
polit. et litt.*, numéro du 6 juin 1885, *La jeune génération*).

CHAPITRE IV

IMAGINATION

(Suite)

I

Le rôle de l'imagination en ce qui concerne la naissance ou le développement des aptitudes et des vocations est aussi intéressant que difficile à étudier. Il faut sans doute faire la part très large à l'hérédité, mais à l'hérédité bien plutôt générale que spéciale. D'un côté, l'intelligence humaine est toujours un fonds propre à féconder quelque semence ; d'autre part, il serait bien téméraire d'affirmer que, chez les gens bien doués, les aptitudes naturelles ne sont pas très nombreuses. Quand on voit une circonstance fortuite, et en elle-même insignifiante, faire éclore un goût et une aptitude sérieuse chez des esprits jusque-là fermés, et en provoquer une nouvelle chez ceux qui avaient déjà fait leurs preuves dans une direction tout opposée, on est tenté d'accorder beaucoup à la persévérance du travail soutenu par une passion inspiratrice et absorbante.

C'est la conclusion qui ressort pour moi des documents fournis par les biographies des hommes illustres, aussi bien que des observations que j'ai pu faire autour de moi. J'insisterai principalement sur les premiers. Ce sont des exceptions qui confirment la règle générale, des exem-

plaires grossis des cas les plus ordinaires. La loi de formation des aptitudes extraordinaires explique également
celle des aptitudes et des habitudes communes.

Je ne rappellerai pas les noms de tous les écoliers médiocres ou tout à fait bornés qu'une circonstance notable
ou quelque revirement d'humeur mit tout à coup hors de
pair. Deux exemples suffiront. Newton se trouvait à l'école
au bout de l'avant-dernier banc. Ayant reçu un coup de
pied de l'élève qui était au-dessus de lui, il le défia au combat et le vainquit. Il voulut aussi montrer à ce dernier de
quoi il était capable en fait d'études, et s'étant mis à travailler de toutes ses forces, il ne tarda pas à prendre la
tête de la classe [1]. Le jeune Fresnel, très faible de com-
plexion, et d'une mémoire rebelle à tout ce qui n'était que
des mots non reliés à quelque argumentation, était loin de
faire augurer un futur savant. Ses camarades, qui en ju-
geaient mieux que ses maîtres, l'appelaient l'*homme de
génie*. Il avait mérité ce titre pompeux à l'âge de neuf ans, .
en se livrant à des expériences véritablement expérimentales, pour trouver la longueur et le calibre donnant la
plus forte portée aux canons de sureau dont les enfants se
servent dans leurs jeux, et déterminer les bois verts ou secs
qui, dans la fabrication des arcs, fourniraient le plus d'élas-
ticité et de durée [2].

Nous venons de voir une circonstance vulgaire mettre
en relief une aptitude sans doute innée, mais cachée à tous
les yeux jusqu'alors. Voici un exemple qui nous montre
une circonstance de ce genre amenant une inversion complète d'aptitudes déjà développées. C'est François Arago
qui en est le héros. « Mon père étant allé résider à Perpi-

1. S. Smiles, *Self-Helph*, p. 333-336.
2. F. Arago, *Notices historiques*, p. 111.

gnan, comme trésorier de la monnaie, toute la famille quitta Estagel pour le suivre. Je fus alors placé comme externe au collège communal de la ville, où je m'occupais presque exclusivement d'études littéraires. Nos auteurs classiques étaient devenus l'objet de mes lectures de prédilection. Mais la direction de mes idées changea tout à coup, par une circonstance singulière que je vais rapporter. En me promenant un jour sur le rempart de la ville, je vis un officier du génie qui y faisait exécuter des réparations. Cet officier, M. Cressac, était très jeune; j'eus la hardiesse de m'en approcher et de lui demander comment il était arrivé si promptement à porter l'épaulette. « Je sors de l'École polytechnique, répondit-il. — Qu'est-ce que c'est que cette école-là? — C'est une école où l'on entre par examen. — Exige-t-on beaucoup des candidats? — Vous le verrez dans le programme que le gouvernement envoie tous les ans à l'administration départementale; vous le trouverez d'ailleurs dans les numéros du journal de l'École, qui existe à à la bibliothèque de l'École centrale. » A partir de ce moment, j'abandonnai les classes de l'École centrale, où l'on m'enseignait à admirer Corneille, Racine, La Fontaine, Molière, pour ne plus fréquenter que les cours de mathématiques ». Deux ou trois ans plus tard, le jeune savant entrait à l'école.

D'autres fois, ce sont les impressions habituelles du milieu; et surtout celles de la famille, qui s'imposent à l'imagination d'une manière ineffaçable et, qui tôt ou tard, donnent à l'être tout entier une direction toute-puissante. C'est Rousseau relisant à son père des romans et les *Vies* de Plutarque ; c'est Lamartine, sur les genoux d'une mère éprise de Rousseau, qui boit la poésie de la Bible, du Tasse et de Milton, coulant des lèvres de son père; c'est Gam-

betta que sa mère, celle-là aussi un grand esprit et un
grand cœur, fait épeler dans les œuvres d'Armand Carrel
(ô prédestination!); c'est, enfin, le fils du soldat breton et
de la Vendéenne, qui, à l'âge de cinq ans, est promené par
le sort du jardin des Feuillantines aux merveilles de l'Italie
et de l'Espagne. Mais il convient de laisser conter par un
écrivain poète cette poétique odyssée de l'enfant sublime :

« On passa les Alpes et les Apennins. Rome fut entre-
vue, Naples traversée. Victor Hugo avait alors cinq ans.
A cet âge, la vue est un éblouissement, et le voyage est un
songe. Qui sait, pourtant, si les reflets de ces grands spec-
tacles ne contribuèrent pas à la coloration de son génie
naissant? Qui sait s'il ne dut pas à la chaleur et à la
lumière du Midi le prodigieux éclat qu'il devait montrer ?
La formation des intelligences est aussi mystérieuse que
celle des diamants. Le poète l'a dit lui-même quelque
part : « C'est mon enfance qui a fait mon esprit ce qu'il
fut. »

« Ce séjour en Italie eut la brièveté d'un campement...
Mme Hugo revint à Paris, avec ses trois enfants, habiter
l'ancien couvent des Feuillantines, dont l'abandon avait
fait une joyeuse ruine, pleine d'oiseaux et de fleurs sauvages.

> « Le jardin était grand, profond, mystérieux,
> Fermé par de hauts murs aux regards curieux,
> Semé de fleurs s'ouvrant ainsi que des paupières,
> Et d'insectes vermeils qui couraient sur les pierres,
> Plein de bourdonnements et de confuses voix :
> Au milieu, presque un champ ; dans le fond, presque un bois.

« Ce jardin des Feuillantines est resté l'Éden du poète ;
ce fut là qu'il s'enracina dans cette nature, dont il devait
reproduire si puissamment, plus tard, toutes les formes et

toutes les couleurs ; ce fut là qu'il apprit cette langue des
eaux, des brises, des oiseaux et des fleurs, qu'il parle et
qu'il renouvelle avec une magnifique abondance. Les trois
frères se faisaient un monde de cet enclos de verdure,
découvraient un recoin et exploraient ses broussailles,
prenaient son puisard pour un océan et ses massifs pour des
forêts vierges. Plus tard, le jardin des Feuillantines, trans-
formé, mais reconnaissable, deviendra dans les *Misérables*
le cadre de l'Idylle de la rue Plumet. On le retrouve encore
au milieu des plus sombres pages du *Dernier jour d'un
condamné*. Il reparaît, çà et là, dans tous ses poèmes,
comme le paysage de Mantoue dans ceux de Virgile[1].

« Au printemps de 1811, Mme Hugo partait pour l'Espagne avec ses enfants... Cependant, l'enfant croissait, au
milieu des vicissitudes de cette vie errante. Sa jeune pensée
était déjà apte à recevoir une empreinte, et l'Espagne la
modelait à son type. Son imagination s'imprégnait des
contours fiers, des couleurs tranchées, des mœurs sérieuses
et hautaines de ce pays, à part entre tous les autres. Le
Génie du lieu l'initiait à ses pompes et à ses grandeurs.
L'Alcazar de Séville l'introduisait dans les merveilles du
monde oriental ; la cathédrale de Burgos lui révélait l'architecture du moyen âge, dans sa plus riche floraison ; un
jaquemart fantastique, sortant d'une horloge de cette
sévère église, au milieu des statues sacrées et des effigies
sépulcrales, lui faisait vaguement comprendre que le gro-
tesque peut se mêler au tragique sans le dominer et sans
l'avilir. Les fiers portraits, noircis par le temps, de la
galerie du palais Masserano se rangeaient dans sa

---

1. On sait aussi que le poème de *Mignon* est dû à une lointaine
réminiscence d'une jeune chanteuse italienne, que Gœthe aperçut
un jour dans son voyage en Italie.

mémoire, et y préparaient la scène de don Ruy Gomez.

« Ce pli grandiose donné à sa pensée ne devait plus
s'effacer. L'accent grave et sonore de la langue du Cid
passa dans son style; la terre du romancero le naturalisa,
comme Corneille, et le marqua profondément du signe de
sa race. Les influences nouvelles, les accroissements suc-
cessifs n'effacèrent pas ce façonnement primitif. Encore
aujourd'hui, à travers tant d'autres titres si divers et si
éclatants, Victor Hugo reste, parmi nous, le Grand d'Espagne de première classe de la poésie [1]. »

Descendons de ces hauteurs sereines, où plane la
génie, dans sa gloire immortelle. Beaucoup se sont inquié-
tés de chercher comment M. Edmond About, « un homme
aux débuts si brillants, un écrivain dont les qualités maîtresses étaient l'activité et la fécondité », s'était, une dou-
zaine d'années avant sa mort, tout d'un coup « retiré de
la production, comme s'il était vidé et qu'il n'eût désormais plus rien à dire. » M. Zola a trouvé l'explication de
cet épuisement prématuré. Edmond About avait le malheur
de ne croire guère qu'au succès, et, blasé qu'il était sur
toutes les victoires, de ne s'attaquer guère qu'aux succès
faciles [1]. Mais, cet About-là, qui l'avait ainsi fait? La nature
sans doute un peu, mais surtout le collège et l'école. Un
de ses compagnons de jeunesse va nous expliquer l'homme
par l'enfant.

« Chaque fin d'année amena pour About une moisson
qui ne fit jamais défaut : son chef d'institution ne savait
comment témoigner sa reconnaissance. A d'autres élèves à
succès, mais à succès plus intermittents, on faisait quelquefois froide mine. Quand ils voulaient aller se promener le

---

1. Paul de Saint-Victor, *Hugo*, Calman Lévy.
1. E. Zola, *Les romanciers naturalistes*, p. 353.

dimanche, on leur insinuait qu'il serait plus délicat à eux de creuser les mystères de l'accentuation grecque ou de se mettre dans la mémoire le beau discours de Canuleius. Pour About, liberté complète et tous les luxes du *high-life* : leçons d'équitation, leçons d'escrime, crédit illimité chez un bon tailleur. Il n'abusait pas, mais usait, avec la sécurité d'un bienfaiteur qui sait qu'il fait toujours plus pour son obligé que celui-ci ne pourra jamais faire pour lui... Puissance à douze ans, il était à dix-huit une toute-puissance... Que disais-je donc : toute-puissance? C'était la royauté. About n'en avait pas la tête tournée plus qu'il ne convient. C'était un bon prince. C'était même un très aimable et excellent camarade. A peine une nuance de protection dans cette amabilité, mais, notez-le bien, une nuance, et à peine. Ce que je tiens à faire remarquer surtout, c'est qu'à l'âge de l'insouciance il lui était difficile d'être insouciant, c'est qu'à l'âge de la passion désintéressée pour le vers latin, — étions-nous assez convaincus et fanatiques, grand Dieu ! — il entrait dans sa passion à lui par la force des choses, par le concours des circonstances ou la circonstance des concours, moins de candeur naïve et un peu plus de calcul. Il aimait moins le vers latin pour lui-même que pour le laurier qu'il lui réservait à la fin de l'année et aussi pour les avantages qu'il lui assurait durant l'année même. En travaillant pour la satisfaction de l'heure présente, une satisfaction quelque peu différente de celle que nous cherchions, nous autres les convaincus et les naïfs, il travaillait aussi en vue de l'avenir. Il fourbissait ses armes ou préparait ses instruments pour la vie. On nous répétait, aux jours de distribution de prix, à nous lauréats, que la société allait nous appartenir bientôt et que nous y entrerions en rois : About ne rejetait pas l'horoscope, en ce qui le concernait surtout [1]. »

Un cas beaucoup plus triste encore va terminer cette revue d'illustres : c'est celui d'Olivier Madox Brown, qui s'est éteint à dix-neuf ans, ayant déjà au front la double auréole du peintre et du poète. Son grand-père fut le célèbre médecin John Brown, un mystique, un ardent, qui finit dans le désordre une vie déjà honorée par de savantes découvertes. Son père est un peintre idéaliste du plus grand nom. Le premier mot que le jeune Olivier essaya de balbutier fut le mot *beau*. Le premier souvenir qui lui restât de son enfance fut celui des regrets profonds que lui causa la mort d'un petit frère : sa sœur le trouva seul dans la nursery, pleurant et criant : « Arthur, ne le verrai-je plus? » Nous voyons, en cette rencontre, l'hérédité agir sous la forme d'irritabilité nerveuse. Nous la trouvons encore dans la précocité de son talent. Et comme cette double hérédité est malheureusement servie par les circonstances! A cette constitution maladive, il faudrait les alternances du calme et de l'agitation physique au sein d'une belle et pacifique nature. Son père laisse cet impressionnable cerveau aux prises avec les dévorantes difficultés de l'art sérieux. Il lui donne, à l'âge de douze ans, pour sujet d'aquarelle : *La rencontre de Marguerite d'Anjou et des voleurs*. Les compositions se succèdent avec une fatale et fiévreuse fécondité. Il expose, à quatorze ans, un *Chiron recevant l'enfant Jason*; l'année suivante, deux toiles, représentant l'*Obstination* (un cheval résistant à son cavalier qui veut le pousser dans la mer) et l'*Exercice* (un Arabe domptant son cheval au pied des vagues qui se brisent). Il travaille avec son père à l'illustration de Byron, « dont il

1. Maxime Gaucher, *Causerie littéraire*, *Revue polit. et litt.* du 24 janvier 1885.

faisait le Mazeppa, une tempête vivante [1]. » Il se livrait en
même temps avec fureur à la poésie. Deux sonnets qu'il
fit à l'âge de treize ans marquaient une précocité virile, et
surtout reflétaient les teintes ardentes et sombres de son
génie malade. Est-il surprenant que ce travail enragé,
cette imprudente surexcitation d'un cerveau prédestiné,
aient abouti à un mort hâtive et désespérée? Ici, comme
on le voit, l'hérédité seule ne suffit pas pour tout expliquer. Cette brillante et rapide destinée est tout à la fois
l'œuvre de la nature, de l'entourage et des circonstances.

Passons à un autre ordre de vocations, non moins utiles
que les vocations littéraires et artistiques. A une certaine époque parut, dans la petite ville de S..., une pauvre famille com-
posée du père, de la mère et d'un enfant brun, laid, mais
robuste et éveillé. Leurs visages francs et honnêtes, leur air
entreprenant et courageux me les rendaient sympathiques.
Ils vendaient des aiguilles, des boutons, de menus articles
de mercerie. L'enfant, avec son aplomb, son joyeux boni-
ment, ses appels sonores, réussissait à attirer quelques
chalands les jours de marché. Mais ils sentaient la misère
d'une lieue. Un samedi, j'aperçus le petit garçon fort
attentif devant l'étalage en plein vent d'un fabricant de
bouchons. Il y avait là beaucoup de curieux; cet indus-
triel vendit toute la journée. Le samedi suivant, notre petit
homme avait surpris le secret ou se l'était fait enseigner.
Il avait un établi auprès de ses parents, il criait et vendait
sa nouvelle marchandise. Quelques semaines après, je vis la
famille arriver avec un brancard très bien monté. Encore
quelques semaines, et ces bonnes gens, le petit homme en
tête, vinrent au marché avec un petit âne. Leur boutique

1. J. Darmesteter, *Une mort prématurée, Rev. polit. et litt.* du
8 mars 1884.

en plein air s'achalandait de mieux en mieux. Ils étaient mieux vêtus, paraissaient réjouis. Le petit garçon se démenait, et il fallait forcément lui acheter. La mère, dont il était le portrait, le regardait avec transport. Trois ans s'étaient écoulés quand je les revis. Leur petite carriole était remplacée par une bonne voiture, celle-ci traînée, non plus par un vieux cheval aveugle, qui avait succédé à l'âne, mais bien par un cheval fringant et vigoureux. C'était une maison fondée par un petit marchand de génie. Ce qu'il devait à sa mère, à son sang et à ses exemples, il le lui avait largement rendu.

Voici, en revanche, comment les maisons se défont. La petite Zélia (notez ce nom d'un romanesque bourgeois) était née d'un rentier marié à la fille d'un riche épicier. La mère affectait la distinction en toute chose. Zélia, fort intelligente et fort jolie, était choyée, parée en jeune princesse. Elle se montrait, dès l'âge de quatre ans, capricieuse, fantasque, mais artiste. Le neuf, le joli l'attiraient. A l'âge de huit ans, elle savait fort bien dessiner, mais elle ne dessinait que de jolies personnes ou de jolies choses. Ses sympathies, il est vrai, de courte durée, étaient pour les maîtresses et les élèves élégantes. Elle accourait de loin pour voir et toucher une belle robe neuve, et embrasser celle qui la portait. Habituée chez elle à faire toutes ses volontés, elle épouvantait le couvent où elle était en pension. Ce que voyant, elle jouait souvent la fureur, la folie; et quand elle avait bien ahuri son monde, elle riait aux éclats. On l'envoya, à l'âge de onze ans, à B..., chez ses grands parents, qui la mirent dans une institution où on la tenait ferme. Elle aimait beaucoup ses maîtresses; elle se plaisait dans ce milieu, s'y voyant traitée en personne sérieuse et en élève ordinaire. La première année, tout alla bien : à peine une querelle avec la maîtresse de piano, et deux ou trois algarades aussitôt réprimées. Mais sa famille eut le tort de lui laisser savoir que les bizarreries dont elle était prodigue à la maison n'étaient pas ignorées de ses maîtresses. Elle se dit alors qu'elle n'avait plus à se gêner avec elles. Son caractère se montra tout à fait désagréable. A treize ans, ses goûts artistiques avaient repris de plus belle. A quatorze ans, le travail passionné de la poterie, de la peinture sur bois et sur porcelaine, avec le goût de la toilette, où elle se montrait raffinée, l'absorbaient entièrement. Elle épousa, à dix-huit ans, un fils de famille, qui la prit pour sa beauté, et qu'elle aima pour son nom, sa fortune et son château. D'un caractère faible et léger, il ne tarda pas à la laisser à ses extravagances de coquette et d'artiste, et, chacun jouissant à sa façon et sans compter, ils ne mirent pas dix ans à épuiser leur double patrimoine. Sa mère regretta trop tard de ne l'avoir pas élevée en fille d'épicier.

Il y a une sorte d'imagination pratique, qui est l'obsession du travail à faire. L'instinct caractérise de bonne heure les tempéraments laborieux. Un enfant de six ans et demi, très intelligent (mais le fait se produit chez de moins intelligents), semble aimer le travail pour lui-même, tant il est inquiet jusqu'à ce que ses devoirs soient faits. Il se met rarement au jeu avant de s'être mis en règle à tous égards. Tout au contraire, son frère aîné ne peut se résoudre à faire un devoir qu'il peut remettre au soir ou au lendemain : bon esprit, du reste, et réussissant au mieux dans ses études. Si le jeune, cédant à la contagion de l'exemple, se met à jouer en revenant de classe : « Ah ! et mon devoir ? » s'écrie-t-il tout à coup. C'est pourtant un enfant très joueur, d'humeur très vive, et même très mobile. Souvent il lui arrive, quand il n'a rien à faire, de prendre une feuille de papier fin, et de bâcler, en un tour de main, quelque lettre plaisante à un parent ou à un ami. Il a l'air de prendre cela aussi pour un devoir. Son oncle de Paris lui ayant dit qu'un architecte de ses amis, d'un caractère fort enjoué, se délecte fort de certains passages de ses lettres, l'enfant demande : « Alors, quand j'irai à Paris pour voir l'Exposition, je serai tenu d'aller faire de l'esprit avec ton architecte? » Toujours l'obsession du devoir à accomplir.

Ce besoin de la tâche faite, qui n'est pas tout à fait l'amour du travail mais qui y conduit, provient évidemment d'un tour d'imagination héréditaire, que, d'ailleurs, l'exemple et le genre d'éducation peuvent développer. Elle doit se trouver souvent unie à une grande énergie digestive. C'est précisément le cas de l'enfant dont je viens de parler. Il est d'un fort appétit, et il montrait, tout jeune, une imagination rabelaisienne. Il lui arrive même encore (il a sept ans et demi) de faire de la cuisine. non par jeu, mais pour tout de bon. Ses tentatives dans ce genre sont d'ailleurs loin d'annoncer un second Savarin. Ses ragoûts sont chose - fort compliquées, et qui rappellent le fameux thé dont la composition est décrite dans un des joyeux dialogues d'Henri Monnier. Il fera, par exemple, un affreux mélange de pâte à beignets, de tapioca, de haricots, de lait, de pruneaux, de viande hachée, de graisse, d'huile, de chocolat et de cornichons, le tout cuit dans une ancienne boîte à cirage ou à sardines. Mais l'habileté d'exécution n'a que faire ici : j'ai simplement voulu constater l'étroite relation qui me paraît quelquefois exister entre l'instinct de nutrition et celui de la tâche accomplie. J'ai trouvé cette relation très caractérisée chez des travail-

leurs de toute profession. Je me borne à citer le cas d'un
brave homme de tailleur, qui me disait naïvement : « Pour
moi, si j'ai tant travaillé et économisé toute ma vie, et si
j'ai même réussi à m'assurer un peu de pain pour mes
vieux jours; si j'ai été ce qu'on appelle un ouvrier honnête et rangé, je le dois à mon grand appétit et au plaisir
que j'avais à le satisfaire. Je me sentais d'ailleurs beaucoup
de goût pour tous les genres d'amusements. Mais je résis-
tais à la tentation, en me disant : « Travaille, sinon tu ne
mangeras pas. Épargne tes sous pour l'époque où tu auras
toujours faim, quoique ne pouvant plus travailler. » C'est
mon bon estomac qui m'a sauvé. »

II

Le jeu embrasse toutes les expressions diverses de l'action et de la gesticulation agréable, depuis le saut et le
battement des mains de l'enfant jusqu'aux manifestations
les plus hautes et les plus raffinées de l'art. C'est une si
vaste matière, et si séduisante, qu'elle a usé sans l'épuiser
la verve et la sagacité des observateurs. Pas de sujet où la
prolixité soit plus facile et plus tentante. Je me félicite,
quant à moi, d'être contraint par mon plan même à le
traiter brièvement.

Le jeu est, avant tout, d'essence physiologique. Il y
a pour l'animal même adulte un certain plaisir dans le
libre accomplissement des fonctions utiles de la vie quotidienne. « Chacun sait, dit Bain, qu'il y a une espèce d'activité qui semble vivre d'elle-même, qui ne coûte aucun
effort, qui cause du plaisir, loin de fatiguer, et que ne
modifie pas sensiblement ni un *stimulus*, ni l'idée d'un

but; c'est manifestement l'effet d'une force spontanée ¹. »
Ces espèces de mouvements sont d'une absolue nécessité
pour le jeune animal, qui n'a pas encore à dépenser sa
force nerveuse dans les travaux de la lutte pour l'existence.
Le plaisir que procure ce succédané de l'activité utile est
proportionné à la « vivacité », à « l'exubérance des forces
mentales et cérébrales, qui montent ou baissent en raison
de la vigueur et de la nutrition du système nerveux ».

Que dans le jeune animal, que dans l'enfant en bas
âge, aussi faible qu'ignorant, cet exercice nécessaire,
agréable, et comme désintéressé, de l'activité sensorielle,
soit le plus souvent accompagné d'observation, qu'il
mette en jeu l'intelligence, la curiosité et même l'instinct
esthétique, rien de plus évident. Mais à cette époque
d'instruction spontanée et universelle, le jeu a pour mobile et pour but principal le plaisir. C'est ce qu'a fort bien
observé M. Espinas, que je suis heureux de rencontrer sur
ce domaine, et qui n'avait qu'un pas à faire pour arriver
du monde des animaux à celui des enfants. L'enfant dont
il parle, à l'âge de deux mois, « laissé seul dans son berceau, en saisit le rideau avec sa main; cela par hasard,
sans doute, car il saisit tout ce que sa main rencontre ».
A deux mois et demi, il « commence à réagir quand on lui
prend les deux mains tandis qu'il est couché dans son berceau; il tire à lui les deux mains simultanément, comme
pour se soulever, en se suspendant aux doigts qu'on lui
tend. Il s'amuse bien certainement avec son rideau et sa
couverture ». A trois mois et huit jours, il regarde ses
mains et les regarde encore; « en les regardant, il les
éloigne et les rapproche; c'est évidemment une étude sur

1. *Les sens et l'intelligence.*

la distance en même temps que sur la forme ». » L'auteur
de cette note a gardé la juste mesure.

Je crains qu'il n'en ai pas été tout à fait ainsi d'un
savant docteur dont les travaux comptent, d'ailleurs,
parmi les études de psychologie infantile, j'ai nommé
M. Sikorski. Dans les jeux mêmes du nourrisson, il y a,
selon lui « absence totale d'élément émotionnel ». Il ne
s'agit, avant tout, que d'expérimentation. La gymnastique
primitive est subordonnée à l' « exercice de raisonnement
pur ». Les jeux de l'enfant ont pour but « le développement du penser abstrait ». Ainsi, quand il regarde avec
extase le croissant de la lune, qu'il retrouve avec bonheur
une sorte d'analogie de cette impression en voyant l'ouverture échancrée du colombier ou un demi-cercle de carton ; quand il froisse une feuille de papier blanc, attentif
à sa couleur, à son poids et au bruit qu'elle fait entre ses
doigts, le rôle de l'enfant n'est que celui d' « un théoricien
qui fait abstraction de l'objet tout entier, pour porter son
attention sur une propriété ou un caractère de l'objet ». En
outre, ces diverses opérations l'excitent à prendre conscience de ses propres forces, à opposer sa propre causalité
à celle des choses. Elles l'exercent aussi à reproduire et à
graver par la répétition les impressions et les idées que
les objets suscitent en lui. Il fait donc en jouant l'office
d'observateur, tantôt d'acteur, tantôt d'écolier répétant sa
leçon. Il me paraît un peu surprenant qu'à cet âge de
mémoire facile et vigoureuse, l'enfant ouvre et ferme dix
ou vingt fois de suite une boîte pour s'assurer du vide ou
du contenu, et qu'il soulève et laisse retomber jusqu'à cent
fois de suite le couvercle d'une cafetière « pour s'appro-

1. A. Espinas, *Observations sur un nouveau-ne*, *Annales de la Faculté des lettres de Bordeaux*, n° 1, 1883.

pier solidement cette image¹. » N'est-il pas vrai qu'avec
une telle force de mémoire, son pouvoir, et par conséquent
son désir d'abstraction, doit être bien faible et entrer pour
bien peu dans ces secousses réitérées de tous les muscles?
Je crains que M. Sikorski n'ait fait trop bon marché de
l'élément émotionnel, élément intense et varié, dont le jeu
du petit enfant s'accompagne toujours, et, bien plus, de
l'élément physiologique qui en est, surtout au début,
l'élément principal.

Je souscrirais plutôt, surtout pour le jeune âge, à cette
affirmation du même auteur: « L'absence de discernement
entre les divertissements et les exercices sérieux, ou bien
entre l'observation pure des choses qui l'entourent et l'activité émanant de la création et de la fantaisie, constitue
une particularité de l'activité de l'enfant. » Il faut remarquer, toutefois, qu'à l'âge où nous voici venus, ce discernement et cette répartition se sont opérés d'eux-mêmes,
par la division du travail qui correspond à l'accroissement
des forces physiques, de l'intelligence et de la volonté, et
aussi par l'influence du milieu social, la puissance de
l'imitation et le groupement nécessaire à toute organisation sociale. Il y aurait donc lieu d'observer l'enfant dans
le jeu régulier et appris, dans le jeu libre et irrégulier, et
dans le simple exercice de loisir. On verrait alors que dans
le premier l'élément affectif, de caractère surtout social,
est prédominant, et dans le troisième, l'élément intellectuel d'observation et de construction, tandis que dans le
second s'opère une fusion variable de l'élément affectif
et de l'élément intellectuel.

Le jeu collectif et régulier est le jeu par excellence.

---

1. Sikorski, le *Développement psychique de l'enfant*, *Rev. philos.*,
numéro d'avril 1885.

Le goût qui y porte les enfants rappelle les fêtes turbu-
lentes du sauvage et les ébats joyeux des animaux jeunes.
C'est là une tendance sociale d'origine tout à fait primitive.
On en trouve des exemples parmi les insectes, parmi les
oiseaux et les poissons, et à plus forte raison parmi les
animaux supérieurs[1]. Elle est si répandue dans le règne
animal, que M. Espinas y voit l' « élément essentiel d'une
société supérieure ». Les jeunes se rapprochent en vertu
de leur ressemblance, par sympathie, faisant ainsi échange
de démonstrations affectives, heureux de voir leur propre
individualité s'exprimer et se répercuter dans celles de
leurs congénères. C'est, nous dit le savant observateur des
sociétés animales, cette tendance à se réunir sans autre
but que le plaisir, plutôt que la nécessité de former un
couple ou une famille, ou l'utilité de s'associer pour une
action commune, qui explique la permanence de l'état
social[2]. Quoi qu'il en soit, ces jeux chez l'enfant, comme
chez les jeunes animaux, sont une image adoucie des
exercices et des actions de la vie ordinaire, de la vie d'effort et de lutte. On y trouve la tendance à simuler des
mouvements d'attaque et de défense ; chez les uns, le besoin d'imposer leur volonté ou leur force ; chez les autres,
le besoin de rechercher un guide, un maître, un appui ; la
jalousie, la rivalité, les querelles générales ou individuelles ; la tendance à former des petits groupes dans le
grand ; des associations temporaires fondées sur les affections électives, l'habitude, le caprice ; plus d'initiative en
général et plus de brusquerie chez les mâles ; plus de grâce
et de douceur chez les jeunes filles ; ici les rondes, les en-

1. Voyez Houzeau, *Études sur les facultés mentales des animaux*,
t. II, p. 66-92.
2. Les *Sociétés animales*, p. 466-478.

lacements harmonieux, les chants d'accompagnement; là les sauts, les bonds, les gambades, les grands cris, les mouvements énergiques et audacieux des membres, de la tête et du thorax ; en un mot, tous les actes et toutes les émotions qui caractérisent le groupe, toutes les manifestations différenciées de l'instinct social, tous les signes révélateurs du caractère, des habitudes, de l'éducation et des exemples reçus.

Il est d'autres divertissements qui tiennent le milieu entre le jeu et le simple exercice. Ils réclament bien un déploiement d'attention, mais ils sont encore autant émotionnels qu'intellectuels. Ce sont les petits jeux de camaraderie, les parties de plaisir au grand air, les libres courses dans les champs, dans les bois, sur la colline, dans les ravins, le long des eaux ; c'est la chasse ou la pêche, jeux à peine surveillés, mais non dirigés par un adulte; ce sont tous les essais, tous les exercices que l'on peut improviser, entre quatre ou cinq, ou bien à deux, au fond d'un jardin, dans une prairie, au bord de la mer, dans une vaste cour ou un parc toujours immense (n'eût-il que vingt mètres carrés). Ici le jeu des muscles est au complet. Les divers genres d'émotion sociale ou antisociale dont il a été parlé plus haut se donnent pleinement carrière. Mais comme l'imprévu et l'impulsion personnelle ont toute facilité pour intervenir dans ces jeux irréguliers, toutes les manifestations intellectuelles, l'observation, le jugement, le raisonnement, l'invention y ont une plus grande place que dans les jeux de groupe, j'allais dire de tribu, en un mot, dans les jeux officiels de l'enfance [1].

1. « Gardons-nous, dit M. Compayré, de gêner l'enfant dans cet épanouissement libre et franc de son imagination. Après s'être exercée dans les divertissements du jeune âge, elle se trouvera prête pour un emploi sérieux, dans le travail et l'étude ». *Cours de pédagogie*, p. 141.

Voici enfin un jeu beaucoup plus intellectuel qu'émotionnel, et où la diversité des intelligences est facile à observer. Ce sont les libres exercices, presque des occupations, auxquels se livre un enfant seul, avec un camarade, ou quelquefois avec ou sans l'intervention d'un adulte. Ils sont faits, avant tout, de spontanéité et de caprice. Ce qui les caractérise encore, c'est le calme et le sérieux relatif qui y président, comme dans l'exemple suivant.

L'enfant (six ans et demi) est seul dans le jardin. Il s'amuse à lancer des boulettes de mie de pain avec une sarbacane. Ayant épuisé ces projectiles, il met une baguette dans la sarbacane, et il y souffle de toutes ses forces; la baguette va tomber au pied de l'arbre où il a collé, à un mètre de hauteur, une feuille de papier en guise de cible. Un monsieur de ses amis survient en ce moment. « Il y a un inconvénient, lui dit aussitôt l'enfant, quand on lance une baguette : c'est qu'elle tend à s'abaisser. » Une idée lui vient. « Il faut prendre un morceau de papier plus petit. — Pourquoi? lui dit le monsieur. — Oh! parce que le tir est plus difficile. Un grand papier offre trop de cible, je le touche presque à chaque coup. » La nouvelle cible est collée avec une épingle au tronc d'un arbre un peu plus éloigné que le premier. « Tu vas toucher les carreaux, dit le monsieur. — Oh! oh! oh! fait l'enfant en riant, je suis plus adroit que cela. » Après une pause de deux minutes, l'enfant croit devoir faire des confidences à son interlocuteur. « Il y a un moule, dit-il, pour faire des balles d'argile; elles doivent être partout égales, afin que l'air passe, autant que possible, par-dessous la balle, et non par côté ou par en haut. — Tu sais faire des balles de pain assez rondes? — Oui, mais il faut bien du temps, et ça sèche. » L'enfant tire un, deux coups : un projectile a em-

porté l'épingle qui retient le papier. L'enfant la cherche
en vain : « Ah! s'écrie-t-il, voici justement une vieille plume
que j'ai jetée ce matin. — Mais je crois qu'elle ne va tenir
que d'un côté. Je vais en chercher une neuve. » Après
quelques nouvelles expériences, la baguette se brise. Le
monsieur dit à l'enfant : « Tu vas en faire une autre, ce n'est
pas difficile. — Tu crois? réplique l'enfant; c'est qu'il s'agit
de trouver la grosseur voulue. Je vais pourtant essayer de
tailler avec un couteau cette branchette-là; je pense que
ça ira. Pourtant, l'autre valait mieux, c'est sûr; elle prenait mieux le moule. » Voici une nouvelle suspension
d'exercice, due à je ne sais quelle impression suggestive.
Puis, tout d'un coup, l'enfant se met à parler de la différence qu'il y a entre son père et sa mère, entre la bonne
d'antan et celle de l'année, entre grand-père et grand'mère,
entre les chiens Myrza et Cambo. Il revient à son jeu, sans
transition d'idées apparente. « Sais-tu ce qu'il me faudrait?
dit-il au monsieur. Une cible en carton; elle ne se percerait
pas. Je vais chercher cela. » Il ne tarde pas à revenir; il
cloue sa pancarte à l'arbre avec deux petits clous qu'il a
pris dans la cuisine. Il recommence à souffler dans la sarbacane. Le monsieur lui conseille de passer un peu d'encre
au bout de la baguette pour que la portée des coups soit
mieux indiquée sur la cible. « J'y avais pensé, dit l'enfant :
mais l'encre pourrait abîmer le tuyau de la sarbacane,
puisqu'elle ronge les plumes. »

Que d'expériences de tout genre, que de jugements
variés la mémoire de l'enfant a dû enregistrer; que de
liaisons d'idées, de comparaisons son intelligence a dû
faire pour que son imagination, mue par le désir, le doute,
la joie, la vanité, lui suggère, à six ans et demi, les actes
réfléchis et les combinaisons de moyens que nous venons

de lui voir produire à propos d'un jeu aussi simple que celui de la sarbacane!

III

Quelques mots maintenant sur l'exercice strictement intellectuel de l'imagination. Quels qu'en soient la matière et le but, elle procède ordinairement par augmentation ou soustraction, par substitution, par combinaison de concerts ou d'abstraits. Tous ces modes de construction intellectuelle se trouvent chez un jeune enfant de trois ans.

Il fait œuvre d'addition, de diminution ou de sépararation, ou ces trois choses à la fois, quand il ajoute en espérance un pouce à sa taille, une dent à sa bouche, un franc à sa tirelire; quand il convoite une part de gâteau plus grande que celle de son frère, qu'il songe au moyen d'abattre quelques-unes des belles prunes dont le poids fait pencher l'arbre, qu'il vide, par la pensée, l'étang de ses poissons et qu'il en remplit son panier. Le voilà qui affecte d'appeler quelqu'un *moucheron* ou *tambour-major*, sérieusement ou par dérision; ou bien (car, ainsi qu'on l'a dit, il n'y a pas de petit loup), il appelle énorme chien un petit roquet qui a jappé sur ses talons; il surfait les qualités bonnes ou mauvaises des personnes ou des choses; il use d'hyperboles gasconnes ou d'atténuations normandes, au gré de ses sentiments ou de ses caprices passagers : ce sont là toujours les mêmes formes d'imagination que ci-dessus. Vous savez aussi comme un espoir, une espérance chasse de son esprit un regret, comme une câlinerie l'a vite consolé d'une rebuffade, avec quel entrain il fait souvent de vice vertu, et contre fortune bon cœur : ce sont là des cas de substitution imaginative. Il décrit, avec plus ou moins

de feu et tant bien que mal, les ailes d'un papillon, le plu-
mage ou le vol d'un oiseau; il raconte avec un intérêt
sérieux, qu'il veut nous faire partager, grand dramatiseur
et chétif poète, les scènes effrayantes, touchantes ou comiques dont il a été l'acteur ou le témoin; il voit en un clin
d'œil, comme dans un rêve, les formes, ici brillantes et
accusées, là ternes et vaporeuses, du palais, du jardin, du
paysage, de la rivière, de l'animal, du personnage dont
il est question dans le récit que vous lui contez; il ébauche
vaguement deux ou trois cas de numération parlée à propos
des petits calculs objectifs que les mille nécessités de la vie
et l'exemple des grandes personnes lui font faire; il vous
écoute chanter et jouer, et il essaye de reproduire le rythme,
le ton, l'expression musicale; il promène vivement un
crayon sur le papier, et, à force de courbes multipliées et
enchevêtrées et de deux ou trois lignes à peu près droites,
il produit une sorte de broussaille informe qui est pour lui
la représentation de quelqu'un ou de quelque chose; enfin,
il met en théorie sa pratique et celle des autres, formule
des jugements moraux, leur obéit ou leur désobéit; quoi
qu'il veuille faire et quoi qu'il fasse, œuvre de spontanéité,
d'habitude ou d'imitation, il combine des idées ou des
mouvements, il construit quelque chose avec des souvenirs,
il imagine.

Examinons de près quelques-unes de ces opérations
pour saisir le fort et le faible de la construction intellectuelle chez un enfant de trois à sept ans.

Remarquons d'abord les progrès parallèles de la figuration, de l'observation et du jugement. Quelques mots,
quelques traits indiqués suffisent pour que l'enfant de six
ans se représente et comprenne un grand nombre de choses
qui auraient autrefois demandé des explications ou des

peintures détaillées. Il en est ainsi, qu'il s'agisse des formes, des proportions, de la couleur, de la destination d'un animal ou d'un objet, de la physionomie ou du caractère d'une personne, des incidents ou des résultats d'une action, de la portée utile ou morale d'une décision. Il y a sélection, classement, économie des matériaux de construction mentale. L'enfant induit, suppose, compare, décrit avec plus d'assurance et de précision. Il n'explique plus autant, il ne demande plus autant ce qu'est une chose. Il est vrai que, de même qu'il croit souvent comprendre sans que cela soit, il ne se gêne pas toujours pour se faire comprendre : s'il y réussit, c'est sans effort, parce qu'il a un bon esprit, du bon sens, que son entourage l'élève bien. Le plus grand nombre des enfants de cet âge ne paraissent pas savoir que l'usage essentiel de la parole est de rendre la pensée claire et intelligible à d'autres. L'expression telle quelle leur suffit. C'est pour eux-mêmes surtout qu'ils parlent : leur parole, c'est un sentiment, une impression, une image qui jaillit machinalement au dehors. Dans le style parlé ou écrit, dans le dessin, c'est tout un : ils ont exprimé ce qu'ils sentaient, c'est votre affaire de l'entendre.

Il est curieux de voir même les plus intelligents parler, souvent au premier venu, de personnes et de choses qu'il mettent en scène sans aucune préparation, les désignant par leurs sobriquets, faisant allusion à des particularités, à des événements, à des actes absolument ignorés de la personne qui écoute. Dans les représentations plastiques, la perfection de la forme et la vérité de l'expression est leur moindre souci : l'à peu près leur suffit. Ils ne s'écoutent pas parler, ils improvisent sans cesse, et c'est pourquoi ils font tous les jours des métaphores et des inductions d'un

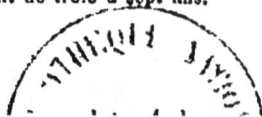

pittoresque achevé, mais d'une exactitude douteuse. Que le gascon y arrive, si le français n'y peut aller ! Claire ou non, vraie ou non, l'image est juste pour eux, puisqu'elle exprime ce qu'ils sentent. Un enfant de cinq ans voit les têtards de son aquarium monter tout droit du fond à la surface, et il s'écrie : « Tiens, ils montent comme si l'eau était un bâton ! » Ses plaisanteries sont de même : elles font partie de son action, qui est prime-sautière, qui économise le temps, qui n'y va pas par quatre chemins. L'enfant plaisante, d'abord parce qu'il est gai, ensuite parce que cela l'amuse. Vous faire rire, ce n'est pour lui qu'un but secondaire ; il cherche son plaisir dans le vôtre, et il multiplie l'effet ressenti par l'effet produit. Un enfant de sept ans, d'un naturel très plaisant, a retenu mille mots pour rire dans des publications ou des prospectus illustrés, celui-ci notamment : Un dragon, dans les rues d'Alger, rencontre un Arabe serré dans son kaïd, au nez crochu, à la barbiche en pointe ; il lui jette les deux bras sur l'épaule, et lui dit : « Laisse-moi t'embrasser ; tu me rappelles ma tante Ragobert, sauf qu'elle avait la barbe grise. » L'enfant rencontre un jour dans la rue sa grand'mère, qu'il n'avait pas vue depuis deux mois, et, sans autre préambule, il lui débite sa phrase avec les gestes appropriés. Ce n'est pas lui qui ferait des impromptus à loisir. Rousseau, qui en était là dans son âge adulte, avait aussi, tout jeune, la repartie vive et le verbe prompt.

Une remarque à faire encore au sujet des plaisanteries de l'enfant grandelet, c'est que les progrès de son intelligence ont relégué dans le domaine des fictions amusantes une bonne partie de ce qu'il prenait autrefois au sérieux. Ainsi, un enfant de six ans rit fort aujourd'hui, quand on lui dit qu'il prit jadis l'ours du Jardin des plantes pour un

Auvergnat noir de charbon, et s'écria, le voyant étendu les
pattes en l'air : « Regarde les clous de ses souliers. » Des
analogies aussi superficielles se reproduisent assez souvent
encore dans son esprit ; mais il en réprime l'expression, ou
il la tourne en plaisanterie. Plus de choix dans les expériences, plus de force de volonté pour dissocier, plus de
facilité pour associer des images. Quand il dit de fla-
grantes absurdités, c'est, en général, en connaissance de
cause et de parti pris. Joue-t-il, par exemple, avec des enfants plus petits, comme il exagère leur ânerie, il exagère,
pour se mettre à leur unisson, les bouffonneries dont il
les régale. Toutes ces choses saugrenues, il les aurait dites
à l'âge de trois ans, quelques-unes même à l'âge de quatre
ou cinq. Maintenant il en sait l'acabit ; quand ses parents
lui reprochent de ressasser de telles sottises, il a toujours
une excuse prête. Tantôt il leur dira : « Vous savez qu'à
l'exemple de mon spirituel oncle de Paris, je me repose de
mon esprit dans ma bêtise ! » Ou bien : « Voilà comme
vous êtes ; vous me dépréciez aujourd'hui, et vous oubliez
que l'autre jour, lorsque j'ai dit, en voyant remuer l'orteil
de mon père au bout de sa bottine : « Tiens, la chrysalide
qui remue dans son cocon », vous avez trouvé cela très
drôle ! »

Chacun sait que le mensonge tient de fort près à la
plaisanterie, et que personne n'a mieux réussi dans l'ironie
que ces grands menteurs de poètes. Les mensonges mêmes
de l'enfant dénotent un certain progrès logique, soit qu'il
les ourdisse avec plus de finesse et d'aplomb, soit qu'il les
repousse loin de sa pensée comme un moyen inutile ou
dangereux. Un enfant, âgé maintenant de six ans, ment
beaucoup moins qu'autrefois, soit pour s'excuser, soit pour
faire rire. Il a remarqué que la sincérité lui réussit

presque toujours auprès de ses parents ; et son imagination
lui retrace, d'ailleurs, plus nettement les causes des acci-
dents. Autrefois, ayant perdu ou détérioré un objet, il
disait qu'un camarade le lui avait pris, ou, lui donnant une
poussée, l'avait fait tomber. Maintenant, il dit simplement : « Je ne sais où ni comment j'ai pu perdre mon
porte-plume; » ou « Je n'avais pas eu la précaution de
bien serrer mes cahiers, et il a plu dessus. » Mais aussi,
quand il a un grand intérêt à mentir, il le fait avec plus
d'art. Non qu'il puisse longtemps dissimuler; il n'est pas
assez maître de la mimique des émotions pour cela ; mais
si l'on n'insiste pas, si son rôle de comédien n'est pas long
à soutenir, il s'en fait bellement accroire. Il a acquis une
certaine adresse à exprimer ce qu'il sent ou à le cacher,
et même à feindre une émotion peu ou point ressentie. Il
commande mieux, dans ce double but, à ses bras, à ses
jambes, à son cou, à ses lèvres ; et, comme la rougeur et
la pâleur, l'éclat et la direction de l'œil ne sont pas toujours chez lui les indices sûrs d'un certain état mental, il
modère et arrange mieux, pour nous tromper, tous les organes révélateurs du sentiment [1]. Il n'y met jamais, du
reste, ni beaucoup d'exagération, ni beaucoup d'obstination; sa volonté n'est ni assez ferme, ni assez persistante
pour commander ainsi aux muscles même les moins indépendants.

Il y a, du reste, sous ce rapport, de très grandes différences
à constater parmi les enfants. Le plus menteur par tempérament ou par habitude prise n'est pas toujours le menteur
le plus habile. Il est des hypocrites de naissance qui n'ont

---

1. La question *des réserves et des mensonges de l'expression* a été
traitée magistralement, même après Gratiolet, par M. Mantegazza,
dans son livre : la *Physionomie et l'expression des sentiments*.

presque rien à faire pour perfectionner ce don héréditaire.
Certains sont même naturellement portés à dissimuler le
bien comme le mal : ce sont des caractères secrets. Cette
qualité, d'essence féminine, est plus commune chez les
petites filles que chez les garçons. Elle se trouve pourtant
chez quelques-uns, et très manifestement à partir de la
cinquième ou sixième année. Un petit garçon de sept ans,
ni faux ni timide, gardait pour lui tout ce qui lui arrivait au dehors : on n'apprenait que tard, de ses camarades ou de leurs parents, des choses qu'il eût été agréable
ou utile de savoir plus tôt. Le don du secret, comme celui
de la dissimulation, auquel il touche de fort près, dépend
de la nature, et peut se développer, s'exercer inégalement,
suivant les circonstances. Toujours est-il que les enfants
doués de cette qualité ou de ce défaut sont plus expan-
sifs envers leurs camarades qu'envers leurs parents et
leurs maîtres. Un vieux magistrat d'une longue expérience
m'a assuré que les délits de lèse-innocence sont révélés
plus souvent par les camarades des victimes que par les
victimes elles-mêmes.

Mêmes progrès et mêmes faiblesses à observer dans une
imagination de quatre à six ans, quant à la croyance aux
fictions et à la faculté de les produire. L'autorité, les apparences ont toujours facilement raison d'un enfant de cet
âge. Il croit toujours au merveilleux ; mais il en rit, surtout le jour. Il s'en effraye moins qu'il ne cherche à en
effrayer les autres. La faculté des fictions s'est donc accrue pour l'usage des autres, et restreinte pour l'usage personnel.

L'enfant est plus abondant, plus précis, plus artiste dans
ses développements d'histoires auxquelles il ne croit plus
qu'à demi. Il sait qu'il se trompe, et surtout qu'il trompe.

Il sait très bien ce qu'il fait, quand il transforme un trou
de rocher en caverne de fauve ou de brigand, une grosse
poutre au milieu d'une prairie en un bâtiment de guerre
dont il défend l'accès à un Anglais ou à des Chinois. Mais,
dès qu'il ne s'agit plus de jeu, s'il lui faut interpréter
quelque phénomène physique, ou l'imaginer d'après une
explication dogmatique, comme son imagination devient
tout d'un coup paresseuse et froide ! Il se figure les glaciers
des Alpes dans les proportions des bassins des Tuileries,
ou des lacs du bois de Boulogne durcis par l'hiver ; il rêve
d'un Paris quatre fois plus grand que sa ville natale. C'est,
d'abord, que l'enfant ne peut pas mettre dans ses construc-
tions émotionnelles ou scientifiques d'autres éléments que
ceux de ses expériences habituelles. C'est, ensuite, que
l'imagination enfantine a toujours beaucoup de peine à
réaliser l'abstrait. Toujours est-il que, dans l'ordre des
explications scientifiques, l'enfant de sept ans (et toutes
différences individuelles à part) peut avoir fait quelques
petits progrès. Il est certain qu'il a plus de peine à séparer
des relations habituellement inséparables, et à associer
des images ordinairement dissociées dans ses expériences.

Notons donc, sans trop les surfaire, les progrès de sa
curiosité et de sa conception scientifique. Ce qui, dans les
phénomènes naturels, intéresse un enfant de trois ans, c'est
surtout leur signification émotionnelle ; il en est de même
à six ou sept ans, quoique alors la succession et la forme de
ces phénomènes puissent l'intéresser un moment. Mais le
pourquoi des choses, pour lui, c'est celui des savants, non
celui des métaphysiciens ; pour lui, fût-il le plus borné ou
le plus intelligent des enfants, comme pour un Claude
Bernard, un Pasteur ou un Chevreuil, le pourquoi des
choses en est le comment. Les raisons des faits naturels ou

sociaux, ce sont simplement les antécédents et les conséquents, en un mot, les conditions de ces faits. Lui montre-
t-on une de ces conditions, la lui fait-on bien voir ou toucher du doigt, c'est là ce qui le ravit, ce qui lui suffit; c'est
le *summum* de la connaissance désintéressée. Surtout point
d'anologies délicates ou forcées. Un vieillard, préoccupé de
son grand âge, dit à un enfant de six ans : « Hélas! j'ai été
jeune et gaillard comme toi : tout s'use, et nous nous usons
comme tout le reste. — Mais non, grand-père, réplique
l'enfant, les personnes ne s'usent pas, ce sont les habits qui
s'usent. » De telles images, de telles métaphores ne s'accro-
chent encore à rien dans l'expérience. L'abstrait, pour
l'enfant, tient encore au concret, comme le papillon naissant à la coque de la chrysalide. Les images même les
plus délicatement coloriées ne sont pas d'un aussi grand
secours qu'on l'a dit pour l'instruction du premier âge.

Je lis à ce propos, dans un article fort intéressant et
écrit par une personne bien informée des nécessités de
cette instruction, une assertion que j'ai le regret de ne pouvoir adopter. La voici : « Par une singulière tendance de
l'esprit humain, qu'ont observée ceux qui pratiquent les
enfants, ce n'est pas l'objet qui fait reconnaître l'image,
c'est au contraire l'image qui fait observer l'objet; si vous
voulez que les enfants apprennent à regarder la nature,
montrez-la-leur d'abord dans ses représentations. Une
petite fille disait à sa bonne devant les nouveaux bassins
creusés au fond du Luxembourg : « Regardez, ce sont
justement les cygnes et les canards de mon livre d es
lampes [1]. » Sans nier l'utilité pédagogique des images, je
serais plutôt, quant à leur rôle scientifique, de l'avis de

1. Clotilde Rey, *Un peu d'esthetique dans un asile maternel*, *Recue
pedagogique,* juin 1884.

M. G. Pouchet. « Un exercice très important, selon lui, devra consister à faire décrire à l'enfant les objets, les êtres qu'on lui présente, non pas scientifiquement, mais dans les termes qu'il connaît, et seulement de façon à s'assurer s'il sait voir. Une des fins de l'instruction primaire doit être de préparer l'enfant à observer plus tard par lui-même, en lui apprenant, dès la première école, à apprécier les propriétés des corps. Jacotot insistait, on le sait, très particulièrement sur ce point[1]. Ce ne sont pas des représentations figurées, ce sont des objets naturels, nous dirions presque des objets quelconques, qu'il faut autant que possible mettre sous les yeux de l'enfant, et le plus triste lapin empaillé, le moindre poisson séché seront plus profitables à son instruction, si celle-ci est bien conduite, que les plus belles images[2]. » Terminons en citant l'opinion d'un écrivain qui fait autorité en matière pédagogique. Le pire inconvénient de l'instruction par l'image ou la démonstration objective, c'est, dit M. Gréard, que cette étude devient bientôt pour les enfants « moins un travail qu'une distraction[3]. »

1. G. Pouchet, article sur l'*Histoire naturelle de l'homme dans les programmes de l'enseignement secondaire*, Rev. scient. 27 mai 1882.
2. Jacotot, comme on peut le voir, dans ses *Mélanges posthumes*, voulait qu'on enseignât expérimentalement toutes les sciences physiques et naturelles.
3. O. Gréard, la *Question des programmes d'enseignement*, Revue pédagogique.

CHAPITRE V

L'ATTENTION

I

On peut noter chez l'enfant de quatre à cinq ans, comme chez l'animal adulte, une sorte de sélection naturelle opérant sur les sentiments qui servent de stimulants à l'attention. Ainsi, l'attention d'un chat âgé de deux à cinq mois est à chaque instant sollicitée par les impressions occurrentes : le jeu, la peur interrompent ses repas, la vue d'un aliment calme sa frayeur ou l'arrache au jeu. Les mobiles de l'attention n'ont pas besoin de lutter pour vaincre : leur action est soudaine, mais passagère. Plus tard, par exemple, chez l'animal âgé d'un an, l'attention se règle souvent d'après la valeur attribuée à un petit nombre de mobiles divers. Les mobiles se rattachant directement à l'instinct de conservation personnelle priment les autres dans un ordre à peu près régulier, qui paraît le suivant : la peur, la faim, la convoitise sensuelle, la jalousie sous toutes ses formes, le jeu, soit naturel, soit d'imitation, les caresses des protecteurs, etc. Cet ordre peut d'ailleurs être plus ou moins modifié selon les circonstances, l'influence des personnes et du milieu, les idiosyncrasies physiques et morales, les habitudes surajoutées aux tendances innées.

Lors même qu'il ne s'agit que de mobiles secondaires, il est curieux de les voir entrer en conflit et se disputer l'attention de l'animal. Le chat dont il est question ici est habitué à jouer avec un bouchon que je lui lance et qu'il rapporte aussitôt. Le voici, près de la porte, occupé à guetter sa mère ou sa sœur pour la taquiner au passage : je cherche à le distraire, j'agite le bouchon, je le frotte au pied de ma table: il retourne la tête de mon côté, mais la détourne aussitôt vers son premier point de mire ; sa mère, qui veut entrer, l'intéresse en ce moment plus que le bouchon. Mais le rapide coup d'œil jeté au bouchon n'a pas été perdu pour l'attention ; car une demi-minute s'étant écoulée et la chatte n'avançant pas, le chat regarde du côté de ma main. Après trois ou quatre regards successivement dirigés de la porte au bouchon, l'ajustement de l'attention est à peu près complet : l'animal secoue la tête, se redresse et bondit vers le bouchon. Nous voyons donc chez l'animal adulte une concentration plus ferme dans l'attention, une durée d'ajustement variant pour elle suivant l'importance d'un mobile en lutte avec un autre.

Le même genre de sélection se reproduit sur une plus large échelle dans le jeune enfant. Dès l'âge de trois ans, ses sentiments les plus habituels se sont déjà organisés en une sorte de hiérarchie utilitaire : tout son développement nerveux, musculaire, intellectuel et moral a contribué à accroître la vigueur et la souplesse de son attention; ce n'est plus le mobile occurrent qui prédomine, mais le mobile le plus fort, le plus familier, le plus excitant. Souvent même, en présence d'un mobile très puissant en lui-même, la préférence inconsciemment accordée à une excitation inférieure en quantité, mais supérieure en qualité, entraîne l'attention de l'enfant dans une direction où elle ne l'aurait pas entraînée un ou deux ans auparavant. L'attention réflexe cède plus fréquemment le pas à l'attention élective. L'enfant est de moins en moins absorbé par les tendances brutes de l'égoïsme et de la sociabilité. Les unes et les autres s'affinent, se particularisent, se classent, s'ordonnent, s'étendent. Une part mieux proportionnée et plus ou moins raisonnable est faite, en général, aux unes et aux autres. La sociabilité, cette seconde forme de l'égoïsme, prime toujours le mobile de la curiosité désintéressée, qu'elle concourt d'ailleurs si puissamment à développer.

Un petit garçon de six ans et sa sœur, âgée de cinq ans, ont été habitués par leur mère à remarquer les couleurs changeantes des nuages, à y découvrir des ressemblances fantastiques avec toutes sortes d'êtres et d'objets familiers. Mais quand la mère n'est pas avec ses enfants, les nuages ne leur disent rien. Il est pourtant, même alors, bien des cas où ils les suivent avec attention dans leur route aérienne : c'est quand un parent ou un ami est attendu, et qu'on leur a promis de les laisser aller au-devant de lui, si le temps le permet. Il faut voir les deux enfants se pencher aux fenêtres une heure ou deux avant le moment de l'arrivée, et de leurs yeux ardents chercher dans le ciel des menaces de pluie ; anxieusement ils observent les couleurs, les dimensions, le nombre des nuages qui passent : le plus frêle a pour eux la plus grande importance. On ne sait ici vraiment si c'est l'intérêt personnel ou l'intérêt social qui domine. Il en est de même pour une foule d'actions auxquelles s'attache quelque souvenir de vif plaisir ou de grande peine éprouvés en compagnie des personnes de connaissance. Le plaisir de faire quelque chose avec nous, de nous imiter, d'exercer comme nous leurs facultés pratiques commandent l'attention des enfants de cet âge plus sûrement encore que le désir de nous plaire.

Il y a, relativement à ce dernier, de très grandes inégalités entre les enfants d'une même famille. Un enfant de six ans, fort distrait d'habitude, se mit un jour de lui-même au piano pour répéter un air qui charmait sa mère : ses exercices durèrent pendant près d'une heure. Le même enfant, à l'âge de sept ans, voyant son frère occupé à ses devoirs de vacances, alla s'asseoir dans le cabinet du père. Sa bonne, ne l'entendant plus aller et venir dans la maison, l'avait cherché dans le voisinage, et fut étonnée de le trouver là. « Que faites-vous donc? lui dit-elle, vous voilà travaillant comme un homme. — Je fais, dit l'enfant, une page d'allemand. Ce n'est pas très amusant, savez-vous? Mais c'est une agréable surprise que je veux faire à maman. » Nous voyons ici le sentiment affectueux, de concours avec l'imagination et la volonté, provoquer et soutenir l'attention. Pendant ce temps, son frère brochait son devoir, heureux d'en être quitte avec une rebuffade, si on s'apercevait qu'il l'avait fait par-dessous la jambe.

La sympathie, cette disposition si différente suivant les individus et suivant les circonstances, porte l'attention des enfants sur l'expression des sentiments et développe le don inné chez tous de lire dans les physionomies. Les enfants sont tous observateurs, mais plus ou moins pénétrants, plus ou moins bienveillants, de nos dispositions à leur égard et à l'égard d'autrui. Mme Necker de Saussure a remarqué, après la première enfance, chez des enfants d'ailleurs très affectueux, « une certaine indifférence sur l'ennui qu'ils causent, sur les embarras dont ils sont l'objet ». Cette aptitude, très faiblement accusée chez quelques-uns, est manifestement héritée chez d'autres. Vous avez dû voir plus d'une fois un garçon de six à sept ans, ou même de dix à onze ans, comme étranger aux sentiments qu'il inspire autour de lui. Dans ses heures maussades, il répond à vos observations par le silence, par des phrases sans aucun sens, des répliques aigres, des excuses fausses ou récriminatoires; dans ses heures de joie, il se jette sur vous et vous presse de tout son poids; il vous enlace d'étreintes furieuses; il vous tire le bras de toutes ses forces; il vous tourmente de mille manières, et il paraît l'ignorer : lui en faites-vous l'observation, il s'étonne; le priez-vous de vous laisser la paix, il continue par entêtement ce qu'il a fait d'abord par étourderie. Il sait fort bien quand on veut lui être agréable; quant à l'être lui-même aux gens de la maison, par affection, aux étrangers, par politesse, c'est là son moindre souci. Il n'est pas toujours facile de distinguer ici l'œuvre de la nature et celle de l'éducation. Mais toutes les fois que vous trouverez à côté de ces petits égoïsmes froids ou hargneux, chez un frère ou une sœur, le don charmant de prévenir par gestes, paroles ou actions les sentiments d'autrui, d'y participer avant qu'on les exprime ouvertement, attribuez l'un et l'autre cas à l'hérédité prochaine ou éloignée. Observez le père et la mère, informez-vous sur le caractère des ascendants, et vous trouverez neuf fois sur dix d'où vient à l'un ce caractère '.onnête et sincère peut-être, mais revêche et inattentif à plaire, à l'autre cette sagacité bienveillante qui est proprement le tact du cœur. Cet instinct précieux est trop souvent suppléé par l'artifice d'une politesse tout extérieure, ou refoulé et comme anéanti par la timidité résultant d'une éducation rigoureuse. Mais, librement épanouie, ou maladivement concentrée, la sympathie naturelle, qui rarement disparaît en entier, multiplie pour le jeune enfant les motifs d'observation. Les bienveillants, les timides ont une aptitude égale à découvrir les impressions qu'ils font naître : or les uns trouvent souvent dans leur entourage la bienveillance qu'ils y cherchent, et les autres la défiance qu'ils manifestent. Le défaut des premiers est un besoin parfois immodéré de plaire ; le défaut des seconds une crainte excessive de déplaire, et par suite une réelle aptitude à produire cet effet.

Le défaut absolu ou relatif de sympathie n'est pas en cause, il va sans dire, quand nous voyons la naïve insouciance de l'enfant se faire quelquefois un jeu de nos afflictions, que nous avons souvent raison de leur cacher, même quand ils peuvent les comprendre. Tel est le cas, si fréquent, dont Alphonse Daudet nous cite un exemple. « Grâce à ce système d'éducation, je ne bougeais jamais de chez nous, et je pus assister dans tous ses détails à l'agonie de la maison Eysette. Ce spectacle me laissa froid, je l'avoue ; même je trouvais à notre ruine ce côté très agréable que je pouvais gambader à ma guise par toute la fabrique, ce qui, du temps des ouvriers, ne m'était permis que le dimanche. Je disais gravement au petit Rouget : « Maintenant la fabrique est à moi ; on me l'a donnée pour jouer... » Pour ma part, j'étais heureux. On ne s'occupait plus de moi. J'en profitai pour jouer tout le jour avec Rouget parmi les ateliers déserts, où nos pas sonnaient comme dans une église, et les grandes cours que l'herbe envahissait déjà... Seulement, je vais vous dire : Rouget, pour moi, n'était pas Rouget. Il était tour à tour mon fidèle Vendredi, une tribu de sauvages, un équipage révolté, tout ce qu'on voulait. Moi-même, en ce temps-là, je ne m'appelais pas Daniel Eysette : j'étais cet homme singulier, vêtu de peaux de bêtes, dont on venait de me donner les aventures, master

Crusoé lui-même. Douce folie ! Le soir, après souper, je
relisais mon *Robinson*, je l'apprenais par cœur ; le jour, je
le jouais, je le jouais avec rage, et tout ce qui m'entourait,
je l'enrôlais dans ma comédie. La fabrique n'était plus la
fabrique ; c'était une île déserte (oh ! bien déserte) ! Les
bassins jouaient le rôle d'Océan. Le jardin faisait une forêt
vierge. Il y avait dans les platanes un tas de cigales qui
étaient de la pièce et qui ne le savaient pas [1]. »

L'imagination de l'enfant, je l'ai dit ailleurs [2], en remet-
tant sous ses yeux les scènes récentes et quelquefois même
assez anciennes de sa vie aux trois quarts affective, réveille,
avec de touchants retours sur lui-même, les sentiments
qui s'y rattachent. L'enfant dirige de lui-même, et l'on
peut avoir mille occasions de diriger son attention sur
ses propres sentiments. Cette faculté est d'autant plus
accusée que l'enfant est mieux doué en sensibilité sympa-
tique. Tendre pour autrui, comment ne le serait-il pas
pour lui-même ? C'est là un riche fonds qu'il faut cultiver
avec prudence, pour ne pas lui faire produire des fruits
trop précoces ou trop artificiels. Il y aurait, par exemple,
une certaine maladresse à encourager dans un enfant un
état émotionnel comme ceux qu'indiquent les exemples
suivants. Louis, âgé de sept ans, élève de neuvième prépa-
ratoire au lycée, s'en va en classe tout triste, la veille de
la distribution des prix. « C'est la dernière classe, dit-il,
c'est ennuyeux. Peut-être que M*** va nous faire ses
adieux. » Il se sait très facile à émouvoir, et cela le gêne.
Au commencement de l'année, il écrivait à son frère aîné :
« J'ai un grand chagrin. Il y a une dizaine de jours, M. T...,

1. Le *Petit Chose, histoire d'un enfant*, p. 3-7.
2. Les *Trois premières années de l'enfant*, 3ᵉ édit., p. 183; l'*Éducation dès le berceau*, p. 74.

en ramassant les devoirs, nous a dit : « Mes petits amis, je vais vous quitter, mais pas définitivement, car les élèves de primaire A passeront plus tard dans ma classe. Je suis nommé à la chaire de huitième B. » Pense comme j'ai été malheureux ! En classe, j'ai retenu mes larmes. Mais en revenant du lycée, je ne me suis pas gêné pour pleurer tant que j'en ai eu besoin. Le proviseur est venu le lendemain nous enlever notre professeur, comme un méchant corbeau qui emporte sa proie. » Le même enfant était à la veille de quitter ses tantes pour aller rejoindre ses grands parents. Au dessert, il leur dit d'un air affligé : « Eh bien, nous allons nous quitter demain ? » et il cherchait sur le visage de ses tantes l'expression de sentiments pareils à ceux qu'il éprouvait. Une fillette de six ans, qui avait eu l'année précédente le premier prix de lecture, avait quelques raisons de croire qu'elle ne l'aurait pas une seconde fois. Pendant les quinze jours qui précédèrent la distribution des prix, elle en parlait plusieurs fois par jour, et se cachait aussitôt les yeux. Les deux derniers jours, on eut toutes les peines du monde à la faire manger. Le matin du grand jour, pâle, l'œil hagard, elle dit à sa mère : « Maman, est-ce que si je n'ai pas le premier prix ma réputation sera ternie ? »

L'éminent observateur Sikorski pense, comme moi, qu'il est possible et utile à tous égards de dresser l'enfant à analyser, selon ses petites forces d'observation et de réflexion, les passions qu'on veut l'aider à maîtriser. « J'ai pu me convaincre, dit-il, qu'il est d'une grande utilité de démontrer à l'enfant les espèces, les degrés et les phases de ses affections, non point au moment même de leur effervescence, mais après. Les enfants font volontiers, pour la plupart, une analyse rétrospective de leurs émotions psychiques. Si vous attirez l'attention de l'enfant, qui vient

justement de retenir ses pleurs, sur son état subjectif, ou
si vous lui rappelez comment, à la suite d'un accès de
pleurs, son cœur a battu violemment et son visage s'est
couvert de pâleur; si vous accomplissez, en un mot, le
travail de l'artiste qui peint la pose, l'expression des traits
et d'autres indices de l'affection, vous pouvez de cette
manière accoutumer de bonne heure l'enfant à l'analyse
subjective. L'éclaircissement les émotions psychiques est
très utile, en ce qu'il fait comprendre à l'enfant qu'il vient
d'être victime de la passion. L'utilité d'une pareille méthode
se fait surtout sentir dans les disputes et querelles des enfants. Ils observent les affections les uns des autres, et
cela les conduit à transporter leurs disputes du terrain des
émotions psychiques et de l'irritabilité sur le terrain de la
logique, parce que l'adversaire, assistant au jeu bien connu
de l'affection de son camarade, au lieu de s'abandonner
lui-même à la passion, s'en émancipe et s'en défait, en
recouvrant lui-même plus de sang-froid. Lorsque des enfants qui se querellent et sont irrités les uns contre les
autres recherchent votre médiation, vous pouvez commencer tout bonnement par leur expliquer qu'ils sont dans
un état d'excitation, et que, dans cet état, un jugement
raisonnable de leur part est impossible. Vous leur imposez
l'apaisement, vous leur indiquez les signes de leur émotion
(mouvements brusques, cris et pleurs), vous leur prodiguez
des caresses, tout en gardant le sang-froid et le sérieux.
Vous profitez de l'occasion pour faire entrevoir à l'enfant
que sa colère et son irritation ont atteint un degré tel que
peu s'en est fallu qu'il n'en soit venu aux mains. Mais lorsqu'il s'est complètement tranquillisé et que l'épisode est
terminé, vous pouvez essayer de lui rappeler les phases
émotionnelles qui ont risqué de le pousser aux voies de

fait. En se représentant son état psychique durant l'épisode, l'enfant maîtrisera mentalement son emportement, sa passion. Ces exercices doivent être souvent répétés et systématiquement dirigés. Il va sans dire que l'éducateur ou le père doit se conduire de manière à être un modèle. Le point le plus important dans tous ces exercices, c'est que les enfants·apprennent à observer et à diagnostiquer les passions dès leurs débuts [1] ».

II

Si, au point de vue subjectif, l'attention est, comme Sergi l'a définie, « une différenciation de la perception », on peut objectivement la considérer comme « produisant une plus grande énergie psychique dans certains centres nerveux, avec une sorte de catalepsie temporaire des autres centres [2] ». Cette sorte d'inhibition cérébrale se manifeste au dehors par une adaptation et un arrêt de mouvement. Personne n'a mieux décrit que Gratiolet la mimique de l'attention. Il nous suffira de rappeler ce qu'il a dit des concomitants musculaires de la vision attentive.

« Lorsque nous examinons un objet intéressant, il est dans la nature de tendre vers cet objet ou de s'en rapprocher autant que possible ; c'est là un acte instinctif auquel le corps tout entier se prête, et qu'on exprime par un mot admirable, *attention* (tendere ad). Il y a une très grande différence entre les mouvements que le corps exécute lorsque l'animal regarde, suivant que l'objet regardé est immobile ou mobile. Je suppose l'objet immobile : l'œil se dirige

1. L'Évolution psychique de l'enfant, Rev. phil., mars 1885, p. 260.
2. Cité par M. Ribot. Dans les Maladies de la volonté, p. 103.

vers lui, puis tout le corps s'avance dans la direction du
regard, on pourrait dire qu'il s'allonge, qu'il est attiré.
Dans ce moment, le corps s'étend en avant jusqu'où peuvent le permettre les lois de l'équilibre, en sorte que l'animal, après avoir établi d'une manière ferme sa base de
sustentation, s'élance autant qu'il le peut au delà de cette
limite. Mais l'attitude de l'homme est surtout remarquable :
le mouvement étant inconciliable avec la station bipède,
on le voit alors porter les mains en avant et s'appuyer sur
tous les corps qu'il trouve à sa portée, substituant à son
attitude habituelle une véritable station quadrupède oblique. Cette tendance à se porter en avant entraîne comme
conséquence nécessaire le besoin d'un appui, explique le
danger qu'il y a à regarder attentivement un objet éloigné,
du bord d'un toit ou de tout autre plate-forme ou balustrade.
Souvent, quand on ne trouve à sa portée aucun objet dont
on puisse faire un point d'appui, le mains se posent sur les
genoux systématiquement fléchis.

« Mais l'objet peut être mobile : dans ce cas, l'œil fixé
vers l'objet le suit, et le corps, s'allongeant, s'inclinant,
suit tous les mouvements de l'œil. J'en donnerai pour
exemple les spectateurs d'une partie de boules. Ces mouvements peuvent s'exécuter en quelque sorte autour d'un
centre, les pieds demeurant immobiles. Mais il peut arriver,
si l'objet qui sollicite l'attention s'éloigne, qu'on le suive
à son insu. C'est ainsi qu'on raconte d'un mathématicien
fameux qu'ayant écrit quelques formules dont l'idée le
préoccupait sur la paroi postérieure d'une voiture, on le
vit, lorsqu'elle eut repris sa marche, suivre son calcul qui
fuyait devant lui, sans s'éveiller de sa méditation... Les
jeunes chiens donnent un exemple assez évident de mouvements de ce genre lorsqu'ils guettent les petits oiseaux,

courant après eux lors même que les oiseaux envolés sont
hors de leur portée. Ainsi, l'œil suivant le mouvement
d'un objet qui s'éloigne ou se détourne, le corps tout
entier suit le mouvement de l'œil, mais cela d'une manière
bien remarquable : c'est d'abord la tête qui est attirée, puis
le tronc et enfin les jambes, en sorte que l'impression
paraît se propager successivement et de segments en segments jusqu'à l'extrémité de la moelle épinière. C'est là,
s'il en fut, un exemple de sympathie longitudinale[1] ».

Voyez les poses et les attitudes si intéressantes d'un
enfant attentif. Voyez-le, jambes écartées et jarrets tendus,
observer les mouvements ténus d'une araignée encotonnant
sa proie ou agençant les fils légers de sa toile ; ou, la tête
redressée, la bouche entr'ouverte, le tronc penché et les
jambes pliées, admirer la lente ascension d'un cerf-volant
dans les airs ; ou bien frétillant de la tête et des quatre
membres, le cou secoué de frissons rapides, essayer de
suivre l'essor glissant ou saccadé de l'hirondelle au-
dessus des eaux tranquilles de l'étang ; voyez-le encore
lorsque, le corps tout raidi par une tension oblique, les
yeux fixes et à fleur de tête, la respiration contenue, la
joue empourprée, une jambe en avant, les bras fléchis et
avancés, il impose en quelque sorte silence à tous ses
organes pour épier sans l'effrayer le beau poisson qui circule dans une eau claire. Vous pouvez noter là nombre de
mouvements instinctifs ou appris, qui font ressembler
l'enfant à l'adulte. Tout au plus y a-t-il chez le premier
moins de précision et surtout moins d'aptitude à concentrer, à varier, à prolonger ces mouvements. Il n'en est
pas moins vrai que, sous tous ses rapports, l'enfant a

1. *De la physionomie et des mouvements d'expression*, p. 221 et suiv.

fait des progrès notables d'année en année, de saison en
saison. La facilité d'adaptation et la force d'application
correspondent à la vigueur et à la différenciation accrues
des centres moteurs et de leurs instruments musculaires.
L'activité de l'esprit peut souvent être mesurée, chez
l'enfant comme chez l'adulte, par l'aptitude à réprimer les
mouvements inutiles à la perception et à l'attention. Ce
qui se passe à l'extérieur est l'image de ce qui se passe à
l'intérieur [1].

Cette aptitude est si souvent unie à la force de la
volonté qu'elle en paraît dériver. Les biographes de
Coleridge nous ont montré chez cet esprit brillant, mais
décousu, une exubérance et une incohérence de paroles et
mouvements en parfait accord avec celle des idées. « La
figure de Coleridge et son extérieur, d'ailleurs bon et aimable, avait quelque chose de mou et d'irrésolu, exprimant la faiblesse avec la possibilité de la force. Il pendil-
lait sur ses membres, les genoux fléchis, dans une attitude
courbée. Dans sa marche, il y avait quelque chose de
confus et d'irrégulier, et, quand il se promenait dans l'allée
d'un jardin, il n'arrivait jamais à choisir définitivement
l'un des côtés, mais se mouvait en tire-bouchon, essayant
des deux [2]. »

Cette flaccidité d'attention paraît avoir été congénitale
chez Coleridge. On pourrait citer une foule d'exemples,
montrant l'innéité de la disposition contraire chez des
hommes doués d'une chaleur de cœur et d'une vivacité
d'esprit singulières. Molière devait le surnom de *contem-
platif*, que lui avaient donné ses amis, à son maintien

1. V. Les *Maladies de la volonté*, passim.
2. Carpenter, *Mental physiology*, cité par M. Ribot, dans les *Mala
dies de la volonté*, p. 96.

habituel d'observateur, et l'on conserve encore à Pézenas
le fauteuil d'un barbier où il allait souvent s'asseoir pendant des heures pour regarder et écouter les pratiques.
Thiers et Gambetta, ces deux fils du Midi, si impression-
nables et si mobiles, qui avaient bien de la peine à se plier
aux exigences des peintres faisant leur portrait, savaient
écouter au Parlement, avec la plus imperturbable attention, les orateurs dignes d'être écoutés. La faculté de commander à ses membres le calme de l'attention est aussi
quelquefois un trait habituel et dominant du caractère,
comme on a pu le voir chez le ferme et vaillant général
Chanzy. Henner, qui faisait son portrait, le faisait souvent
poser debout pendant des heures entières; le général, avec
une parfaite sérénité, gardait la même attitude pendant
toute la séance. Aux compliments du peintre, il répondait
avec douceur: « Je poserais au besoin sur une seule
jambe, car tout ce qu'il faut faire je le fais. » Pour en finir
avec ces petits faits qui permettent souvent de bien juger
la trempe du caractère, montrons encore, chez un enfant
qui devait devenir un homme éminent entre tous, une
capacité d'attention jointe à une certaine vivacité de tempérament. « Carnot n'avait encore que dix ans, lorsque
sa mère, dans un voyage à Dijon, l'emmena avec elle, et,
pour le récompenser de la docilité réfléchie qu'il montrait
en toute circonstance, le conduisit au spectacle. On donnait
ce jour-là une pièce où des évolutions de troupes, où des
combats se succédaient sans relâche. L'écolier suivait, avec
une attention soutenue, la série d'événements qui se dérou-
laient devant lui; mais tout à coup il se lève, il s'agite, et,
malgré les efforts de sa mère, il interpelle, en termes polis,
un personnage qui venait d'entrer en scène. Ce personnage était le général des troupes auxquelles le jeune

Carnot s'intéressait; par ses cris l'enfant avertissait le chef
inhabile que l'artillerie était mal placée, que les canon-
niers, vus à découvert, ne pouvaient manquer d'être tués
par les premiers coups de fusil tirés du rempart de la for-
teresse; qu'en établissant, au contraire, la batterie derrière certain rocher qu'il désignait de la voix et du geste,
les soldats seraient beaucoup moins exposés [1]. »

La diffusion des mouvements accompagne si naturellement la diffusion des idées qu'elle peut, jusqu'à un certain
point, servir à mesurer l'ennui d'un auditoire. M. Galton a
voulu soumettre à des calculs expérimentaux cet état d'agitation et d'agacement que produit un discours filandreux
ou un sermon ennuyeux. Il a constaté que le nombre des
mouvements distinctement appréciables, exécutés par
cinquante personnes, était très uniforme: quarante-cinq
par minute, c'est-à-dire, en moyenne, un mouvement par
personne. « L'assistance se composait surtout d'adultes et
de gens âgés; avec des jeunes gens, il y eut plus de mobilité encore. De temps à autre il arriva, pour des raisons
non spécifiées, que l'attention du public fut éveillée et
retenue par des circonstances particulières, de nature à
intéresser. Aussitôt, il se produisit un double résultat.
Les mouvements diminuaient de nombre; il s'en produisit
moins de la moitié de ce qu'il s'en produisait auparavant;
en outre, ils étaient moins étendus et moins prolongés,
c'est-à-dire plus brefs, plus rapides [2]. »

Je me permets de remarquer en passant qu'à notre
époque de pédagogie objective et attractive, on n'a pas
toujours compris la nécessité de respecter tout à la fois
les exigences du cerveau et celles des organes. On oublie

1. F. Arago, *Notices historiques*, p. 513.
2. *Revue scientifique* du 11 juillet 1885.

trop que les fonctions supérieures du système nerveux
agissent en raison inverse des fonctions inférieures, que
dans l'application de l'esprit à un objet quelconque, comme
sous l'influence des émotions dépressives, de la frayeur, de
l'angoisse, l'afflux du sang au cerveau frappe relativement
d'anémie et d'immobilité les organes de relation, et aussi
jusqu'à un certain point les organes de nutrition et de
sécrétion [1]. On oublie aussi les rapports si intimes qui
existent entre le travail intellectuel et le tempérament,
d'une part, et, de l'autre, la santé, qui est une modification
plus ou moins grande du tempérament. Il y a de ce chef
des faits si bien établis, qu'il est presque oiseux de les men ·
tionner. On sait, par exemple, que les hommes longs, à
circulation lente, ont, en général, l'esprit plus lent que les
hommes petits, à circulation plus rapide. Le caractère
calme et froid des uns et le caractère pétulent et irascible
des autres peuvent s'allier à une rare puissance d'attention, mais d'une attention bien différente dans ses allures
et dans ses effets. Mais très souvent aussi, ces deux genres
de tempérament comportent deux états maladifs, entraî-
nant l'indolence ou la suractivité de l'attention. Les impressions glissent sur l'esprit sans y pénétrer, ou l'esprit
glisse sur les objets sans les atteindre. Les uns et les
autres relèvent tout autant de la médecine que de la pédagogie.

Prétendre retourner un tempérament à son gré serait
sans doute une illusion funeste. Le tempérament n'a pourtant, comme la santé ou le caractère, comme toutes les
dispositions fondamentales de la vie et de la pensée, qu'un
équilibre instable, dont nul ne peut prévoir les écarts pos-

1. V. Mosso, la *Peur*, traduit de l'italien et publié chez M. Alcan.

sibles. Ce qu'on appelle la nature est sujet, surtout dans les premiers temps de la vie, où les habitudes ont toute facilité pour prendre racine, à mille variations accidentelles, et il faut quelquefois bien peu de chose pour les rendre persistantes. Toutes les causes physiologiques qui modifient la circulation peuvent altérer profondément le tempérament natif. Certains hygiénistes sont même allés jusqu'à dire que, chez l'enfant, le tempérament, qui varie parfois étonnamment de deux à sept ou huit ans, est presque toujours plus ou moins acquis. Ajoutez à ces modifications physiologiques, qu'on peut tout au moins surveiller de très près, soit pour les faciliter, soit pour les enrayer, celles que l'art de l'éducateur peut opérer avec leur concours dans l'esprit. Voici, par exemple, un cas très curieux d'entraînement pédagogique. Quand les jésuites, si zélés à mettre en relief des non-valeurs, veulent faire aboutir aux examens quelque noble incapacité, ils emploient, dit-on, une méthode semi-physiologique, qui consiste à prendre l'élève au sortir du réfectoire, et à le gaver de mots, de faits, de dates, de formules. La première demi-heure qui suit l'ingestion produit, en effet, une suractivité sanguine, qui peut favoriser l'appréhension toute brute des sons et des idées; c'est une saturation plus ou moins intellectuelle qui se surajoute à l'autre; l'élève, allant se coucher aussitôt après la leçon, fait les deux digestions l'une dans l'autre. Les pédagogues qui font appel à tel ou tel ordre de sentiments pour exciter, par l'intérêt, l'attention de l'enfant, ne font pas, en somme, autre chose que les bons pères gaveurs : le sentiment n'agit sur l'attention qu'en modifiant la quantité et la qualité du sang qui circule dans le cerveau.

III

La nouveauté fait pour une large part l'intérêt des choses. Mais il faut s'entendre. L'attention, même chez l'adulte le mieux doué, est toujours prête à s'échapper dans une nouvelle direction. C'est dire aussi qu'elle est toujours prête à revenir où elle s'est d'abord fixée. Changer d'objet est sa loi : un rafraîchissement d'activité dans le cerveau, toujours retrempé d'un sang nouveau, a pour suite nécessaire un continuel besoin d'impressions renouvelées. Celles-ci produisent l'effet d'un choc excitant sur les forces épuisées par un premier jet d'influx nerveux. Le fait se montre dans toute son évidence chez l'enfant en liberté qui joue, ou qui, après le jeu, le spectacle ou la promenade, nous fait le récit ému de ses diverses impressions : tout y va par interruptions, soubresauts, saccades électriques. Son attention obéit à la loi de la variété plutôt qu'à celle de la nouveauté. Ce qui domine en elle, c'est moins la nécessité de changer continuellement d'objets que la difficulté de se fixer sur aucun. La nouveauté est vite perçue, jugée, épuisée. Un enfant de cinq ans voit briller des boutons d'or à mes poignets de chemise ; il me saisit vivement par le bras avec ses deux mains, regarde à la hâte et me dit : « Ah ! tu as de bien jolis boutons. Très jolis, très jolis » ; et il se retourne brusquement, regardant ailleurs. Ainsi faisaient deux soldats se promenant sur la place Henri IV, à Pau. Voyant quelques touristes en train de contempler et d'admirer la charmante vallée du Gave, avec sa magnifique ceinture de coteaux, et le féerique horizon des Pyrénées, nos deux troupiers gardent pendant trois minutes l'attitude de la contemplation, et puis l'un deux, l'air tout ravi, dit à son camarade : « C'est bien beau! Allons-nous-en. » L'admiration, cette forme sublime de l'attention, est proportionnée, chez l'enfant, chez l'homme ignorant, chez le sauvage, à la pauvreté des souvenirs que la vue des objets beaux ou rares leur suggère. C'est surtout, dans le nouveau, la partie déjà connue par l'observation directe ou par les récits d'autrui, qui intéresse, émeut, attache. On pourrait donc affirmer sans paradoxe qu'en général la force et la durée de l'attention sont en raison inverse du degré de nouveauté, quand l'objet nouveau n'éveille pas d'ailleurs quelque sentiment d'intérêt personnel.

Nous trouvons une confirmation de cette remarque dans le fait de l'attention expectante. L'attention, par une sorte de préajustement d'abord involontaire, peut anticiper sur une impression future. Ce préajustement peut avoir une fin externe ou interne, une qualité de l'objet ou un motif de l'esprit. C'est dire que le progrès parallèle et combiné des associations des idées et des associations de sentiments favorise doublement la préattention. On voit, à l'attitude et aux yeux d'un enfant intelligent auquel on parle de choses à sa portée, que sa pensée court au-devant de la vôtre et que sa bouche vous dirait : « Je sais ce qui va suivre. » Les bons éducateurs, comme les bons orateurs, possèdent l'art utile entre tous de tenir continuellement en haleine l'esprit de leurs auditeurs, de les pousser adroitement en avant pour paraître marcher à leur pas. Les motifs qui influent sur la préattention peuvent être de diverse nature, agréables ou pénibles, nés de l'habitude ou de l'éducation, fournis par l'inconscient ou par la volonté. Ainsi une petite fillette de cinq ans, dès le premier jour de son entrée à l'école, se mit spontanément dans l'attitude d'une enfant attentive et sérieuse, et quand elle vit quelqu'une de ses voisines se distraire ou s'amuser, elle en fut vivement choquée. Le troisième jour, une petite dissipée lui ayant adressé une question s'entendit faire à haute voix cette observation : « Je te prie de ne pas me parler; on est à l'école pour travailler, et non pour jouer. » Nombre d'enfants n'acquièrent cette heureuse disposition qu'à la longue, par l'effet des réprimandes, de l'émulation, de l'exemple et de l'habitude. L'éducation reçue dans la famille y est pour beaucoup.

L'attention expectante est, en général, beaucoup moins désintéressée qu'elle pourrait le paraître. La curiosité scientifique ne se mesure pas toujours à l'étiage du progrès intellectuel. A quatre ou cinq ans, il est vrai, l'enfant fait beaucoup moins de manipulations et beaucoup plus d'expérimentations qu'autrefois. Il n'y a plus chez lui une agitation continuelle des corps qui sont à sa portée. Il paraît indifférent à certains objets, comme s'ils lui étaient suffisamment connus et n'avaient plus rien à lui dire. Il faut que le contre-coup de quelque perception nouvelle ou qu'un genre nouveau d'utilité les lui présente comme matière à instruction ou instrument d'exécution. Autrefois; toute chose était désirée ou redoutée, c'est-à-dire intéressante, par cela seul qu'elle était attendue; maintenant l'enfant peut, sans les désirer ni les craindre, préparer son attention à des impressions prochaines. J'ai vu un enfant de cinq ans hausser les épaules en voyant sa jeune sœur, âgée de dix ans, frapper à tour de bras une cafetière contre le poêle : « Elle s'imagine faire de la musique, la pauvre bébette! » Par exemple, le même enfant voulait-il faire endêver la cuisinière, qu'il appelait maman Vinaigre, il trouvait fort agréable de lui faire un interminable charivari en battant les pincettes avec une clef. Les résultats très connus des actes n'excitent plus autant l'enfant à les produire, si quelque émotion ou quelque caprice ne les y vient exciter. Je crois donc, comme je l'ai déjà dit, qu'il ne faut pas exagérer chez le jeune enfant le rôle de l'abstraction et du pur raisonnement, et croire que son intelligence se développe et son attention s'adapte en l'absence de motifs émotionnels. Quelque force qu'on suppose aux habitudes contrôlées d'un jeune esprit, un enfant même âgé de sept ou huit ans s'évertuera rarement à chercher, sans incitation étrangère, sans utilité pressentie, sans raison d'agrément ou d'utilité, dans un objet qui s'offre à lui les propriétés saisies dans d'autres objets. Ce n'est pas ce théoricien dont Preyer et Sikorski ont parlé après Taine, cet expérimentateur épris de raisonnements abstraits, ce constructeur inconscient d'analyses et de synthèses, qui, en jouant, chercherait moins le plaisir d'exercer tous ses organes et de jouir par tous ses sens, que la satisfaction de résoudre des problèmes d'optique, d'acoustique, de mécanique, d'hydrostatique, que sais-je encore? L'enfant est chose plus futile. N'abusons pas pour lui de formules plus faciles à faire qu'à justifier. « Homme dans ses jeux, dit Mme Necker de Saussure, l'élève est enfant dans ses leçons. » D'autres ont répété le même aphorisme sans le mieux prouver. Restons dans la mesure et dans la réalité : la routine et l'émotion ont toujours le pas chez lui sur l'observation pure et surtout raisonnée. Formule pour formule, celle-ci me paraît la plus vraie, surtout quand il s'agit de l'enfant : « Otez l'émotion, tout disparaît. Tant qu'elle dure, l'attention dure[1]. »

Il nous faut parler des avantages et aussi des inconvénients de la préattention. Disons d'abord qu'elle est en

---

1. Th. Ribot, les *Maladies de la volonté*, p. 103.

elle-même plus ou moins distincte, plus ou moins parfaite. L'enfant qui a fait son devoir avec soin, mais qui
n'est pas très sûr de l'avoir bien fait, aura une anticipation
très vague des éloges ou des critiques que son professeur
lui adressera; mais s'il s'est bien récité à lui-même, s'il a
récité sa leçon à sa mère d'une manière satisfaisante, il
aura une anticipation très précise et très exacte, très complète, non seulement de la manière dont son professeur
appréciera son travail, mais des paroles mêmes qu'il pro-
noncera, de l'air et des gestes dont il accompagnera ces
paroles.

Un des effets ordinaires de la préattention, c'est de
diminuer le temps et, par conséquent, l'effort de la pensée.
Les physiologistes qui ont étudié le temps des diverses
réactions psychiques nous apprennent que tout le travail
intellectuel impliqué dans l'attention est abrégé ou allongé,
selon les circonstances qui favorisent ou contrarient son
préajustement. Nous verrons plus loin que cet accroissement de rapidité facilite la succession des petits actes
rapprochés d'attention qui équivalent à la continuité ou à
la simultanéité de perception. Le plaisir qui naît pour
l'esprit de cette reproduction régulière des faits précis et
attendus ajoute à l'attention un surcroît d'excitation.

L'attention expectante a donc pour résultat de réduire,
de faciliter le processus de réception et de reconnaissance [1].
S'il faut en croire Maudsley, nous ne percevons bien que
les choses auxquelles nous nous attendons. « Dans le sommeil, dit-il, comme dans l'état de veille, l'oreille entend
mieux ce qu'elle s'attend à entendre. De même que l'attente d'une certaine impression augmente la susceptibi-

_____

1. Dans la suggestion hypnotique, elle équivaut à la présence de
l'impression.

lité de ce sens, et la rapidité de la transmission du mes-
sage de l'organe externe au ganglion cérébral, de même
l'adaptation d'un sens endormi à une impression particulière engendre, pour ainsi dire, dans ce sens une habitude d'attente qui augmente sa sensibilité à l'impression...
Nous ne vivons que dans des rapports très limités avec la
nature extérieure, et ces rapports sont limités non seulement par le pouvoir, mais par les habitudes de nos sens ;
et nous devenons automatiques dans nos réactions à un
petit nombre de stimulus que nous sommes habitués à recevoir. Par suite, notre vie intellectuelle et pratique
s'écoule en général en suivant quelques lignes fixes auxquelles nous sommes liés... Nous ne percevons que les
choses auxquelles nous nous attendons, pour lesquelles
nous avons par une fréquente répétition organisé l'adaptation de nos sens et des associations motrices appropriées [1]. »
M. James Sully, qui a très bien compris le rôle psychologique de la préattention [2], nous met d'ailleurs en garde
contre les illusions de l'attente, qui dénaturent quelquefois
étrangement les perception des choses. Telle est, par
exemple, l'illusion qui nous fait prendre pour un ami que
nous attendons un voyageur descendant du train et qui a
eu quelque ressemblance avec lui, ou celle qui nous fait
découvrir chez les personnes les marques de leur profession, ou les qualités et les défauts inhérents au caractère
que nous leur prêtons, etc. [3].

La préoccupation, image obsédante qui se projette
presque toujours du passé dans l'avenir, distrait l'attention
de tout objet autre que celui dont l'enfant est fasciné.

1. La *Pathologie de l'esprit*, p. 7.
2. *Éléments de psychologie*, p. 89 et 90.
3. James Sully, *Illusions des sens et de l'esprit*, p. 77.

J'ai vu de jeunes enfants que la crainte d'une répri-
mande ou d'une punition, ou l'attente d'un grand plaisir,
rendaient comme stupides. Les préoccupations du genre
attrayant, qui ne le sait trop? ont une force particulière
d'obsession. Quel enfant n'a pas dans sa vie l'équivalent
de cette histoire du saule planté par J.-J. Rousseau et son
cousin Bernard sur la terrasse de M. Lambercier, à quelques mètres de l'auguste noyer? Le joli récit! Que le lecteur le relise dans sa mémoire; je n'en puis citer qu'un
lambeau. « Comme notre arbre nous occupait tout entiers,
nous rendait incapables de toute application, de toute
étude, que nous étions comme en délire et que, ne sachant
à qui nous en avions, on nous tenait de plus court plus
qu'auparavant, nous vîmes l'instant fatal où l'eau nous
allait manquer, et nous nous désolions dans l'attente de voir
notre arbre périr de sécheresse, etc. [1] ».

La préoccupation peut revêtir une foule de formes.
Elle naît aussi de causes très diverses, par exemple, de la
vanité, de l'affection excessive, d'un caprice violent, du
ressentiment, de l'indépendance, de la timidité. Celle-ci
a joué plus d'un vilain tour à Rousseau. Il nous a raconté
les balourdises incroyables que sa sauvagerie, son irritable
sensibilité, son indomptable fierté lui firent faire, malgré
tout son bon sens et tout son esprit. Il nous explique, en
outre et avec assez de vraisemblance, comment avec cette
incurable timidité, jointe à sa vivacité d'humeur, il fut toujours incapable de rien apprendre sous un maître [2]. « Il est
assez singulier, dit-il, qu'avec assez de conception, je n'aie
jamais pu rien apprendre avec les maîtres, excepté mon
père et M. Lambercier : le peu que je sais de plus, je l'ai

1. Les *Confessions*, partie I, liv. I.
2. Les *Confessions*, partie I, liv. III.

appris tout seul. Mon esprit, impatient de toute espèce de
joug, ne peut s'assujettir à la loi du moment : la crainte
même de ne pas apprendre m'empêche d'être attentif. De
peur d'impatienter celui qui me parle, je feins d'entendre :
il va en avant, et je n'entends rien. Mon esprit veut marcher à son heure : il ne peut se soumettre à celle d'autrui .»
Rousseau, remarquons-le, n'a jamais connu les bienfaits
de l'éducation publique : on peut se demander quels
eussent été, sur cet esprit sensible et romanesque dès l'enfance, les effets d'une règle fixe, d'une discipline constante,
de la vie en commun, dans un collège même tenu par des
jésuites. Il n'en serait pas sorti un Voltaire ni un Diderot,
à coup sûr, mais cependant tout autre chose que le
romanesque et misérable Jean-Jacques. Les Rousseaux ne
sont pas communs dans le monde. Mais il se peut quelquefois qu'on en rencontre des exemplaires plus ou moins
rapprochés. J'ai connu, pour mon compte, au sein même
de l'éducation publique, des êtres à sensibilité maladive,
qui avaient appris je ne sais d'où, pour soustraire leur
timidité et leur fierté à la gêne et aux dégoûts des réalités
vulgaires, à se forger des objets idéaux d'obsession qui
les enlevaient plus ou moins aux sérieuses préoccupations
de l'étude. Mais je me hâte d'ajouter qu'à l'âge de six
ou sept ans, où se ferme mon livre, il serait difficile de
découvrir des petits Rousseaux en herbe. A cet âge-là,
les habitudes d'une éducation régulière et les excitations
de l'activité instinctive laissent peu de place aux influences
tout artificielles, et difficiles à naître, des obsessions roma-
nesques ; et, d'ailleurs, l'image obsédante ne trouve pas encore dans la faculté de réflexion abstraite la force nécessaire
pour se mettre longtemps en relief à la place de l'objet
absent.

IV

La concentration, l'étendue, la rapidité sont trois qualités de l'attention sur lesquelles il nous faut dire quelques
mots [1].

Par la concentration, l'esprit fixe son attention sur un
objet d'une manière continue. La continuité de l'attention
n'est pourtant qu'apparente. Cette continuité n'est qu'une
répétition d'actes d'attention, c'est-à-dire de tensions de
l'esprit en vue de percevoir, de se remémorer, d'inférer.
On voit par là combien, toutes différences individuelles mises à part, la faculté de concentration est en
relation directe avec le développement général de l'intelligence. Plus l'enfant a déjà acquis de connaissances, plus
un objet les lui rappellera, plus chacune de ces réminiscences en entraînera d'autres avec elle. Voir un objet,
c'est y revoir un plus ou moins grand nombre de qualités
perçues ailleurs. Aussi l'enfant de quatre à sept ans, quelle
que soit la vivacité ou la lenteur de son esprit, mis en présence d'un objet où il a beaucoup à reconnaître, concentre
naturellement son attention sur lui, s'il n'en est pas empêché
par quelque cause externe ou interne. Nous retrouvons
encore ici, il est vrai, la diversité naturelle ou acquise des
intelligences. A quatre ou cinq ans, et surtout au delà,
l'enfant dit intelligent ne se bornera pas, comme un autre
paraissant moins bien doué, à fixer son attention sur les
perceptions du genre le plus simple, c'est-à-dire sur la
position ou l'éloignement d'un objet dans l'espace ou

1. Sur le développement de l'attention et sur ses principales qualités, le lecteur consultera avec grand profit le consciencieux ouvrage de M. J. Sully, *Éléments de psychologie*, p. 93-103.

par rapport à d'autres objets, sur les qualités les plus élémentaires ou les plus générales de cet objet. Il ne se contentera pas le plus souvent de dire, en le considérant : « Cet objet a telle couleur, telle forme, telle dimension ; il est éclairé ou obscur, en repos ou en mouvement, dur ou mou, rugueux ou poli ; il produit tel son, il a telle odeur ou tel goût. » L'aptitude à de telles inférences est devenue si habituelle à cet âge que l'enfant, dans la plupart des occasions, doit les produire d'une manière inconsciente et courante. Plus nombreux sont les cas où il s'applique à considérer ces mêmes qualités comme faisant se ressembler ou différer l'objet qu'il a devant lui et certains autres, soit présents, soit absents. Plus nombreux aussi les cas où il se plaît à reconnaître une qualité ordinairement associée à une ou plusieurs autres dans un même objet ou dans une certaine classe d'objets. Très nombreux enfin les cas où il passe par induction des qualités directement perçues dans un objet à celles qu'il peut ou qu'il croit pouvoir y trouver.

L'attention, est-il besoin de le répéter ? se concentre, comme elle s'ajuste, sous l'influence de l'intérêt, c'est-à-dire du sentiment, de la passion, de l'utilité, du besoin, du caprice, de l'habitude. Il y a souvent un effort, ou plutôt une série d'efforts à faire pour la maintenir sur un objet. L'effort nécessaire est en proportion de la nouveauté, de la complexité de l'objet, ou des difficultés de la matière, et aussi de la faiblesse des motifs qui sollicitent l'attention. La force naturelle ou acquise de concentration se mesure donc tout à la fois aux difficultés de la tâche réussie et à la force des motifs vaincus par la volonté.

La plupart des sentiments sont, chez l'enfant, superficiels et instables ; il n'est donc pas étonnant qu'il soit

aussi peu capable de résister aux motifs de distraction
que de tenir son attention fixée avec de faibles motifs.
L'habitude peut, par son mécanisme, faire pour lui l'office
de l'intérêt. J'ai vu, sous ce rapport, d'une année à l'autre,
des progrès remarquables chez des enfants que leurs parents avaient toutes les peines du monde à rendre appliqués. Accoutumés à se livrer, à heures fixes, à des tâches
déterminées, s'ils éprouvaient souvent quelque peine à s'y
mettre, la plume prise et le livre ouvert, le branle donné
à leur attention persistait de lui-même sans effort. Il y a,
du reste, je ne sais quel intérêt inconscient né de l'acte
d'apprendre tout haut une ligne, et puis une autre de
tremper sa plume dans l'encre, de la serrer du bout de ses
doigts, de la promener sur un papier noirci de minute en
minute. J'en vois la preuve dans ce fait bien constaté,
même chez l'adulte, que si l'on vient tout à coup à songer
qu'on fait un travail dénué d'intérêt, on sent son attention
s'échapper, et il faut faire appel à quelque motif d'intérêt
qui suscite un nouvel effort et remonte le ressort de l'attention. Remarquons, d'ailleurs, qu'il y a chez chacun de nous
une capacité naturelle de concentration, une virtualité
d'attention, une force de travail psychique indépendante
de l'excitation émotionnelle, quoique presque toujours liée
à son action. On naît, on devient travailleur. L'effort coûte
moins à l'un, beaucoup à l'autre, à égales conditions de
développement physique et mental, et à conditions égales
d'émotivité. Il faut dire aussi que le résultat de l'attention
ne se mesure pas nécessairement à la continuité de l'intérêt ou de l'attention. L'important, c'est le nombre des
idées claires et distinctes, des perceptions et des inductions qu'un objet ou une représentation amènent dans l'esprit attentif. Il est des esprits lourds et obtus, ou vifs et

' superficiels (ces défauts tiennent pour beaucoup à l'hygiène et à l'éducation), qui paraissent attentifs à un objet, et qui n'y voient rien, ou qui voient ailleurs en le regardant. Les premiers paraissent prédestinés ou parvenus à cet idéal de paresse, qui consiste à ne rien penser; pour les seconds, « tout leur est distraction, dit Fénelon, ils ne sont jamais où ils doivent être. Ils ne vivent qu'à demi[1]. »

C'est assez improprement que l'on parle quelquefois d'attention simultanée, de vues, de perceptions d'ensemble. L'attention qui s'applique à tout un objet ou à une collection d'objets, aussi rapprochés qu'on voudra, ne se partage pas également dans tous les sens. Nous connaissons assez exactement l'étendue de la conscience. Elle se réduit à douze représentations simples ou successives « Ce nombre, dit Wundt, concorde avec le nombre des parties simples de la mesure que notre sentiment rythmique est encore capable de résumer. On remarque aussi que la conscience rassemble en soi plus facilement des impressions lorsqu'elle les dispose dans un ordre rythmique. Nous ne sommes plus en état de réunir un nombre égal d'impressions dès que nous négligeons intentionnellement cet auxiliaire rythmique. L'étendue *maxima* donnée n'est donc valable qu'en supposant que les représentations simples se lient convenablement et constituent plusieurs groupes. »

C'est là une des raisons qui font du vers tout à la fois une expression contagieuse de l'émotion et un « moyen de concentrer sur elle, sans aucune perte de force vive, l'intelligence de l'auditeur. En effet, un langage où tout est rythmé et régulier économise l'attention, l'effort intellec-

1. Pour les moyens de combattre ces deux genres de distraction, voir mon article *Distraction* dans le *Dictionnaire pédagogique* de M. Buisson, p. 723.

tuel. Nous n'irons pas jusqu'à dire avec M. Spencer que la prose, en sa complète irrégularité, exige toujours une dépense plus grande « d'énergie mentale », qu'elle tend à nous distraire davantage du développement des idées et des émotions, et que le rythme, au contraire, nous permet d'économiser nos forces « en prévoyant la dose d'attention requise pour saisir chaque syllabe. » Les beaux vers sont souvent plus difficiles à comprendre que la prose : cela tient, tantôt à la condensation, tantôt à l'élévation de la pensée. Il faut reconnaître cependant que, par lui-même, le langage rythmé pénètre plus vite et laisse plus de traces dans le cerveau ; à ce point de vue, c'est un instrument plus parfait, dans lequel on a supprimé des frottements qui dépensaient de la force vive. Le vers, avec la régularité de ses sons, l'absence de tout heurt entre les mots, le glissement léger et continu des syllabes, est une aide pour l'intelligence comme pour la mémoire [1]. »

L'extension de la conscience se fait donc par une succession très limitée dans l'espace, et une succession illimitée dans le temps. C'est le développement intellectuel qui élargit sans cesse, chez l'un plus, chez l'autre moins, l'aire des idées qui sont les objets de l'attention et celle des mobiles qui l'éveillent et la fixent. Les privilégiés de la nature ou de l'éducation montrent, sinon une égale faculté d'attention à peu près dans tous les sens, tout au moins dans plusieurs sens. Comme si l'attention était une faculté générale, existant par soi-même, une forme vide applicable à divers genres de matières, il est à remarquer que, même chez les esprits le plus pauvrement doués, une certaine direction de l'attention en prépare et en facilite d'autres,

---

1. Guyau, l'*Esthétique du vers moderne*, *Revue phil.*, février 1884, p. 184.

en même temps qu'elle fournit sans cesse de nouveaux motifs d'intérêt. Le progrès sous ce rapport consiste dans le plus ou moins grand nombre d'objets et d'idées, de détails et de groupes de plus en plus minutieux, de moins en moins saillants, auxquels l'attention de l'enfant peut s'appliquer dans un temps donné et avec la rapidité propre à son genre d'esprit.

L'attention, de même que la perception, est, jusqu'à un certain point, indépendante de l'acuité des sens extérieurs. Mais celle-ci les sollicite et les aide quelquefois puissamment. L'ampleur et la finesse de la vue, par exemple, sont des qualités toutes physiologiques. La vision à des distances très rapprochées ou très éloignées résulte simplement de l'accommodation de l'œil. Ces deux qualités de la vue peuvent également coexister avec une intelligence supérieure ou médiocre. L'acuité de la vision est, en général, moins grande chez les citadins que chez les paysans, qui regardent souvent loin d'eux, et ne se fatiguent pas à lire et à écrire. On la trouve pourtant très prononcée chez quelques adultes voués à des travaux intellectuels, et chez lesquels elle accompagne d'autres qualités plus au moins physiques de la vision. L'œil si large, si fin, si prodigieusement mémoratif d'Horace Vernet, de Gustave Doré, d'André Gill a pu être d'abord une fonction native, puis se développer par un exercice continu, qui a influé d'une certaine façon sur tout le développement intellectuel. Il a pu en être de même pour le poète Victor Hugo. Pendant qu'il écrivait *Notre-Dame de-Paris*, « il émerveillait souvent ses amis par la puissance de sa vue. Il montait avec eux au sommet des tours, au soleil couchant, et, de là haut, il reconnaissait Charles Nodier et ses visiteurs au balcon de l'Arsenal [1]. »

1. Théophile Gautier.

Le plus richement imagé des poètes, dont on connaît les innombrables dessins, avait peut-être en lui l'étoffe d'un grand peintre. N'est-ce pas à son œil qu'il doit d'avoir été si profondément ému par le spectacle de la nature qu'il ne se sentit pas d'autre vocation que de l'aimer et de la peindre?

Voilà comment une faculté supérieure et purement physique de perception peut commander à l'attention, la développer dans une direction spéciale, et faire concourir toutes les facultés intellectuelles et morales au développement d'une seule ou de quelques facultés. La perception, c'est le coup d'éperon de l'intelligence.

Passons enfin à la rapidité d'attention, au pouvoir d'ajuster coup sur coup l'esprit, soit à de nouveaux objets, soit aux diverses parties d'un objet. On sait que la durée de la perception diffère notablement pour les divers sens, qu'elle croît en proportion de la complexité de l'acte afférent à chaque genre de perception. Le temps de réaction varie aussi avec les individus, sous l'influence du tempérament, de l'âge, des maladies, des médicaments ou des substances ingérées. La diversité de culture produit aussi une différence très appréciable. Le temps de réaction est plus grand chez les personnes ignorantes que chez les personnes instruites, et il atteint son maximum chez les idiots. M. Romanes rapporte des expériences très intéressantes pour montrer l'influence de la pratique sur la rapidité des actes intellectuels, et tout au moins des perceptions. Le prestidigitateur Houdin avait soumis son fils à un entraînement tout particulier. Cet entraînement consistait à faire passer rapidement l'enfant devant les vitres d'un magasin, en lui faisant percevoir ainsi le plus d'objets possible. Au bout de quelques mois, l'enfant percevait d'un seul coup d'œil tant d'objets que son père l'annonça « comme doué

d'une prodigieuse seconde vue : après que ses yeux auront
été bandés avec un épais bandeau, il désignera tout objet
qui lui sera présenté par le public. » C'est-à-dire que l'enfant, avant que ses yeux fussent bandés, avait le temps de
voir tous les objets de la chambre susceptibles de lui être
présentés. Il est intéressant de noter que Houdin, qui donne
une attention spéciale au développement de la rapidité des
perceptions, remarque que, d'une façon générale, cette
rapidité est plus grande chez la femme que chez l'homme :
il dit avoir connu des dames qui, « en voyant une autre
dame passer à grande vitesse en voiture, avaient assez de
temps pour analyser sa toilette des pieds à la tête, et pour
pouvoir non seulement décrire la coupe et la qualité des
étoffes, mais même dire si les dentelles étaient vraies ou
faites à la machine [1]. » Il serait curieux de savoir si cette
faculté est innée chez nombre de femmes, ou bien acquise.
Qu'il me soit permis de dire que j'en ai constaté l'absence
chez un certain nombre d'entre elles, moins exercées peut-
être à ce genre d'observation. Ce qui fait croire qu'elle
peut être innée chez un certain nombre de femmes, ce
sont les variations de l'équation personnelle dans la lecture.

M. Romanes mentionne les expériences qu'il a pu faire
à ce sujet. La grande habitude de la lecture laisse des différences considérables, quant à la rapidité entre différentes
personnes. « Elle peut aller de 4 à 1. L'assimilation des
idées est en rapport avec la rapidité de la lecture, dans un
temps donné. Mais il n'y a pas de relation entre la rapidité de perception ainsi mise à l'épreuve et l'activité intellectuelle telle qu'elle est établie par les résultats généraux

1. *Mémoires de Robert Houdin*, t. II, p. 7 et 9. Cité par M. Romanes
dans l'*Évolution mentale chez les animaux*, p. 130.

du travail intellectuel du même ordre, car j'ai fait l'expérience sur beaucoup d'hommes distingués dans les sciences et dans la littérature : la plupart se sont trouvés être des lecteurs lents... Ceci montre en définitive que l'équation personnelle varie chez les divers individus, d'autant plus que le nombre et la complexité des perceptions qui doivent avoir lieu dans un temps donné sont plus considérables [1]. » Ceci n'est pas à l'éloge des femmes, car le même auteur, dans ses propres observations, confirmant celles de Houdin, a remarqué que ce sont généralement les femmes qui l'emportent pour la rapidité de la lecture. Conclure de ces apparences que l'attention prime-sautière de la femme est une marque d'infériorité intellectuelle est chose trop facile. Plus d'un moraliste de bonne foi s'en va répétant : « Les femmes ont, en général, l'esprit plus délié, plus pénétrant et plus prompt que les hommes : en société, elles sont admirables par leur présence d'esprit, leur à-propos et leurs reparties. Toutefois, elles ne sont pas capables de soutenir leur attention pendant quelque temps sur un même objet, et l'on observe même que la réflexion n'ajoute rien au premier jet de leur pensée. » Mme de Necker, une femme de grand sens, a dit quelque chose d'analogue, et Proudhon l'en a fort louée. Il faudrait pourtant compter que beaucoup de femmes sérieusement instruites font exception à la règle, si vraiment la règle existe. Il y a d'excellents esprits, des deux sexes, qui perçoivent et jugent avec une vivacité singulière. C'est évidemment un don de nature, mais qu'il n'est pas impossible de compenser au moyen d'un exercice assidu. Il est aussi bien des intelligences à l'effort lent, dont la lenteur même paraît produire des facultés dont elle suit seulement la marche. Il faut

1. Romanes, *loc. cit.*, p. 125.

apprendre aux uns à se servir à propos de la bride, aux
autres de l'eperon [1]. Ceci soit dit surtout pour les femmes
et pour les enfants, qui, physiologiquement e' moralement,
ressemblent souvent plus aux femmes qu'aux hommes
vraiment virils.

1. Le but de l'éducation, dit M. Marion, doit être de rendre l'enfant habituellement et volontiers attentif, attentif non à une chose,
mais à toutes sortes de choses selon les besoins. » *Leçons de psychologie,* p. 303.

CHAPITRE VI

L'ABSTRACTION ET LA GÉNÉRALISATION

I

L'abstraction est commune à l'animal et à l'homme ; ce point est accordé maintenant par tous les philosophes, ou peu s'en faut. On ne discute que sur la différence de degré, et j'avoue que c'est quelque chose. L'image isolée, mise en relief dans le souvenir d'un signe, d'un geste, d'un son, d'un cri, d'un coup d'œil, d'une impression sensorielle, sont des abstractions animales. Le cheval, le chien, le chat, comprennent aussi la signification spéciale d'un petit nombre de mots prononcés habituellement devant eux : la grande supériorité de l'enfant, c'est de pouvoir les prononcer lui-même, les répéter, les appliquer à une foule de cas variés, et, par là même, leur donner une force et une facilité de suggestion considérable. Autrement, l'abstraction est une faculté si familière à l'enfant qu'il la pratique, je l'ai dit ailleurs, avant de savoir parler. Mais, alors même qu'il se sert fort bien de la parole, l'abstraction ne change pas pour lui de nature. Son plus ordinaire emploi est dans la sphère des relations communes, elle vise toujours à des fins concrètes, et se débarrasse à grand'peine de ses éléments de formation.

Voici quelques exemples de l'abstraction pratiquée tous les jours par un enfant de cinq ans, d'intelligence moyenne. Il désigne un grand nombre d'êtres et de choses par leurs qualités essentielles, ou du moins saillantes : « Regarde ce grand chat noir! — Le beau cerisier ! — Voilà un monsieur fort bien habillé. — La visite est ennuyeuse ! elle reste long-temps. » Il applique assez exactement ce que l'on appelle les concepts de matière, de forme, de cause : « La maison de l'oiseau est tombée; il en fera une autre », dit-il en voyant le gazon couvert d'un pêle-mêle de plumes et de brins de paille. Avec le peu d'adresse et de goût que l'on sait, il dessine un arbre, un chien, une maison, un homme, et ces ébauches sont des combinaisons de lignes et de couleurs, de formes et de grandeurs, en un mot, des abstractions réalisées. Il compte les cerises qu'on lui a données, et celles qu'on a données à sa sœur : « Je n'en ai que huit, dit-il, et elle en a dix, peut-être douze ; » voilà des abstractions de nombre concrétées pour une fin gastronomique. Il déclare, après les avoir mangés, que « sa pêche était meilleure que son raisin », et son mètre de comparaison est une qualité abstraite dont le souvenir est comme concret en lui. *Ciel gris, pleuvoir,* il *va,* voilà trois idées et trois termes abstraits que l'enfant n'a jamais considérés à part des expériences où ils se trouvaient impliqués, mais qui n'en peuvent pas moins lui être suggérés avec une grande vivacité, et de manière à s'appliquer uniquement à des expériences plus ou moins nouvelles : l'enfant les combine sous forme de séquence inductive : « Il va certai-nement pleuvoir, car le ciel est bien gris. » Il appelle son poupard *grognon,* et son cheval *âne ;* il fait jouer la comé-die à ses jouets : qualités abstraites, actions abstraites qu'il attribue fictivement à ces objets. Il est à peu près

convaincu d'un délit d'ailleurs sans gravité; mais il s'ob-
stine à nier : « Je t'assure, maman! » dit-il d'un ton décidé,
que contredisent la subite rougeur de son visage et « la
remise en place, inconsciente et rapide, de deux lèvres
menteuses . » Il a aussi, dans ce cas, adapté aux nécessités du moment l'idée abstraite d'une certaine intonation
de voix et de certains mouvements, et le tout si vite exécuté que cela paraissait inconscient.

Si nous serrions de près toutes ces abstractions, combien n'en trouverions-nous pas qui ont leur équivalent
dans les suggestions qui produisent chez l'animal certaines
reconnaissances d'objets et d'actions, et certains mouvements pour y répondre! Combien surtout dont le sens, par
rapport aux idées d'un homme adulte et capable d'analyser
sa pensée, sera trop vide ou trop plein! C'est que l'idée
abstraite étant toujours générale, c'est-à-dire applicable à
une foule de représentations du même genre, nous esti-
mons qu'elle opère dans l'esprit de l'enfant en qualité
d'idée plurilatérale. Je ne dis pas qu'à force d'avoir appliqué à plusieurs cas un petit nombre de termes de ce genre,
il ne puisse avoir, à certains moments, la vague idée qu'il
l'applique à un cas donné, et pourrait bien l'appliquer à
d'autres. Mais cette réflexion ne se produit chez lui que
lorsque nous l'amenons à la faire. Livré à lui-même et
pour ses besoins personnels, il applique tout machinalement, par association pure et simple, un terme accouplé
à une impression particulière. C'est par pauvreté d'idées
vraiment générales qu'il généralise à outrance. Aussi le
voyons-nous si indifférent à la généralisation même que
jusqu'à-l'âge de cinq ou six ans, il répugne visiblement

1. M⁰ᵉ Alphonse Daudet, l'*Enfance d'une Parisienne*.

à enrichir le vocabulaire des trois premières années. Il se contente le plus souvent, si nous le laissons faire, de préciser le sens de ces mots. C'était là, à vrai dire, un progrès bien nécessaire; car il avait si avidement absorbé nos mots et nos expressions, que, non digérés à l'aise, ils lui rendaient souvent un mauvais plutôt qu'un bon service. Est-ce à dire que nous ayons eu tort de favoriser cette tendance en quelque sorte dévorante du petit être à s'assimiler notre langue abstraite? La question vaut la peine d'être examinée.

Le philosophe idéaliste Rosmini, qui a étudié le jeune enfant avec une sympathique attention, prétend qu'il passe de l'indéterminé au déterminé plus facilement qu'il ne fait l'inverse. Je me hâte d'ajouter que Rosmini confond l'indéterminé avec l'universel, et le déterminé avec le particulier. Sa théorie a, comme on va le voir, des conséquences pédagogiques d'une certaine importance. Vous donnez, dit-il, une rose à l'enfant, et vous le lui nommez du nom de rose; à peine en voit-il une autre variété qu'il lui donne à tort le premier nom; il vous faudra donc corriger son erreur. Quand vous lui aurez fait entendre que que ce sont là deux roses, quoique différentes, si vous lui montrez une autre fleur semblable à la rose, il dira, la montrant du doigt : « C'est une rose. » Autre erreur à corriger; et, encore une fois, pour l'enfant, la peine de défaire le travail déjà fait dans son esprit. Et comme, pour tous les objets, les divisions et les subdivisions abondent, il en résultera un nombre considérable d'erreurs et de corrections; son instruction deviendra un travail des plus fatigants. L'erreur est grande d'enseigner à l'enfant les noms individuels avant les noms communs à l'espèce ou au genre. Il y aurait avantage à lui nommer d'abord toutes les fleurs du nom de *fleur*, toutes les plantes du nom de *plante*. On lui montrerait ensuite dans les objets les différences les plus saillantes, et insensiblement les plus minutieuses. Et Rosmini multipliait les exemples pour prouver que l'enfant, encore ignorant du monde et des limitations des choses, donne d'abord à tous les mots un sens plus large que celui de l'usage habituel, parce qu'il saisit mieux les ressemblances que les différences. Tous ces derniers points sont entrés d'ores et déjà dans le commun *credo* des psychologues et des pédagogues[1]. Mais on se demande en vertu de quelle grâce divine ou de quelle influence héréditaire l'enfant saisirait de prime abord les termes exprimant pour nous des caractères communs. Ces termes généraux, selon nos manières de dire, sont particuliers pour l'enfant : notre fréquentation les communiquant nécessairement à l'enfant, c'est à nous de les lui expliquer dans la mesure où il peut les comprendre. Il n'est pas possible que l'enfant refasse tout le travail des générations antérieures, en passant, par hypothèse, par tous les degrés d'expériences qui ont produit ces innombrables idées dont les langues sont dépositaires. Il est seulement indispensable de lui faire faire tour à tour un travail d'analyse et de synthèse sur un certain nombre de ces mots, et à propos des degrés d'abstraction les plus importants. Se figure-t-on une nourrice indiquant du doigt son père à l'enfant et lui disant *homme* au lieu de *papa*, lui disant *fleur* au lieu de *rose*, d'*œillet*, de *tulipe; boisson* au lieu de *lait, vin, eau, tisane; animal* au lieu de *chat, chien, cheval* et *bœuf*, etc? Mais, ce que la première instruction peut faire, c'est, en initiant l'enfant à nos termes généraux,

1. V. Rosmini, du *Principe suprême de la méthodique*, p. 34. V. aussi M. Billia, *Études sur Rosmini et sur Rayneri*, p. 10.

pour lui particuliers, de les accompagner fréquemment des termes plus généraux qui les englobent eux-mêmes : on pourra faire entendre le nom de *fleur* à côté de ceux de *rose* et d'*œillet*, d'*animal* à côté de ceux de *chat*, *chien*, etc.

On préparera ainsi le petit enfant aux analyses et aux synthèses scientifiques dont la seconde instruction aura la charge plus spéciale. C'est ainsi qu'on peut emprunter quelque chose à la théorie de Rosmini, qui veut que l'enfant débute par le général, et à celle de Spencer, qui prétend que l'enfant recommence en abrégé l'évolution intellectuelle de ses ancêtres [1].

A en juger par la manière dont l'enfant use de nos termes abstraits, il se préoccupe fort peu de leur degré d'abstraction ou de généralité. Ils lui offrent une monnaie commode qui a cours autour de lui, qui lui sert à qualifier utilement les êtres et les choses : il ne cherche guère à en vérifier le titre. Il lui arrive très souvent, à six ans comme à trois, de prendre indifféremment l'un pour l'autre l'adjectif et le substantif correspondant: *dur* ou qui *a de la dureté, bon* ou qui *a de la bonté*. A l'usage, ces expressions sont pour lui synonymes. L'intéressant, l'essentiel, n'est-il pas d'avoir, sur un certain nombre de propriétés ou de rap-

1. On sait que Diderot, et on a prétendu, mais à tort, que Comte voulait qu'on débutât en instruction par les abstractions mathématiques, qui s'apprennent au début, comme les autres abstractions, à grand renfort d'analyses et de synthèses concrètes. Parmi les inventions les plus simples et les plus utiles que la méthode objective ait adaptées à ce but, j'insiste sur celle que j'ai trouvée mise en œuvre dans le livre de M. G. Bagatta, *Guida all'insegnamento dell' aritmetica*. Ces leçons, intuitives, raisonnées et graduées, font comprendre à l'enfant le jeu des nombres à l'aide de petits billets dont la valeur représente des unités monétaires, *sous, dizaines de sous, francs ou vingtaines de sous*, etc. Cette méthode, tout à la fois scientifique et simple, a aussi l'avantage d'intéresser l'enfant à des objets analogues à ceux dont l'usage lui est indispensable, comme celui de la monnaie. On peut faire ensuite le même exercice avec des *centimes*, des *décimes*, etc.

ports des êtres et des objets, des qualificatifs tout juste assez exacts pour se faire entendre? Souvent même, il se borne, comme autrefois, au sens général de la phrase, à celui de quelques mots dominants, sans se soucier plus que cela du sens étroit des autres.

Ce qui rend l'abstraction, ou, si l'on veut, la généralisation, si commode et si utile à l'enfant, est aussi ce qui en explique les lents progrès. L'enfant doit débuter par des idées générales, disait Rosmini, parce qu'il saisit plutôt les ressemblances que les différences; nous ferons tourner cette même raison à une conclusion partiellement contraire. Nous savons que la perception nette des ressemblances implique un certain progrès dans la perception des différences. Aussi l'enfant s'en tient-il, quand il peut le faire sans inconvénient, aux termes exprimant les ressemblances les plus frappantes et les sommaires. La difficulté de l'abstraction dépend du rapport existant entre les ressemblances et les différences[1]. Les premières sont-elles plus nombreuses que les secondes, le trait de ressemblance saute aux yeux de l'enfant. L'abstraction est plus difficile quand les différences sont nombreuses et importantes. S'agit-il, par exemple, de trouver entre le cheval, le bœuf et l'âne, le lion, l'éléphant cette qualité commune d'avoir *quatre pieds*, si les animaux sont présents, ou qu'ils aient été vus souvent, cette ressemblance est saisie d'emblée. Mais la qualité de *porte-mamelles* étant beaucoup moins apparente chez les femelles de certains animaux, l'enfant la saisira avec plus de peine, même s'il y est aidé. On voit donc combien la nouvelle pédagogie a raison de retenir longtemps l'enfant sur la perception détaillée des êtres et des choses, et de se

1. Voyez J. Sully, *Eléments de psychologie*, p. 332.

borner à leur en parler en langage courant. Jusqu'à l'âge
au moins de six ans, les mots de quadrupèdes et de mammifères seront en général prématurés.

Certains enfants, paraît-il, sont plus aptes à saisir les différences que les ressemblances [1]. Cela n'infirme point la règle
générale. Cela signifierait tout au plus qu'avec quelques-
uns la peine et la dépense de temps seront plus grandes, la
méthode restant la même. Quoi qu'il en soit de ces différences souvent passagères, et du plus ou moins de facilité
que les enfants peuvent avoir à retenir et à appliquer les
termes abstraits dans telle ou telle branche de savoir, il
est utile de vérifier leurs progrès ou leur faiblesse dans
les diverses applications des concepts. L'observation psychologique peut, à cet égard, utiliser les pratiques raisonnées des pédagogues, maîtres incontestés dans ce domaine.
Voulons-nous vérifier si un terme abstrait, de qualité, de
classe ou de rapport a été précédé d'un nombre suffisant
d'expériences? « Toutes les fois qu'une notion abstraite est
donnée à l'enfant, vous reconnaîtrez qu'il n'était pas mûr
pour cette notion, s'il n'est pas capable de lui donner une
expression différente de celle que vous lui avez fait apprendre par cœur. S'il ne trouve pas aisément d'autres
mots, d'autres exemples, d'autres explications de la même
idée ou de la même formule, c'est qu'il ne se l'est pas assi-
milée, et que cette abstraction est prématurée [1]. »

Il faut aussi, pour qu'une abstraction soit légitime,
qu'elle ait passé par les principaux degrés (ils ne sauraient
être jamais très nombreux pour un enfant de trois à sept
ans) qui vont de l'individu au genre, de la qualité la moins
abstraite à la plus abstraite [2]. Ce contrôle est encore facile à

1. C'est l'opinion de M. James Sully.
2. *Dictionnaire de pédagogie* de M. Buisson, art. *Abstraction.*

faire. « Si, de l'idée générale qu'on lui fait nommer, l'enfant ne peut pas remonter aux idées moins générales, qui en sont en quelque sorte les éléments constitutifs, et de là remonter encore aux idées individuelles qui en ont été le point de départ ; s'il ne peut pas repasser de lui-même par tous les degrés du général au particulier, de l'idée la plus abstraite à l'idée la plus concrète, c'est que l'abstraction qu'on lui propose est trop forte pour son esprit : il n'en possède que le nom, elle ne lui profite pas. »

Justement, à l'instant où je transcris cette règle pédagogique, j'en entends faire la vérification, une vérification de seconde main, par des petites filles qui jouent en bas dans la cour. Elles jouent à l'*école*. Deux maîtresses pour une élève. Les deux maîresses ont de sept à neuf ans : l'élève a six ans. Aux formules, aux questions, aux exclamations, aux gestes imités, les deux petites sous-maîtresses en ajoutent d'autres qui sont manifestement de leur invention, mais qui témoignent de leur volonté de bien faire. Elles parlent et s'animent à qui mieux mieux. « Qu'est-ce qui éclaire? — Le soleil. — Oui, mais n'y a-t-il que cela? — La lune. — Oui, mais qu'est-ce qui sert à éclairer? — (Pas de réponse). — Eh, mais, mademoiselle, vous devez le savoir : c'est la chandelle, c'est la lampe, c'est le gaz, c'est le réverbère, que sais-je, moi? » Autre question : « Qu'est-ce que la tête? — (La réponse ne m'arrive pas; mais elle doit être bien mauvaise). — Petite sotte, tête sans cervelle (cela, évidemment, n'est pas imité), pour faire une tête, il faut des yeux, des oreilles, un nez, une bouche, avec une langue et des dents, et de la peau, des cheveux, et puis un crâne, une cervelle, que sais-je, moi? » J'accorde mentalement un bon point à ces deux petites maîtresses *in partibus*, et une bonne note à leur

vraie maîtresse. Voilà bien, si je ne me trompe, de la psychologie enfantine et humaine en action. Hélas ! les maîtres de mon temps ne montraient pas de la sorte aux
petits enfants le maniement des abstractions scientifiques !

II

L'abstraction portant sur ses actions, ses sentiments,
ses idées et ses mouvements, développe chez l'enfant la
connaissance qu'il a de lui-même. Cette connaissance
implique deux ordres de faits, ceux qui lui font considérer
sa personne comme un objet distinct des autres objets, et
ceux qui lui font rapporter à cette même personne tous
les faits dont elle est le centre, le point de départ ou le
point d'arrivée.

La première de ces notions me paraît déjà complètement formée chez un enfant de dix mois. Elle est peut-
être déjà donnée au début sous une forme en quelque
sorte organique et instinctive. En tout cas, son développement est beaucoup moins lent que ne l'a cru Preyer,
car, selon lui, son fils, âgé de plus d'un an, embouchait
son bras comme si c'était un objet extérieur[1]. Il ne le
prenait assurément pas pour un objet non à lui. La base
de la personnalité, c'est, comme l'a dit M. Ribot « le sens
organique du corps, en nous vague et obscur d'ordinaire,
très net parfois, qui est pour chaque animal la base de son
individualité psychique[2]. » Il est à croire que les expériences combinées du tact, du sens musculaire, de la vue
et du sens thermique ont produit déjà chez un enfant âgé

1. *Die Seele des Kindes*, p. 360.
2. Les *Maladies de la personnalité*, p. 21.

de moins de six mois un sentiment très distinct de son
individualité corporelle. M. Espinas nous montre, dans un
enfant âgé de trois mois et dix jours, une perpétuelle étude
des mouvements de ses mains. « Il regarde ses mains et les
regarde encore, mais beaucoup moins attentivement que ne
l'a fait l'autre enfant déjà cité, dont ç'a été pendant longtemps l'occupation constante. En les regardant, il les éloigne
et les rapproche ; c'est bien évidemment une étude sur la
distance en même temps que sur la forme [1]. » Bientôt il prendra ses pieds à pleine main, les secouera et les touchera de
mille manières, tout en les regardant. Il n'est pas possible
qu'à huit mois il les prenne pour des objets extérieurs.

Mais la connaissance, ébauchée aussi dès les premiers
mois de la vie, qui est la plus importante, c'est celle que
l'enfant a de ses états mentaux. Un premier progrès se
fait dans ce sens quand l'enfant porte tout à la fois son
attention sur certains des sentiments qu'il éprouve et sur
les mouvements destinés à les satisfaire. Or, il peut le faire
de très bonne heure, soit qu'on lui ordonne d'arrêter ces
mouvements, ou que l'image nette de quelque conséquence
fâcheuse, par pure association, se dresse dans son esprit.
Ce qui contribue lentement à lui faire distinguer les plus
saillants de ces états mentaux, c'est la distinction de plus
en plus précise qu'il fait chez les autres des mouvements relatifs aux émotions spéciales. L'usage de la
parole sert à distinguer et à préciser encore les images
associées de ces émotions et des mouvements qui les
accompagnent. Ainsi, c'est l'observation objective qui,
éclairée d'abord par les analogies primitives de l'obser-

---

1. *Observations sur un nouveau-né*, *Annales de la Faculté des lettres
de Bordeaux*, n° 4, 1883. Nous savons, d'ailleurs, que cet exercice est
surtout un jeu.

vation personnelle, renforce et affine celle-ci au point d'en
faire une véritable observation interne. L'enfant, par sa
situation d'être social et parlant, est forcé d'instituer une
sorte de psychologie comparée. Plus l'observation objective
a fait de progrès, plus l'observation introspective en peut
faire. Je m'explique. A coup sûr, un enfant de six ans peut
savoir que, se mettre en colère, être joyeux, avoir peur,
aimer, haïr, c'est éprouver des sentiments ; que se ressou-
venir, avoir l'idée d'un événement passé ou futur, réfléchir,
faire attention, comparer, c'est penser ; que se résoudre à
quelque chose, vouloir ou ne vouloir pas, c'est se décider
ou commencer à agir. Bien plus, il ne lui répugne pas de
croire qu'il existe dans son corps un je ne sais quoi d'in-
visible qui sent, connaît et veut, et qui porte le nom d'*âme*
ou d'*esprit*. Cette notion entitaire ne lui apprend rien, à
coup sûr. Quant à celles des principaux faits mentaux,
elles sont d'une valeur négative en elles-mêmes ; mais elles
constituent l'instrument indispensable de l'observation
intérieure proprement dite. Elles fournissent à l'enfant les
termes abstraits, les points de repère, grâce auxquels il
pourra qualifier et classer ses états internes.

Le grand, le vrai progrès accompli dans la connaissance de soi-même, c'est de savoir, même par à peu près,
quelle personne l'on est, quels sentiments on éprouve,
quelles sortes de pensées on forme, quels mobiles on suit,
de quelle façon, dans quelles mesure on agit ordinairement. C'est là une bien précieuse et bien difficile étude,
une science qui fait défaut à maint psychologue du renom,
et pourtant une science dont un enfant de cinq ou six ans
doit posséder les rudiments. Les uns y montreront plus,
les autres moins d'aptitude. Mais les esprits même les plus
objectifs ne sont jamais réfractaires à ces rappels de con-

science sur les événements les plus frappants ou les plus
habituels de leur vie mentale. Citons au hasard quelques
exemples, qui serviront de types pour ceux que chacun
peut trouver autour de soi.

L'enfant, de deux à quatre ans, apprend de lui-même,
ou par ses relations avec ses parents et ses camarades, une
prodigieuse quantité de notions essentielles sur la nature,
la vie, la société, et même l'esprit; car, je l'ai dit ailleurs,
il y a un psychologue au fond de chaque enfant. C'est à peu
près inconsciemment qu'il apprend tout cela. Sa force
d'assimilation est à tel point fraîche et vive que l'intuition
lui suffit presque toujours pour saisir au vol les impressions
directement utiles; s'agit-il de les confronter ou de les lier
avec d'autres, l'imagination et la suggestion tout animales
font l'affaire : dès lors, à quoi bon la conscience, la
réflexion, l'effort de l'analyse? Mais il n'en est pas incapable; rien de plus facile que de ramener dans sa conscience
tous ces objets d'acquisition et de reproduction inconsciente.

Vérifions le fait. Un enfant âgé de six ans me parle de
ses travaux scolaires avec un sentiment de pleine confiance
en lui-même. « Je pense que tu vas être content : j'ai le
premier prix d'excellence, avec dix points d'avance sur
l'élève qui a eu le second. Comme, ayant la rougeole, il
n'a pas pu composer, j'ai été premier. Mais quand même
il aurait composé, j'aurais sans doute été le premier, parce
que je suis très fort en sciences. S'il était venu, j'aurais
été premier, et lui second, de sorte que je n'y aurais rien
gagné (il voulait dire *perdu*). Hier j'ai composé en alle-

•

1. Voir, dans mon étude sur *Jacotot*, le chapitre intitulé l'*Enfant
psychologue et logicien*.

mand, c'est-à-dire en thème. Samedi, je composerai en version; je suis sûr d'être deux fois premier. »

Quand il est embarrassé pour tirer au clair ses petits problèmes personnels, il sait où s'adresser pour en trouver l'explication. Un mois plus tard, j'ai voulu savoir jusqu'à quel point cet enfant se rendait compte de ses efforts et de ses progrès. Je lui fis cette question : « Es-tu aussi fort sur le piano que ton frère ? — Oh ! répondit-il, je sais la *Marseillaise, Ne grimpez pas au nid, J'ai un pied qui remue...* Nous avions un peintre à la maison qui chantait *Un pied qui remue.* Il était très grossier, et il chantait comme ceci... — Ce n'est pas ce que je voulais savoir. Tu ne sais pas si tu es plus fort en musique, ou moins fort que ton frère? — Ah ! tu veux dire quel est le plus avancé de nous deux? Il est plus loin que moi : il a eu plus de leçons que moi. Je vais, si tu veux, demander à maman quel est celui qui joue le mieux. » Il disparaît et revient au bout de trois minutes. « Mon frère, dit-il, est plus avancé que moi; mais j'ai plus de dispositions que lui. » Mis sur la voie, il m'expliqua les raisons du fait. « Il a eu plus de leçons, parce que je rentre de classe à onze heures, et lui à dix; je n'ai pas autant de temps que lui pour apprendre. »

Après lui avoir fait faire quelques exercices de mémoire, je lui demandai ce qu'il pensait lui-même de sa facilité à apprendre et de son aptitude à retenir. Sans y avoir jamais beaucoup pensé jusqu'alors, j'imagine, il se montra bon juge de son propre cas. « Je n'ai pas, me dit-il, une aussi bonne mémoire que mon frère. Il retient beau-coup de choses, et longtemps : il a été toujours comme cela. Moi, on m'expliquerait un mot en ce moment, je ne le saurais pas dans un quart d'heure (il se dépréciait). Pourtant il m'arrive de le *resavoir* le lendemain ou un

autre jour. Je trouve cela bien étonnant. Cette fable que
je viens d'apprendre en vingt minutes, je la saurai peut-
être encore dans huit jours, mais non pas dans quatre
mois. Mais alors, en la repassant deux ou trois fois, je la
saurai de nouveau. » Voyant l'intérêt que je prenais à ses
confidences, il m'en fit quelques autres sur les *malheurs* de
sa mémoire. Puis il me raconta, par analogie, l'histoire
d'une petit fille de cinq ans, qu'il avait suivie un jour
jusqu'au tournant de la rue, parce qu'elle se répétait de
moment en moment : « Quatre sous de tabac! Quatre sous
de tabac! » Elle me ressemblait sans doute, me dit-il; elle
se défiait de sa mémoire, elle avait peur d'oublier sa commission... Et Marie (la bonne)? Une fois qu'elle sortait
pour acheter des allumettes, elle répétait tout le long du
chemin : « Une boîte d'allumettes ! » Arrivée au bout de
notre rue, elle ne se souvenait plus de ce qu'elle allait faire,
et elle resta comme une sotte. Moi aussi, quelquefois, je
vais à mon étagère, et je ne me rappelle plus le livre que
je voulais (ce faisant, l'enfant imite inconsciemment son
père). Je suis obligé de revenir à ma table pour voir ce
dont j'avais besoin. Je retourne à l'étagère, et là, encore
une fois, je m'aperçois que je l'ai oublié. Je réussis, enfin,
en regardant tous les livres, à trouver celui qu'il me
fallait... Mais ce qui est bien plus fort, c'est ce qui arrive
souvent à l'élève T. Le professeur lui demande une chose;
il la sait, mais ça ne peut pas sortir. Il croit peut-être que
c'est autre chose qu'on lui demande, et il répond comme
le dernier de la classe. Il est pourtant bon élève, toujours
premier, second ou troisième... Je me suis quelquefois
demandé aussi comment les cochers de fiacre peuvent se
rappeler, après les avoir entendu dire une fois, la rue et
le numéro du monsieur. Le leur as-tu jamais demandé? »

Il faut encore très peu aider l'enfant pour raviver chez lui, avec l'image des lieux, des personnes, des animaux et des objets, des sentiments auxquels il prit garde à peine, alors qu'il les éprouvait avec plus ou moins de force. Un enfant de sept ans et deux mois, très bon observateur, très grand raisonneur, montrait, au dire de ses parents, fort peu d'imagination littéraire. Ils s'en désolaient, croyant le mal sans remède. Je cherchai à tirer de lui, sur cet état de choses, quelques renseignements utiles. Je lui suggérai quelques associations portant sur des objets qui avaient dû l'intéresser, ou qui pouvaient l'intéresser, à la réflexion. « Tu t'es beaucoup amusé aux congés de Pâques? — Oui, beaucoup. Je les ai passés à S... Grand-père ne nous fait pas souvent jouer. Ils nous trouve bruyants. Grand'mère nous gronde, sans être bien fâchée. Nous nous amusons tout de même. Je passais trois ou quatre heures par jour sur la plage; je péchais. J'ai attrapé, un matin, une anguille longue comme le bras, mais pas très grosse. Elle me glissa dans les doigts et je la crus perdue. Mais je soulevai un grand rond d'algues et de galets à l'endroit où elle s'était enfoncée, et je finis par la reprendre. Elle fit un bon petit plat avec les autres petits poissons que j'avais pris, sans compter les crevettes. »

Je l'entrepris sur une suggestion propre à mettre en jeu l'imagination affective. « Aimes-tu mieux, lui dis-je, aller à S... qu'à T...? J'aime beaucoup aller à S..., à cause de la mer. Et puis je m'amuse avec Cambo (il a une vraie passion pour le chien de son grand-père, qui le lui rend bien). C'est un beau chien, très bon chasseur, un mâtin doublé d'épagneul. Grand-père y tient beaucoup. Et moi, donc! J'en fais tout ce que je veux. Il aime bien mieux courir dans le village ou sur le bord de l'eau que d'aller travailler dans les bois et se faire gronder par grand-père. Pourtant, j'aime peut-être mieux aller à T... Nos tantes nous font amuser. Elles nous font des friandises, des merveilles, et nous allons nous promener sur le bord de l'Adour. Mon père m'emmène avec lui chasser des insectes. Et puis, nous avons le grand jardin, où nous faisons du jardinage, où nous trouvons de la terre glaise pour faire de la poterie. Toujours quelque chose d'amusant à faire. » Ce sont là réponses d'enfant à l'esprit juste et net, et d'imagination, non point littéraire, mais scientifique. Il n'a pourtant qu'un défaut tout relatif d'imagination esthétique. Nous venons de voir qu'il n'est pas difficile de l'amener à considérer, dans les choses qu'il juge d'ailleurs très exactement, des aspects, des rapports susceptibles de produire chez lui des émotions réfléchies, ordinairement étouffées par le développement considérable de l'observation et du raisonnement.

La plupart des désirs de l'enfant, même âgé de six ou sept ans, sont si promptement suivis d'exécution qu'il reste fort peu de place pour la délibération. Est-ce à dire qu'il n'y entre pas un tant soit peu de conscience ? On sait, d'après les plus récentes expériences d'hypnotisme, que la volition consciente peut très bien coexister avec l'automatisme. Et d'ailleurs, si l'inconscient ou le subconscient n'est pas un état de conscience affaiblie ou naissante, on sait qu'il lui manque, en général, très peu de chose pour arriver à l'état fort ou complet. Le choix, la résolution peuvent n'intéresser que faiblement la conscience de l'enfant; souvent, après une hésitation présentant les caractères extérieurs d'une délibération, il s'est décidé sans le savoir. Il ne le sait quelquefois qu'après avoir agi. Alors les conséquences de l'acte sont vues ou prévues; il y a là une expérience nouvelle, qui peut s'imposer à la conscience, en ranimant le souvenir d'expériences analogues : ce sont là des motifs d'action apparus après coup. Aussi, quand il vient de faire un acte en désaccord avec son expérience utilitaire, trouve-t-il aisément des raisons pour excuser sa faute, ou même pour la rejeter sur autrui. Les résolutions et les jugements, chez cet être encore impulsif et prime-sautier, affectent volontiers une forme unilatérale de cons-cience. Ce qui se passe en lui, il doit s'y prendre à deux fois pour le bien voir. Voici un enfant de sept ans et demi, tout réjoui d'aller seul chez ses grands parents, parce qu'ils le laissent manger, sa mère n'étant pas là, autant que le cœur lui en dit. « En veux-tu d'autre? » dit grand-père. Ou bien je dis : « Puis-je en avoir encore? — Oui, mon en-fant. » Le père, écoutant son fils parler ainsi, lui dit qu'il trouve indigne de le voir se réjouir pour un tel motif. Alors l'enfant réfléchit qu'il y a d'autres motifs à trouver, et dès lors il en trouve à souhait : « Mais, papa, ce n'est pas rien que pour ça », commence-t-il à dire!

Comme on le voit, la position introspective n'est pas difficile à prendre par un jeune enfant de cinq à sept ans. Il suffit de l'y encourager avec tact et mesure, le plus souvent en consultant son intérêt, quelquefois en usant fermement de notre autorité. L'important est qu'il sache, non pas toujours, ni même la plupart du temps, mais assez souvent ce qu'il a fait, éprouvé, résolu, pensé, appris. En se comparant de temps à autre aux adultes, surtout à ses camarades; en se comparant aussi à la personne qu'il était il y a cinq, dix mois, un an ou deux ans, il développe vaguement en lui cet utile sentiment de la solidarité person-nelle dont M. Marion a montré l'importance à divers titres [1].

1. Dans le livre de la *Solidarité morale*, dans les *Leçons de psycho-*

Il'se prépare de la sorte à l'analyse et à la synthèse sub-
jectives, qui seront pour ses éducateurs de si utiles
auxiliaires, et pour lui de si utiles instruments d'instruction
et d'éducation. Il ne faut pas, d'ailleurs, s'attendre à une
connaissance bien nette et bien ferme de l'enfant par lui-
même. C'est un observateur trop intéressé des autres, trop
peu capable de s'abstraire du monde extérieur, et de retenir les formules de ses inductions morales, pour lui de
mander autre chose qu'un petit nombre de documents
intimes précis et bien classés.

logie et les *Leçons de morale*, M. H. Marion s'est attaché à mettre en
lumière l'évolution de ce déterminisme physiologique et moral, dont
le fonctionnement supérieur constitue ce qu'on appelle la liberté,
illusion selon les uns, réalité indéniable selon les autres.

CHAPITRE VII

L'ABSTRACTION ET LA GÉNÉRALISATION

(Suite)

I

Si nous interrogeons un enfant de six ou sept ans sur l'impression générale que lui font les caractères de ses camarades, nous voyons qu'il n'a sur ces délicates matières que des aperçus isolés, l'abstraction étant encore trop faible pour pousser à des synthèses réelles, à des touts idéaux, en un mot, à des portraits. Je demande à Albert, enfant assez intelligent, ce qu'il pense de son camarade A. P. Je l'avertis que je l'écouterai tant qu'il aura quelque chose à me dire sur son compte. « A. P. Cinq ans. Rageur, il ennuie quand on joue, il saute sur ceux qui s'amusent, leur fait la grimace, leur prend la tête entre ses mains. Alors on lui dit : « Tu ne vas plus jouer avec nous. » Il se met à pleurer. Il donne des coups de poing à son frère aîné. Il veut taper si fort qu'il se cogne lui-même sur les murs ou sur les arbres. Il crie comme un écorché, il va rapporter à sa mère, qui le renvoie sans l'écouter. Voyant cela, il insulte son frère, il le menace. Quand il va se plaindre à son père, celui-ci gronde l'aîné. Une fois, ils s'étaient battus très fort, et ils allèrent tous deux rapporter à leur père. Si bien que le père les a fouettés tous les deux. Il se vante beaucoup, parce qu'il a des pantalons. Les pantalons de petite fille qu'il avait l'autre année l'ennuyaient beaucoup. Maintenant il dit à tout le monde : « Ah ! tu vois, j'ai des pantalons ! » Une fois, son frère l'a appelé *petite fille*. Il a osé prendre un bâton, et il a failli crever l'œil à son frère. Je ne sais pas quel est le plus méchant des deux ; je crois que c'est le plus petit. L'aîné n'est méchant qu'avec lui. Ils se querellent toujours. — Il n'en est pas ainsi de toi et de ton frère ? dis-je à l'enfant. — Oh ! pas aussi souvent qu'eux. »

Je donnai à mes questions un autre objet. — Le jeune A. P. est-il intelligent ? — Je crois que oui. Il est très sage en classe, m'a-t-on dit. Je connais un autre enfant comme cela, très méchant chez lui et très doux avec ses camarades. Mon frère dit que c'est parce qu'il est lâche : il serait méchant dehors, s'il n'avait pas peur d'être battu par ses camarades. — Puisque tu reviens à l'article de la méchanceté, tu dis donc que les frères P. sont de mauvais garnements ? — Oh ! tous les deux ont des moments de gentillesse, un petit moment tous les jours. Mais, la plupart du temps, ils s'entendent pour mal faire. Ainsi nous jouons quelquefois à la guerre, avec des bâtons. Nous faisons deux camps, les Français et les Pavillons-Noirs. C. et D., les deux plus forts, se mettent ensemble. Moi, je suis avec les deux autres ; ils ne veulent jamais m'écouter. Il y a un signal pour faire la paix : ils ne lèvent jamais leurs mouchoirs. Si on s'approchait d'eux sans méfiance, même pendant la paix, ils feraient du mal. Il faut les voir, quand on les fait prisonniers dans le camp ennemi ! Ils grognent, ils cherchent à s'échapper, surtout le jeune. Ils ne savent pas s'amuser.

— Parlons maintenant de ton amie la petite C. — Elle est gaie, aimable, pas méchante. Elle n'aime pas se battre comme nous, garçons, et comme la petite R. Elle a une autre sœur, qui a peut-être un an et demi. Elle la porte quelquefois, elle est très bonne pour elle. Quand son frère n'était pas malade, elle le portait aussi. Je ne me suis jamais disputé avec elle.

« Et le petit B...? — Méchant, tricheur dans les jeux, très moqueur. Il tient ça de son père. On ne peut jamais s'amuser bien avec lui. À la tape montée, quand il est sur l'endroit élevé où on doit l'attaquer, il donne de gros coups de poing. Il nous tire par les bras pour nous faire descendre de la pierre, et il nous fait tomber. Quand on s'est fait beaucoup de mal, il dit : « Tant pis pour toi. » Nous ne voulons plus jouer avec lui.

« Et la petite G...? — Celle-là a bientôt huit ans. Quoi-'qu'elle s'amuse avec nous, elle n'est plus petite fille. Elle est bien drôle ! Souvent elle passe à travers quatre ou cinq jardins en se mettant à califourchon sur les murs. En bonnette du matin, elle a fait une fois un kilomètre avec son cerceau. Elle aurait pu se perdre ou être volée. Tu sais qu'on vole maintenant les enfants? On la gâte : on n'ose pas la gronder, au moins sa mère. Il y a toujours une scène au moindre reproche, à la moindre observation. Il lui arrive souvent, comme Duguesclin, de tout jeter par terre. C'est un garçon. Quand elle joue avec les petites filles, elle les pince, elle cherche à leur faire du mal. On lui pardonne beaucoup, parce qu'elle est très intelligente et qu'elle fait très bien tout ce qu'elle fait. »

Que voyons-nous dans ces descriptions éthologiques d'un enfant de six ans et demi? Ce que nous verrions même dans celles d'un enfant de huit à dix ans. Beaucoup de traits

précis, exacts, mais superficiels, mal expliqués, mal com-
parés, mal liés. Les contradictions s'y rapprochent sans
être remarquées. Aucune formule résumant les particularités d'un même genre. Ce sont les impressions d'un jour,
ou d'une période fort courte. Ces événements, de date en
général récente, sont appréciés presque tous d'après les impressions d'une sensibilité intéressée. Pourtant quelques
jugements de raison, de sens commun, de justice, d'humanité s'y glissent comme des étincelles rapides. Le plus
grand mérite de ces jugements, c'est qu'ils n'ont aucune
prétention, ni logique, ni morale, ni autre. Ce n'est pas
l'enfant qui songe à faire tenir tout un caractère dans une
formule. Il est simpliste, successif, tout au détail intéressant, sans nulle préoccupation de rechercher l'essentielle
et dominante qualité d'une personne ou d'une chose. Il
peint ce qu'il voit tout uniment, et ce qu'il a bien vu, c'est
ce qu'il a bien senti. La famille, la classe, la caste, la profession, tout cela l'intéresse en tant que cause d'impressions
particulières. Le fils de M. Egger demande un jour à son
père « ce que font les comtes et les marquis ». Une autre
fois, il a l'ambition de devenir « cocher de grande maison ».
Il peut bien se rendre compte jusqu'à un certain point
de la profession de son père ou de son oncle, parce qu'il
la voit de près. Quand le fils d'un professeur de zoologie,
accompagnant tous les jours son père à son cours, disait
(à 5 ans) qu'il voulait être professeur de Faculté ; quand,
un an plus tard, ayant plusieurs fois séjourné dans le labo-
ratoire du professeur de chimie, et l'ayant vu très attentivement opérer, il disait avec conviction qu'il voulait être
chimiste, assurément, il savait bien, par quelques côtés
essentiels, ce qu'étaient ces deux professions. Mais ce
qu'est en lui-même un zoologiste ou un chimiste, quelles

conditions sont requises pour professer dans ces deux parties, il en avait une bien pauvre idée. L'enfant s'imagine
qu'il suffit de vouloir être, pour qu'on le soit, l'homme
qu'on envie et qu'on admire.

En tout cas, le physiologiste et le chimiste idéal, c'est
pour lui, celui qu'il a vu. Il particularise, ou plutôt indivi-
dualise le genre et l'espèce. A six ans, je ne pouvais pas
supposer qu'il y eût au monde un colonel autre que le brillant officier de chasseurs que j'admirais, les jours de
parade, fièrement campé sur son cheval noir, avec de su-
perbes épaulettes d'argent à graines d'épinards, et un col-
back aux poils soyeux surmonté d'une blanche aigrette.
Quand on me parlait d'un maître d'école, je voyais aussitôt
un grand corps maigre et sec, tout de noir vêtu, avec un
faux-col de soldat d'où s'échappait une petite tête olivâtre,
à petits favoris gris, aux yeux indescriptibles, tête ridaillée,
couturée, grimaçante. Si l'enfant, très peu au fait de nos
distinctions sociales, traite en hommes tous les hommes
qui entrent en relation avec lui, ce n'est pas qu'il leur applique l'idée analogique d'homme (il n'est pas dominé par
l'idée qu'ils sont tous la personne humaine sous différents
rôles), c'est qu'il a besoin de compagnons de plaisir ou d'assistants. Oui, si pour la religieuse au couvent, comme l'a dit
La Bruyère, un jardinier est un homme, ce n'est pas de
la même manière que le premier venu est un homme pour
l'enfant. C'est quelqu'un qu'il trouve aimable ou odieux,
avec lequel il s'amuse ou s'ennuie, voilà tout. Et ce quelqu'un, il le jugera d'après sa physionomie plutôt que
d'après son costume, d'après sa famille, sa race, sa nationalité. Il particularise le général plutôt qu'il ne généralise
l'individuel. En tout cas, en généralisant, ou plutôt en
appliquant l'individuel, il ne ressemble en rien à ces logi-

ciens prévenus (hélas ! l'espèce en est nombreuse), qui vous
parquent sans façon des classes entières de citoyens, que
dis-je? des nations et des races dans quelques classifications
étriquées et ambitieuses, comme celles de sémites, de
socialistes, de réalistes, d'idéalistes, de pessimistes, d'op-
portunistes, de classiques et de non-classiques, de norma-
liens et de non-normaliens.

Avec cela, la connaissance qu'il a des êtres qui l'entourent, toute faite d'impressions récentes, basée sur des
analogies peu précises, toute d'impressions ou de réminiscences personnelles, est bien sujette à caution. Les intentions des actes qu'il voit faire sont ce qui le frappe
surtout, et il perce mal les intentions compliquées ou
secrètes. Il s'attache strictement aux signes émotionnels
les plus communs. Il saisit plus d'un détail futile, qui
échappe d'ordinaire à l'homme fait, parce qu'il est futile ;
il tombe juste sur quelque signe vrai, auquel l'homme,
préoccupé de ce qui est au delà des apparences, attache
souvent peu d'importance : voilà pourquoi il nous paraît
quelquefois si bon observateur. Quand on n'a pas beaucoup
d'objets à observer, et qu'on est fortement intéressé à en
observer quelques-uns, et que l'observation en est d'ailleurs
facile, il faut bien qu'on observe souvent juste. Mais si
l'observation offre quelque difficulté, s'il faut faire des efforts pour comprendre, l'enfant n'a rien vu ni rien compris. Il observe ce que nous avons tort quelquefois de né-
gliger : il interprète quelque signe primitif, quelque
regard, quelque ton de voix, quelque geste, alors que nous
nous attachons à quelque mot, à quelque signe abstrait et
artificiel qui traduit bien mieux l'état des gens que ces signes
naturels. Nous cherchons à deviner, lui à noter. Ce que
nous appelons sa finesse d'observation n'est donc le plus

souvent que restriction dans la faculté d'observer. Il nous
juge, toute différence à part, moins souvent en homme
qu'en animal.

II

L'abstraction joue un rôle fort important dans le développement de nos diverses émotions. Tout d'abord, elles se
sont alimentées des perceptions les plus caractéristiques
de nos premières années. Ce sont des images sans date,
sans localisation, qui s'y associent, qui les suscitent, et
qu'à leur tour elles ravivent. Chacun pourrait en préciser
quelques-unes, les mettre en relief dans le temps et dans
l'espace, s'il prenait la peine de feuilleter les souvenirs
de sa vie enfantine. Par exemple, comme tout est vrai et
vécu dans cette belle page où Proudhon évoque quelques
images de son heureuse et rustique enfance !

« Le paysan est le moins romantique, le moins idéaliste
des hommes. Plongé dans la réalité, il est l'opposé du
dilettante, et ne donnera jamais trente sous du plus magnifique tableau de paysage. Il aime la nature comme l'enfant
aime sa nourrice, moins occupé de ses charmes, dont le
le sentiment ne lui est pas étranger cependant, que de sa
fécondité. Le paysan aime la nature pour ses puissantes
mamelles, pour la vie dont elle regorge...

« Quel plaisir autrefois de me rouler dans les hautes
herbes, que j'aurais voulu brouter comme mes vaches; de
courir pieds nus sur les sentiers unis, le long des haies;
d'enfoncer mes jambes en rechaussant les verts turquies,
dans la terre profonde et fraîche! Plus d'une fois, par les
chaudes matinées de juin, il m'est arrivé de quitter mes
habits et de prendre sur la pelouse un bain de rosée! A

peine si je distinguais alors moi de non-moi. Moi, c'était
tout ce que je pouvais toucher de la main, atteindre du
regard, et qui m'était bon à quelque chose; non-moi était
ce qui pouvait nuire ou résister à moi. L'idée de ma personnalité se confondait dans ma tête avec celle de mon
bien-être, et je n'avais garde d'aller chercher là-dessous
la substance inétendue et immatérielle. Tout le jour je me
remplissais de mûres, de raiponces, de salsifis des prés, de
pois verts, de graines de pavots, d'épis de maïs grillés, de
baies de toutes sortes, prunelles, bessons, alises, merises,
églantines, lambrusques, fruits sauvages; je me gorgeais
d'une masse de crudités à faire crever un petit bourgeois
élevé gentiment, et qui ne produisaient d'autre effet sur
mon estomac que de me donner le soir un formidable
appétit. L'alme nature ne fait pas mal à ceux qui lui appartiennent...

« Que d'ondées j'ai essuyées! que de fois, trempé jusqu'aux os, j'ai séché mes habits sur mon corps à la bise ou
au soleil! Que de bains pris à toute heure, l'été dans la
rivière, l'hiver dans les sources! Je grimpais sur les arbres,
je me fourrais dans les cavernes, j'attrapais les grenouilles
à la course, les écrevisses dans leurs trous, au risque de
rencontrer une affreuse salamandre; puis je faisais sans
désemparer griller ma chasse sur les charbons... Il y a de
l'homme à la bête, à tout ce qui existe, des sympathies et
des haines secrètes dont la civilisation ôte le sentiment.
J'aimais mes vaches, mais d'une affection inégale; j'avais
des préférences pour une poule, pour un arbre, pour un
rocher. On m'avait dit que le lézard était l'ami de l'homme,
et je le croyais sincèrement. Mais j'ai fait toujours rude
guerre aux serpents, aux crapauds et aux chenilles [1]. »

1. *De la justice dans l'État et dans l'Église*, t. II, p. 90-93.

Comprend-on que, pétri de telles impressions, un tel
enfant, s'il vient un jour à être un grand écrivain, à traiter d'économie sociale, de littérature et d'art, marquera
certainement peu de respect pour le socialisme à l'eau de
rose de Bastiat ou de Passy, ne comprendra rien aux descriptions mystiques, amoureuses et champêtres de Lamartine et de George Sand, mettra Courbet mille fois au-dessus
de Delacroix, enfin ne parlera pas de peinture en salonnier,
comme About, ni en docteur, comme Taine?

Qu'on me permette, à mon tour, de retrouver dans mes
vieux souvenirs certaines sensations très précises mêlées
à des sentiments qui ont longtemps influé sur moi à mon
insu. Par exemple, je me demande si le plaisir que j'ai
à voir, soit un vieillard au teint frais, soit un vêtement
d'étoffe nankin, ne provient pas d'un de mes premiers
souvenirs. Les jours de fête, mon bon vieux grand-père,
beau vieillard au visage rose et épanoui, encadré d'une
chevelure d'argent, portait un gilet rouge et un pantalon
nankin du plus joyeux effet. Quelle que soit la part à
faire à l'hérédité dans le plaisir que nous donnent certains
tons et certains assemblages de couleurs, les émotions les
plus chères, les plus vivaces sont celles qui ont intéressé
notre sensibilité dans ce qu'elle a de plus accusé, les
instincts de nutrition, de vanité, de sympathie, en un mot,
d'égoïsme individuel ou social. Ainsi le bleu clair a pu me
plaire dans un grand nombre d'objets soyeux ou lustrés,
et surtout dans des robes de femmes ou de jeunes filles
aux gracieux contours. Je rapporte même des souvenirs
agréables de ce genre à quelques objets précis. C'est la
boîte en fer-blanc, tapissée de papier bleu, où j'enfermais,
à six ans, mes bons points; c'est surtout la merveilleuse
écharpe bleue à brillants d'or, empruntée à je ne sais

quelle madone, dont on me fit une tunique de saint Pierre un jour de Fête-Dieu. Eh bien, l'avouerai-je? ni la voûte du ciel, ni l'azur céleste des Pyrénées, que j'ai bien des fois admirés et chantés, dès l'âge de seize ans, pour avoir trop lu Lamartine, n'ont laissé la moindre image dans ma mémoire enfantine. Le plaisir que nous avons à regarder la couleur si fraîche et si vive, d'ailleurs, de la voûte azurée serait, si l'on en croit Schneider, un souvenir de l'époque ancestrale, se rattachant aux idées de repas faciles et de tranquillité heureuse. S'il en est ainsi, il faut croire que la tendance héréditaire ne se rattachait, pour moi, dans mon enfance, à aucune circonstance propre à la remettre en vigueur.

Le vert clair des bons points, le vert doré des raisins, des figues et des prunes me réjouissaient fort aussi. Celui des plantes et des arbres, des tiges, des feuilles, des massifs, des branches, celui même des hautes herbes ou des gazons unis ne me disait rien, que je sache. Est-ce l'hérédité? est-ce quelque circonstance de mon éducation? Je restais froid au milieu de la *verte nature*. Le fait est que mon frère, tout le portrait d'une de mes cousines de la campagne, ne se trouvait jamais plus heureux que là, tandis que moi, gâté par des parents de la ville, ou tenant plutôt de ma mère par mes goûts citadins, je m'ennuyais extrêmement au milieu des vaches, des cochons, des oies et des paysans, n'y trouvant autre chose à faire que des plaisanteries saugrenues, quand le cellier et le verger avaient assouvi ma faim. Plus tard, la lecture des poètes m'a bien changé, et je suis bien loin de ne voir dans les prés que du fourrage, comme mon cousin le rural, qui, du haut d'une tour d'où l'œil embrassait une magnifique plaine, me disait en souriant : « Que d'herb   ur mes vaches! »

ˮ Quant au vert de l'eau, qui doit compter beaucoup dans
les expériences ancestrales, et qui est loin, pourtant, d'effrayer tous les jeunes enfants, il a toujours eu pour moi
quelque chose de repoussant, aperçu dans un repli de
fleuve, dans un étang ou dans un canal. Serait-ce que, dans
mon tempérament héréditaire, l'arboricole et l'agricole
seraient subordonnés au pasteur ou au chasseur des montagnes? Serait-ce plutôt qu'ayant habité tout enfant au-
dessus d'un moulin, cette sotte bonne, dont j'ai déjà parlé,
m'avait quelquefois penché vers l'écluse bruyante et som-
bre en faisant semblant de m'y lancer pour rire de ma
frayeur?

Venons aux impressions auditives. Au-dessus de trois
ans, comme à l'âge de vingt mois, presque tous les bruits
sont agréables à l'enfant. Beaucoup de ceux qui seraient
désagréables en eux-mêmes lui plaisent pour des raisons
diverses. Un enfant, même âgé de sept ans, produit, écoute
avec plaisir, ou du moins sans déplaisir, des sons durs,
âpres, criards, grinçants, comme ceux du marteau, de la
scie, de la lime, de l'essieu, du verre gratté. C'est qu'il se
mêle à ces choquantes impressions des impressions d'expérience utilitaire, joviale, ou même grossièrement esthétique. On le voit empressé autour des ouvriers à instruments bruyants, les regardant faire, tout yeux et comme
sans oreilles. Regardez-le, bouche béante, devant un *musi-
cien* qui brasse sans pitié un orgue horriblement discordant,
et suivant de cour en cour un artiste frappant à tour de
de bras une grosse caisse avec des cymbales. Les sensations
produites par le bruit sont ordinairement primées par les
sensations concomitantes de la vue, et c'est surtout par
celles-ci qu'elles s'associent à nos émotions. La vie mentale, surtout la vie émotionnelle, a son bruit à elle, c'est

la parole intérieure, faite de notre propre voix et de la voix d'autrui. Ici principalement, les aptitudes générales, dues à l'hérédité, réclament les excitations spéciales de l'expérience personnelle. Il en est ainsi pour tous les bruits qui éveillent et avertissent l'instinct de conservation, et qui, par leur force, leur timbre, leur rythme, nous inspirent des sentiments en rapport avec les instructions qu'ils nous apportent. A plus forte raison en est-il ainsi pour les différentes espèces de voix. Les voix d'animaux, que l'enfant imite à plaisir, sont pour lui, plutôt par expérience qu'en vertu d'un sentiment inconscient, des connotations de la joie, de la douleur, de la tendresse, de la pitié, de la menace. Qui a entendu une fois hurler le loup ou rugir le lion et le tigre en a une bien autre peur que s'il ne les avait jamais entendus.

La voix humaine a, naturellement, plus que toute autre, une signification émotionnelle. Si l'observation pouvait mettre à nu sous nos yeux la stratification [1] expérimentale dont s'est formée notre personnalité, nous verrions dominer, à partir des couches primitives, des émotions associées à la voix humaine, et, sur ces associations permantes, et en proportion de leur force et de leur intensité, se grouper des émotions analogues, associées aux plus vives expériences de notre vie d'enfant. J'entends, quelquefois sans le vouloir, telle voix qui m'a grondé, interpellé, menacé, à l'âge de quatre ans. J'entends mon grand-père (un Béarnais) raconter des histoires d'une gaîté bizarre, et ma grand'mère parler politique, affaires, ménage, en femme entendue. J'entends ma tante, une gâteuse d'enfants, qui vante mon *bon*

---

1. Ce mot a été heureusement employé par M. Sergi dans un article sur la *Stratification du caractere, in Rivista di filosofia scientifica,* mars 1883.

cœur, parce que j'ai partagé mon bien, une pomme ou une tartine, avec un autre enfant ; je l'entends surtout exalter mon courage et mon dévouement, parce que, voyant que le tablier d'une de mes sœurs avait pris feu, je l'ai saisie vivement et l'ai poussée vers la fontaine, dont j'ai fait couler le robinet pour éteindre le feu. J'entends un voisin, gros plaisant (que j'ai trouvé bien sot plus tard), faire assaut avec moi de saillies et de grimaces. Une autre de ces voix, que j'entends comme si le souvenir datait d'hier, est celle d'une jeune fille de dix-huit ans, qui me paraissait bien bonne et surtout bien belle, et qui chantait et riait pendant que je l'admirais, assis sur un tabouret tout près d'elle. Hélas! j'entends aussi la voix aigre et souffreteuse, et la toux sifflante d'un oncle qui s'éteignait phtisique à dix-neuf ans, et que nos innocentes espiègleries devaient, j'en suis sûr, faire beaucoup souffrir. Il est une autre voix que j'entends souvent, et que je fais souvent effort pour ne pas entendre, une voix douce et tendre au possible, souvent triste, plus souvent joyeuse, cette voix unique, la voix de celle (vous vous en souvenez, frère et sœurs!) qui nous a fait tant de caresses, dit tant de chansons, alors que nous étions tout enfants et elle toute jeune femme, et qui, même aux approches de la terrible séparation, s'efforçait de nous chanter encore un de ces joyeux refrains, et puis un de ces couplets patriotiques qu'elle chantait d'une façon si simple et si bonne! Je ne crois pas exagérer en disant que les plus puissants facteurs de notre sensibilité affective sont les voix des premiers éducateurs de nos premières années. Un enfant qui perdrait sa mère à huit ans et son père à quinze ans, cet enfant-là n'aurait jamais été réellement orphelin.

Ainsi, pas d'émotion qui n'ait pour support une ou plu-

sieurs abstractions sensibles. Les sentiments les plus primitifs impliquent eux-mêmes quelque conception plus ou
moins nette de forme objective ou d'attribut moral. Nous
avons, d'ailleurs, ce point-là de commun avec l'animal.
Les vives couleurs dont se parent les mâles de certaines
espèces donnent sans aucun doute des impressions concrètes aux femelles; mais ces couleurs, attribut du sexe
mâle, arrivent par là à leur plaire en même temps qu'elles
excitent et accroissent leur appétit sexuel. « Une femme
serait bien souvent embarrassée de dire la raison de ses
préférences; elles reposent cependant sur des qualités
abstraites, que les raffinées savent distinguer [1]. » Il en
est ainsi de l'enfant. A quatre ou cinq ans, ses affections,
plus ou moins bien placées, s'adressent à des attributs
qu'il est habitué à prendre pour des qualités. Il peut mal
juger de ces qualités. Mais il ne convertit pas, comme
nous, par perversion morale et esthétique, des défauts en
qualités. Il a pu aimer quelque personne louche ou con-
trefaite, mais il n'aura pas une tendance secrète à aimer
de telles personnes. De ce côté, la faiblesse de ses abstractions et de ses associations tourne à son avantage.

Ce qui le rapproche encore plus que nous de la simplicité de nature (j'entends de la nature animale), c'est qu'il
accorde en général ses préférences à ce qui se rapproche
le plus de lui, à ce qui lui ressemble le plus. Quelque affection qui l'attache à ses parents, ils sont ses protecteurs,
ses pourvoyeurs et ses maîtres, plutôt que ses amis. Ses
vrais amis, ce sont ses camarades, quelquefois tous indistinctement, plus souvent un ou deux; ce sont surtout les
animaux qui tolèrent ses caprices. J'ai connu un enfant

---

1. A. Espinas, *Revue phil.*, février 1880.

qui, encore à dix ans, avait pour le chien de son oncle une
véritable passion. Il le préférait assurément à son oncle et
à ses parents. « Quel plaisir d'aller te voir à la campagne !
disait-il à sa tante. — Petit flatteur, lui dit celle-ci, je sais
que c'est Négro, et pas nous, que tu as tant de plaisir à
revoir. — C'est peut-être un peu vrai, reprit naïvement
l'enfant, mais je puis bien vous aimer tous. » Les pairs de
l'enfant, ce sont d'abord les animaux ; ensuite les autres
enfants ; puis les adultes qui les amusent. Voilà, par conséquent, où leurs affections vont de préférence.

Plus l'abstraction est faible, plus elle se trouve à la
merci du sentiment. Les images exclusives se traduisent
en sentiments exclusifs, qui expriment l'état toujours très
variable de la personnalité enfantine. C'est tant mieux
quand le sentiment au profit duquel se fait l'abstraction
tourne a des fins utiles ou morales. Pouvoir ou savoir
s'abstraire de ses inclinations inconsciemment intéressées
dans quelque affaire, et cela sous l'influence du droit jugement, en temps opportun, est très souvent bien difficile à
l'adulte éclairé et sage. Les esprits pour lesquels les abstractions se changent nécessairement en images, et par conséquent en émotions, ne connaissent pas cette sorte de
sélection mentale. Les êtres faibles, en général les femmes,
et plus ou moins tous les enfants, commandent rarement
à leurs émotions, surtout quand il s'agit de désirs intenses
ou de préventions faciles à justifier. M. Sarcey nous
montre, dans un charmant récit, un exemple typique du
cas. Je veux le citer tout au long.

« Tandis que nous suivions une route bordée d'une
haie en fleurs, une de ces dames, qui marchait en avant,
fit signe aux personnes qui suivaient de faire silence. Nous
approchâmes tous sur la pointe du pied. C'était une bête

des champs, un rat, je crois, ou un mulot qui montrait à travers les branches un petit museau fin où étincelaient deux yeux d'une vivacité extraordinaire. L'un de nous se coula sans bruit près de l'animal, leva sa canne et lui en frappa si juste un coup sur la tête qu'il l'abattit mort sur le chemin. Il se retourna triomphant. Les dames avaient toutes poussé un léger cri d'horreur. Il voit l'indignation peinte sur les visages. — Mais, dit-il étonné de l'accueil fait à cette preuve d'adresse, c'est un animal très nuisible; il fait le désespoir des agriculteurs, qui le poursuivent et le détruisent tant qu'ils peuvent. C'est un service que je leur ai rendu en tuant un de ces affreux rongeurs. — Ces dames ne purent lui pardonner cet acte de férocité. Une si jolie petite bête! qui avait des yeux si intelligents! Il fallait, pour l'assommer, être pis qu'un assassin. Ce qu'il y avait de plus plaisant, c'est qu'il était grand faiseur de madrigaux, et que tout le long du voyage on le traita comme un homme sans cœur.   .

« Et moi je ne pus m'empêcher de raisonner à perte de vue sur ce très petit fait et sur les conséquences qu'il avait eues. Au fond, me disais-je, ce garçon, c'est lui qui est dans le vrai! Ce qu'il a allégué pour sa défense est juste; le rat est un grand dévoreur de grains; c'est l'ennemi du fermier; on fait œuvre pie en l'exterminant partout où on le trouve. Pourquoi donc ce meurtre avait-il si fort ému la sensibilité de ces dames? Pourquoi s'étaient-elles récriées d'horreur et de pitié? Pourquoi avaient-elles tenu si long-temps rigueur au meurtrier? Les femmes étaient-elles donc incapables d'écouter une raison raisonnable? Ne se condui-saient-elles que par imagination?[1] »

1. Francisque Sarcey, *Souvenirs de jeunesse*, p. 263.

' La réponse est bien simple. Tous les êtres imaginatifs et émotionnels ont de la peine à se détacher des impressions et des émotions présentes. Ils sont difficilement spectateurs en même temps qu'acteurs de leurs petits drames intérieurs. Mais s'ils ne peuvent s'abstraire de leurs émotions pour les juger, quand elles sont passées ou affaiblies, leur souvenir forme un tableau mental sur lequel ils peuvent porter une attention plus impartiale. Prime-sautiers, ils ont des retours, des résipiscences, par où il vaut mieux les juger. Ils vont vite un peu trop loin; attendons le mouvement rétrograde qui les remettra au point et à la mesure. Quand il s'agit des femmes et des enfants, c'est presque toujours du premier mouvement qu'il faut se défier, car il peut n'être pas le bon. C'est le second ou le troisième qui, raisonnable ou non, sera décidément le plus vrai, le plus personnel, le plus imputable. Ajoutons, d'ailleurs, qu'à cet égard, l'enfant est nécessairement moins heureux que les femmes les plus mal partagées; son expérience est moins ample, son esprit moins ouvert, ses habitudes de jugement et de conduite moins bien formées; en un mot, son pouvoir et ses moyens de corriger ses erreurs logiques et morales, sont infiniment plus limités.

Étant donné ces raisons et aussi quelques autres, les enfants doivent être des critiques d'art pitoyables. Pour bien sentir une œuvre esthétique, il faut pouvoir l'interpréter, c'est-à-dire en analyser les diverses parties, et comparer l'expression à l'idéal poursuivi par l'artiste. Tout cela implique le pouvoir d'abstraire fortement les idées et les sentiments, et, ce qui est toujours plus difficile, le pouvoir de s'abstraire de sa personnalité pour entrer dans une autre. Plus l'œuvre d'art sera parfaite, c'est-à-dire représentera le tempérament, le caractère, les sentiments et les sensations les plus propres à l'artiste, plus tous ces genres d'abstraction seront difficiles. C'est pourquoi les êtres les plus personnels, et je ne dis pas seulement les enfants et les femmes, sont souvent les moins capables d'apprécier un tableau de peinture ou un morceau littéraire. Ils sont trop naturellement enclins à tout rapporter au type abstrait qui représente plus ou moins consciemment leur personnalité. « Le crapaud, comme dit Voltaire, ne trouve rien de plus beau que sa crapaude. » L'ours, cet ancien compagnon du sage Ulysse, a aussi mille raisons d'en croire, sur sa beauté, au témoignage de son ourse.

Ce qui s'applique aux beaux-arts s'applique aussi à l'art de vivre ou à la conduite humaine. Pourquoi la volonté d'un enfant, même des mieux doués, est-elle en général si vacillante et mobile? C'est, avant tout, parce que son cerveau encore mal organisé est très peu capable de maintenir en équilibre deux tendances opposées, et ne lui permet pas d'exercer une grande force d'abstraction. Ses idées fixes ne rappellent même que très imparfaitement les obsessions passionnées et contemplatives des extatiques. L'enfant ne fixe pas son attention immobile sur l'objet de ses aspirations; il s'agite et se démène en tous sens vers lui, pour l'atteindre ou se le faire accorder. Ce n'est pas de l'extase abstraite, mais de l'extase en mouvement[1]. C'est moins la confiscation de la personnalité par un sentiment que l'impuissance de se dérober à ses fascinations. Or, cette impuissance vient chez lui surtout du peu de saillie que font dans sa mémoire les motifs suggérés par l'expérience. Son instabilité inquiète se rapproche, à beaucoup d'égards, du type dont les altérations morbides de la personalité nous

1. Voir les *Maladies de la volonté*, p. 125 et suiv.

I

présentent une sorte de grossissement. « Un groupe de
tendances s'hypertrophie aux dépens d'un groupe anta-
goniste qui s'atrophie, puis une réaction a lieu en sens
inverse. « L'enfant, pauvre abstracteur des sentiments et
des motifs, passe ainsi souvent d'un extrême à l'autre.
L'incapacité volitionnelle tient beaucoup de cette faiblesse
d'abstraction. On peut même, jusqu'à un certain point,
apprécier par là les diverses capacités volontaires. Le
type extrême, inconstant et déréglé, confinerait plus ou
moins au type fou. La qualité opposée se mesurerait au
degré d'éloignement de ce type.

Au surplus, l'acte le plus délibéré de l'enfant ne l'est
jamais beaucoup. La modération du sentiment, favorable
à la délibération, à l'abstraction des motifs, au choix, est
très rare chez lui. Quand il suspend l'acte pour un moment,
c'est quelquefois par habitude, plu souvent par imitation
d'un exemple actuel, d'autres fois par incertitude, l'acte à
faire présentant quelque difficulté et forçant l'attention.
Nous reviendrons sur ce sujet au chapitre de la volonté.

CHAPITRE VIII

INFÉRENCES (JUGEMENT ET RAISONNEMENT)

I

Il y a « des jugements réfléchis, qui supposent une comparaison attentive d'idées précédemment acquises, et auxquels se mêle toujours un commencement de raisonnement, sinon un raisonnement complet en forme [1]. » C'est surtout dans ce sens que l'on peut prendre le mot « jugement » comme synonyme « de bon jugement », ou « d'esprit juste ». La force ou la faiblesse du jugement, appliqué à telle ou telle matière, pourra donc se mesurer au degré de clarté et d'exactitude avec lequel l'homme ou l'enfant appréciera les choses. Or, pour les bien apprécier, il faut les avoir attentivement observées et comparées, analysées et remémorées. Un bon jugement équivaut, par conséquent, à une capacité moyenne d'observation, d'abstraction, d'analyse et de comparaison. Avoir du jugement ou de l'intelligence, c'est donc tout un. On peut en avoir plus ou moins, mais on n'en est jamais complètement dépourvu. Intelligence et non-intelligence sont deux idées tout à fait relatives.

Je lis dans une foule de livres où il est d'ailleurs fort

1. G. Compayré, *Cours de pédagogie*, p. 151.

pertinemment parlé du jeune enfant que le plus sûr et le
plus habile est de le laisser à lui-même, que tout ce qu'il
voit l'intéresse, et que tout ce qu'il voit il le voit bien. Il
en est de même, assure-t-on, de l'animal, qui, dans les
limites de son instinct et de ses besoins, applique aux
phénomènes naturels son intuition à peu près infaillible.
Voilà deux grosses erreurs, toujours bonnes à réfuter,
puisqu'elles reparaissent à chaque instant dans des livres
lus par les mères. Le plus grand de nos poètes, qui a si
délicieusement parlé de l'enfant et de l'animal, les a lui-
même souvent mieux décrits qu'observés. Je n'en veux
pour preuve, à l'égard du dernier, que l'idée très fausse
exprimée dans ces deux vers charmants :

> Les bêtes sont au bon Dieu,
> La bêtise est à l'homme.

La vérité, non plus poétique, mais scientifique, il faut
la demander, sur ce point, aux Darwin, aux Houzeau, aux
Romanes. La vérité, c'est que les instincts considérés
comme les plus fixes, parce qu'ils sont les plus importants,
sont susceptibles de variations ou même d'aberrations
étonnantes. Il y a, dans les individus des diverses espèces
animales, des adaptations imparfaites, des habitudes non
intelligentes, qui peuvent être transmises par hérédité, et
qui, par la sélection artificielle de l'homme, peuvent s'exagérer aux dépens de qualités jugées moins utiles. Parmi
les grosses erreurs de l'instinct, citons l'abeille commençant une cellule dans une direction nouvelle, cellule que les
autres abeilles se hâteront de démolir. Parmi les variations
de l'instinct opérées par l'homme, citons la perte du goût de
la viande, et la stupidité très caractérisée chez les chiens
de la Polynésie et de la Chine, et de tous les pays où cet

animal n'est apprécié que comme aliment. On sait, d'ailleurs, d'après Lubbock, que les facultés mentales qu'on
peut appeler morales comportent de grandes différences
chez les abeilles d'une même espèce. Il y en a de coura-
geuses et de lâches, de bienveillantes et d'indifférentes. Ces
différences individuelles vont quelquefois jusqu'à produire
des actes inutiles, capricieux, bizarres ; par exemple, l'atta-
chement violent, mais irrationnel, d'un animal pour un
animal tout à fait dissemblable, l'affection d'un mareca
pour un paon, ou l'affection si inattendue de certains
chats pour les chevaux, pour les chiens, et même pour les
oiseaux et les rats.

Ce qui est erreur de l'instinct chez l'animal, nous l'ap-
pellerions folie, sottise ou bêtise chez l'homme. Cette imperfection des facultés mentales s'applique à toutes, à la
sensibilité et à la volonté comme à l'intelligence. Elle
comporte des degrés infinis. Au point de vue intellectuel,
elle est plutôt, dit M. Paulhan « une manière de comprendre mal qu'une manière de ne pas comprendre[1] ».

Elle est relative. C'est le défaut d'un minimum d'intelligence que nous attendons d'un être dans une circonstance
donnée. La « bêtise humaine » est relative, à un autre point
de vue. L'idiot pur n'existe peut-être pas. Tel est infirme
par rapport à quelque genre d'émotion qui est puissamment
doué pour en éprouver d'un autre genre. Tel est capable
de « faire » des bêtises qui n'en « dira » pas souvent. Tel
est affligé d'une insigne maladresse en fait d'actions pratiques qui se montre fort agile et fort délié pour d'autres ;
par exemple, les criminels, généralement peu intelligents,
déploient une fort grande astuce et une grande souplesse
dans la perpétration des crimes qui forment leur spécialité.

1. La *Bêtise humaine, Rev. polit. et lit.*, septembre 1885.

Il y a même une bêtise qui « peut s'accommoder d'un très grand développement de certaines facultés intellectuelles ». On peut dire aussi que personne n'est peut-être complètement exempt de ce défaut commun aux hommes et aux animaux, que chacun a son genre ou ses genres de bêtises, ses inaptitudes physiques, intellectuelles et morales, qui sont innées, que la culture ne paraît pas atténuer beaucoup, ou qui, en tout cas, n'ont pas bénéficié du développement atteint par des facultés souvent éminentes.

L'important à retenir, c'est que la bêtise, dans tous les sens, est relative. Je n'ai jamais rencontré la « bêtise absolue ». Il y a dans les cerveaux les plus déshérités des virtualités singulières, que l'éducation, l'hygiène, la thérapeutique auraient sans doute pu, dès les premières années, ramener à de véritables aptitudes [1]. Mais bornons-nous à

---

1. Quelles que soient ces virtualités dont nous ignorons encore le secret, ni l'égalité, ni l'équivalence des aptitudes ne seront jamais peut-être qu'un idéal métaphysique. Elles comporteront au moins toujours des différences que la longue culture des siècles pourra seulement atténuer. En effet, comme le dit très bien M. G. Pouchet, « outre l'influence et les combinaisons de l'hérédité, et même en admettant que celle-ci n'intervienne pas, il faudrait encore tenir compte des conditions forcément diverses pour chaque être — puisqu'il occupe un point différent de l'espace — où il se développe, ou se produit l'arrangement prodigieusement compliqué des éléments de son cerveau, et par suite les aptitudes plus ou moins grandes de celui-ci à telles facultés ou à tels sentiments. Prenons, si l'on veut, l'exemple le plus grossier : admettons que douze œufs pondus par une poule sont absolument semblables en puissance au moment où on les met couver; que le petit nombre d'éléments anatomiques qui constituent à ce moment le germe du poulet soient identiques, agencés de même et aient reçu une impulsion égale et dans la même direction pour le développement

« Voilà donc douze œufs pris dans les conditions absolument pareilles. Mais on les met sous la mère et, à partir de ce moment, les voilà dans des conditions absolument variables pour chacun d'eux; les uns, plus au milieu, seront plus échauffés; la poule retournera ceux-ci un peu plus que ceux-là; le développement de chacun des jeunes poulets, l'agencement définitif des éléments qui constituent leur

considérer les intelligences moyennes. J'ai vu un enfant
de sept ans, qui, jusqu'à l'âge de six ans, montrait une
incapacité extraordinaire de fixer son attention et de juger
des choses les plus simples. Une jeune gouvernante, en
développant chez lui le goût quelque peu prononcé qu'il
avait pour la pêche, en exerçant toutes ses facultés à propos
de cet objet spécial d'attention, l'amena en quelques mois
à prendre goût et à faire attention à un grand nombre de
choses qui avaient passé jusqu'alors pour lui inaperçues.
Si l'on veut attribuer ces progrès intellectuels à un déve-

corps se feront, pour chacun d'eux, dans des circonstances un peu
différentes, et il en résultera forcément de légères différences dans
les petits nés de ces œufs parfaitement identiques quand on les avait
mis à couver. On n'aurait qu'à compter leurs plumes, on n'en trouverait pas le même nombre, ni à chacune d'elles le même nombre
de barbes, et cependant il devait en être ainsi si le milieu où s'est
fait le développement n'avait pas influé, dans une certaine mesure,
sur la disposition réciproque des parties qui constituent les plumes
aussi bien que le cerveau.

« Admettre que ces parties sont agencées de même dans une dou-
zaine d'individus, et à plus forte raison dans les individus qui forment l'espèce entière, ce serait admettre quelque chose comme ceci :
cent mille billes aussi semblables que possible les unes aux autres
et numérotées sont rangées par ordre dans un vase quelconque. Celui-ci, au moyen d'un mécanisme d'une précision mathématique,
verse son contenu dans un autre vase. Croit-on que deux fois de
suite les cent mille billes prendront dans celui-ci une disposition
identique? Et cependant il devrait théoriquement en être ainsi : les
cent mille billes sont semblables, elles sont agencées de même ; le
mouvement qui les déverse dans le second vase est le même, ce second vase occupe identiquement la même place. Et cependant il est
infiniment probable, pour ne pas dire certain, que l'agencement des
billes tombées du premier vase dans le second ne sera pas deux
fois de suite le même, parce qu'il faut faire ici également la part
des conditions spéciales, la part de l'accident; malgré toutes les
précautions prises, certaines billes auront peut-être, en raison de
la température un peu différente, subi une légère modification de
forme, qui, faisant de proche en proche ressentir son influence, chan-
gera complètement la disposition que prendront les billes dans une
seconde expérience, dans une troisième, etc., malgré tous les efforts
humainement possibles qu'on aura faits pour arriver à un résultat
identique. » *Revue scient. du Siecle,* du 3 février 1884.

loppement particulier du cerveau, on m'accordera tout au
moins que l'exercice propre à activer ce développement
n'était pas sans avoir quelque influence. J'ai vu aussi souvent de jeunes enfants très habiles à apprendre un jeu
de cartes qui aurait dérouté l'attention de beaucoup de
grandes personnes. Or, ces enfants ne montraient d'intelligence en aucune autre chose. Jouer de façon à vaincre
un adversaire habile, n'est-ce pas mettre en action l'intelligence tout entière, se souvenir, imaginer, prévoir, se garder, calculer, juger, raisonner, le tout avec une certaine
précision et une certaine puissance ? Que cette intelligence,
remarquable dans un exercice donné, soit nulle en tout
le reste, c'est, d'abord, ce qui ne me paraît pas bien démontré ; et, ensuite, cette lacune me semble pouvoir être
expliquée par un défaut de goût et d'attention que les premiers éducateurs ont eu tort de considérer comme irrémé-
diable.

On a souvent pris le mot de jugement pour synonyme
de bon sens, et, ne l'oublions pas, le bon sens est à beaucoup d'égards le sens commun. Les trois quarts des jugements que formule un enfant de trois ans proviennent de
notre impulsion ou de notre exemple. L'intelligence sociale,
l'expérience raisonnée de la nation, de la famille, de la
caste, de la secte, se retrouvent, au fond de tous les jugements théoriques, pratiques, logiques, moraux et esthétiques d'un enfant de six à sept ans. L'intelligence, ou la
force générale d'adaptation de chaque individu se montre,
dès lors, à la précision et au nombre de ses imitations.
Certains enfants, à sept ans comme à quatre ans, sont encore particulièrement portés à imiter les gestes, le ton, les
manières, à rapporter les tours de phrases et les jugements
tels quels des grandes personnes. Ce sont les imitateurs

superficiels, les esprits médiocres. D'autres, beaucoup plus
réfractaires en général à ces imitations serviles, reproduisent plus volontiers les actions utiles, compliquées, rares,
et les jugements typiques de leurs parents, de leurs maîtres
et des personnes qu'ils respectent et admirent. Ce sont là
leurs imitations les plus apparentes. Mais un bon observateur démêlerait dans tous leurs actes et dans tous leurs
raisonnements les plus originaux l'influence prépondérante
des imitations passées. Les expériences et les imitations de
toute nature qui se sont imprimées dans leurs cerveaux
se reproduisent dans mille combinaisons précises, mais toujours nouvelles, précisément parce qu'ils sont intelligents,
c'est-à-dire capables de répondre toujours aux exigences
des adaptations nouvelles. Ainsi donc, à six ou sept ans,
l'enfant le plus intelligent sera celui qui imitera avec le plus
de précision certains actes ou certaines opérations mentales
très spéciales, et qui en même temps variera si bien toutes
ses imitations ordinaires qu'il paraîtra beaucoup moins
imitateur qu'un autre.

M. Compayré estime « que l'influence de la famille est
plus grande que celle de l'école sur la formation du jugement. En effet, dans la liberté relative de la vie domestique,
l'enfant, un peu plus livré à lui-même, trouve plus d'occasions d'observer et d'exercer son esprit[1]. » Il y trouve
plus d'occasions d'observer, parce qu'il est impossible à
l'esprit le plus ouvert d'imiter un grand nombre d'exemples
à la fois. Et c'est une des raisons qui m'ont fait demander,
pour la seconde comme pour la première enfance, la continuité d'une même direction scolaire pendant le plus grand
nombre d'années possible[2]. Au surplus, ni à l'école, ni dans

1. *Cours de pédagogie*, p. 155.
2. Voir mon étude sur *Jacotot et sa méthode*, p. 88-92.

la famille, on ne peut beaucoup espérer d'une éducation
incapable de provoquer, en la contenant et en la redressant,
l'initiative de l'enfant. La ligne moyenne est bien difficile
à marquer entre ces deux excès opposés, une éducation
trop rigide ou trop molle. Le plus sûr est de se laisser gui-
der par l'âge, le caractère et le genre d'esprit de l'enfant.
Les jugements généraux, que nous recevons tout faits, ne
valent que par l'usage qu'on nous aide à en faire. Ils constituent, ils abrègent dans une large mesure, mais ils ne
sauraient en aucune façon remplacer notre propre expérience. Ce sens, que l'on dit commun à tous, n'est pas entre
tous également réparti. Les uns sont plus malléables, les
autres plus réfractaires à l'initiation et à l'imprégnation
incessante de l'individu par la masse. Il y a, sous ce rapport, autant de différences entre les enfants qu'entre les
éducateurs.

Comme la plupart de ces jugements, monnaie courante
des relations sociales, exigent un grand nombre d'expériences avant d'être pleinement compris, il n'est pas rare
que l'enfant le plus intelligent les emploie mal à propos,
dans un sens trop restreint ou trop large. Cette souplesse
et cette précision dans l'accommodation de la vision intellectuelle font souvent défaut à l'enfant le plus sagace. Il ne
juge très bien que ce qui est très simple et en même temps
très familier. Montrons-le par quelques exemples emprun-
tés aux relations morales. « L'esprit des enfants, dit Töppfer,
est absolu, parce qu'il est borné. Les questions n'ayant pour
eux qu'une face sont toutes simples ; en sorte que la solution en paraît aussi facile qu'évidente à leur intelligence.
C'est pour cela que les plus doux d'entre eux disent parfois
des choses dures, que les plus humains tiennent des propos
cruels. » Raisons justes, mais il y en a d'autres. L'auteur

ajoute : « Quand je voyais conduire un homme en prison,
toute ma sympathie était pour le gendarme, toute mon
horreur était pour cet homme. Ce n'était ni cruauté ni
haine ; c'était droiture. Plus vicieux, j'aurais détesté les
gendarmes, plaint l'homme[1]. » Il est heureux, dans bien
des cas analogues à celui-ci, que les faits simples et les
jugements mal compris, préconçus, provisoires, suffisent
à l'enfant, surtout s'il est bien élevé, et qu'aucun mauvais
exemple n'éveille chez lui une curiosité malsaine. Il n'est
ni possible ni désirable qu'un enfant de six ou sept ans
s'apitoie sur le sort d'un homme vicieux ou criminel : cette
pitié est chez l'adulte une vertu de raison. Le jeune enfant
ne doit voir dans le gendarme autre chose que le gardien
vigilant de l'ordre social, le défenseur né de la propriété
et de la vie des citoyens, l'épouvantail et l'ennemi des
malfaiteurs. Pourquoi Rousseau, qui, chez un maître brutal
et grossier, se laissa aller à commettre quelques larcins de
comestibles, et étendit bientôt sa friponnerie « à tout ce
qui le tentait », pourquoi ne fut-il jamais « beaucoup tenté
de voler de l'argent? » pourquoi ne devint-il pas un « voleur
en forme? » Il nous en dit la raison : « Je crois bien que
cette horreur du vol de l'argent et de ce qui en produit me
venait en grande partie de l'éducation ; il se mêlait à cela
des idées secrètes d'infamie, de prison, de châtiment, de
potence qui m'auraient fait frémir, si j'avais été tenté ; au
lieu que mes tours ne me semblaient que des espiègleries,
et n'étaient pas autre chose en effet[2]. »

Si notre devoir est d'apprendre à l'enfant quand il doit
décemment se taire, nous devons plutôt lui donner des
exemples que des leçons de discrétion dans le jugement.

1. La *Bibliothèque de mon oncle*, p. 13.
2. Les *Confessions*, partie I, liv. I.

Omne sanum sanis. Il nous est possible d'observer cette
salutaire discrétion en ne paraissant pas faire trop de mystère de certains renseignements délicats. Une fillette de
sept ans et demi parle assez souvent de la manière dont les
enfants viennent au monde. Des bonnes le lui ont appris,
non sans y ajouter quelques réflexions bizarres, et lui
recommandant de n'en rien dire à personne. Elle en parle
à tout venant. Une autre fillette de huit ans a demandé
sérieusement à savoir comment naissent les enfants. On le
lui a dit, pour qu'elle ne l'apprît pas autrement. Huit jours
après, une de ses amies, en revenant de classe, lui dit :
« Je vais t'apprendre quelque chose de très curieux, comment les enfants viennent au monde — Je le sais, répond
l'autre, sans y attacher d'autre importance. » Le frère de
cette dernière, âgé de six ans et demi, le sait aussi, ou
s'en doute. Son père, je ne sais à quel propos, lui disait :
« Tu m'appartiens ! — Oh ! non, repart l'enfant, je ne
t'appartiens pas. Ou du moins j'appartiens à maman plus
qu'à toi. — Tiens, pourquoi cela ? — Parce qu'elle m'a
porté longtemps avant que je naisse. Oh ! je le sais, oui,
c'est elle qui m'a *pondu.* » Ce dernier mot, d'une simplicité
réaliste, ne fut pas relevé par le père : il n'y avait pas de
mal à ce que l'enfant exprimât de la sorte un fait général
qui ne l'intéressait que médiocrement.

L'inconvénient serait plus sérieux, s'il s'agissait de jugements concernant les personnes et intéressant les sentiments antisociaux. Comme ces jugements s'appliquent à
des faits, d'un côté, assez concrets, et, de l'autre, assez
complexes, l'enfant n'en peut saisir qu'un aspect, le moins
bon. Le croirait-on ? J'ai entendu des enfants de six ans
répéter d'un air ridicule des formules d'un utilitarisme aussi
malséant que celles-ci : « Que voulez-vous, disait une fillette

de six ans, la vie est une si triste chose ! » Un garçon de
six ans disait à sa tante : « Aujourd'hui, on ne peut se
confier à personne : les bonnes, les garçons, les employés,
les marchands, tout le monde trompe. » Et ce mot du fils
d'un banquier : « On ne voit plus que des mendiants : si
les paresseux voulaient travailler, il n'y aurait pas de pauvres ». Bien tristes les parents qui souriraient à ces misérables formules d'un psittacisme aussi dangereux qu'innocent.

II

A partir de trois ans, les progrès du jugement doivent
se marquer d'une manière générale, et plus spécialement
dans certaines directions, par la clarté, la précision et
l'exactitude du langage. Ce sont là des qualités intellectuelles du jugement. Il en est d'autres, comme la promptitude, la fermeté et l'indépendance, qui relèvent plutôt du
caractère. Quelques mots sur les unes et les autres.

La propriété et la clarté des termes sont l'image et la
condition de la lucidité de la pensée. La pauvreté de l'expression n'indique pas toujours chez l'enfant un défaut de
distinction dans les idées. Il arrive souvent que l'expression est inexacte et embrouillée, tandis que le jugement
est très net. Il n'est pas rare qu'un enfant de cinq ou six
ans, déjà passablement maître de sa langue, mis en
demeure de se mieux expliquer, trouve instantanément
d'autres mots (et aussi d'autres gestes), qui traduisent fort
bien sa pensée. Il en est des enfants comme des hommes :
certains ont besoin de formules variées et prolixes, d'essais
deux ou plusieurs fois renouvelés, pour se faire comprendre des autres autant qu'ils se comprennent eux-mêmes.

D'autres trouvent du coup l'expression exacte et précise ;
c'est un don de nature plutôt qu'un fruit de l'éducation,
bien que ce soient presque toujours les enfants des familles
où l'on parle le mieux qui s'expriment avec le plus de
facilité et de justesse. J'ai vu dans la même famille, entre
enfants tous intelligents, de très grandes diversités, quant
à cette faculté d'expression. Mme Necker de Saussure avait
fait la même remarque avant moi. « La facilité à s'exprimer, qui est très inégale chez les enfants, n'est point généralement proportionnée à la mesure de leur intelligence.
Souvent une élocution agréable et rapide ne prouve autre
chose que le talent de retenir des phrases faites, tandis
qu'une manière de parler plus laborieuse et moins régulière dénote un travail intérieur et le soin de confronter
l'expression avec la pensée. Ce dernier cas n'est pas celui
où il y a le moins à espérer de l'avenir, non que la
mémoire des mots ne soit en elle-même une faculté précieuse, mais parce qu'elle dispense souvent de la combinaison des idées ceux qui n'ont pas un goût particulier
pour cet exercice d'esprit[1]. » Cette éminente éducatrice,
qui a recueilli la première un grand nombre de faits relatifs à l'usage enfantin de la langue, a fait une autre remarque vraie à beaucoup d'égards. « Les enfants de cinq
à six ans apprennent peu de mots. On voit, quand ils
commencent à lire, qu'ils ne comprennent pas une foule
de termes dont on s'est fréquemment servi devant eux
dans la conversation. On dirait qu'une fois qu'ils ont
acquis leur petit trésor de mots, ils se reposent et n'en
cherchent plus. Ils savent donner des noms à la por-
tion de l'univers qui les intéresse ; ce qui reste en
dehors les intéresse peu. Une sorte d'instinct les porte

1. L'Éduc. progr., p. 148.

même souvent à repousser les acquisitions nouvelles qui pourraient troubler leur joie ou leur paix. Ils sont contents, pourquoi demanderaient-ils davantage?[1] »

Le défaut de clarté vient de plusieurs causes, et, en premier lieu, de la vivacité du sentiment. Les esprits dominés par le sentiment et l'imagination, à part des moments d'heureuse inspiration, ne produisent tout d'abord que des idées confuses. Les esprits calmes et rassis sont plus judicieux et moins féconds. Voici un exemple de l'un et l'autre genre, avec les qualités et les défauts que le caractère et le jugement peuvent communiquer l'un à l'autre.

J'ai sous les yeux deux frères âgés de six à huit ans. L'un est l'expansion et la vivacité même : sur un simple désir qu'on exprime, il court, il s'exécute; il lui arrive même de le prévenir et de le lire dans les yeux. Tout à la conversation, il la suit, il s'y mêle, il y amuse. Il juge parfois trop vite, à ses risques et périls. Dans un excellent devoir, il commet quelquefois des oublis incroyables. Il apprécie pourtant beaucoup de choses avec une certaine exactitude. Gascon ardent, joyeux, roué, rusé, flairant bien son monde, sachant dire ses raisons et découvrir celles des autres. Il câline mieux que son frère, et paraît plus affectueux, surtout quand il y va de ses intérêts. Son défaut capital est l'inconstance, qui accompagne la vivacité de l'imagination, mais qui peut entraîner pour le meilleur esprit le vague des pensées, la manie des caprices, la fragilité des résolutions aussitôt prises, aussitôt abandonnées.

L'aîné, tempérament bilieux — nerveux, avec une dose

1. *L'Educ. progr.*, p. 148.

de lymphatisme, est lent à obéir, à se décider, à agir. Cette lenteur à se décider paraît distraction ou mauvaise volonté; mais elle a son bon côté: peut-être cherche-t-il souvent à s'expliquer les raisons de l'ordre qu'on lui donne. Il est parfois concentré, par rêverie plutôt que par défaut de sincérité. Sans être obstiné, il en fait toujours à sa tête: l'Alsacien prime chez lui le Gascon. Les reproches glissent sur lui: à peine grondé pour avoir mis les coudes sur la table, il recommence. Il est cependant fort attentif pour les choses qu'il aime à faire, surtout pour les choses de l'instruction. Il est doué d'une aptitude, rare chez un enfant de son âge, à se rendre un compte exact, par causalité vraie, des phénomènes qu'il observe. Tout jeune, il n'en revenait pas de l'ignorance des bonnes. Les jugements ineptes excitent son hilarité à un degré extraordinaire. Il est d'ailleurs peu apte à saisir les motifs cachés: il n'a pas le don ou le goût de l'observation morale. Il est peu à la conversation; quand un trait attire son attention, le début lui manquant, s'il ouvre la bouche, il parle hors de propos. Il agit par saccades et sans mesure, parce qu'il pense à autre chose. Très bon esprit, mais compliqué dans tout ce qu'il fait, hormis dans les travaux scolaires, où il est impeccable. La lenteur d'esprit, l'indécision ordinaire de cet enfant viennent en partie de ce qu'il voit plusieurs choses à la fois, plusieurs motifs de juger ou de vouloir. Si l'éducation n'y remédie, il contracterait aisément l'habitude de ne pas faire un choix entre les motifs, de se déterminer, au hasard, sous l'empire de la nécessité.

Le double défaut de clarté et d'exactitude vient aussi d'une observation imparfaite, ou d'une mémoire faible et inexacte. Pour appliquer aux objets qui se présentent pour la première fois des jugements conformes à leurs

qualités réelles, il faut avoir bien vu et bien retenu les faits
et les relations observés dans des objets plus ou moins
semblables. L'enfant, qui est bon observateur et mauvais
parleur, décrira mieux les objets qu'il a vus que ceux dont
on lui a parlé. L'enfant imaginatif et loquace décrira
peut-être plus vivement, sinon plus exactement, ceux dont
il a lu ou dont on lui a dit quelque chose. Il y a encore ici
une différence à noter entre ces deux classes typiques de
bons esprits. L'imaginatif, tout à l'émotion qui emporte
ses idées et sa parole, compense souvent par d'agréables
divagatio », des coq-à-l'âne, des hors-d'œuvre ou des à
peu près, le défaut d'observation ou de mémoire. Le judicieux, même alors qu'il manie aisément la langue, sent
souvent que la matière du jugement lui manque; il hésite,
il attend, il dit : « Je ne sais pas », ou « Je ne me rappelle
pas. » Et notez pourtant que le premier, qui invente
et déraisonne, mais en tous cas raisonne, trouve quelquefois par hasard, d'un coup de génie, ce que l'autre posé-
ment cherche et ne découvre pas. L'esprit imaginatif, mais
de peu de portée, divague sans rien trouver. L'esprit sans
imagination et de faible jugement, lui, ne cherche et ne
trouve rien.

La facilité et l'ampleur, de même que la clarté et
l'exactitude du jugement, doivent beaucoup aux progrès
de l'abstraction et de la comparaison. J'ai déjà dit où en
est, chez l'enfant de trois à sept ans, la faculté d'abstraction
volontaire. Son peu de puissance entraîne une faiblesse
relative dans le pouvoir de comparer. En effet, pour comparer délibérément entre eux deux ou plusieurs objets, il
faut être bien exercé à noter le semblable dans le divers
et le divers dans le semblable. Nous avons déjà vu dans
quelle faible mesure le jeune enfant y réussit. Comme

tous les esprits légers, impatients, superficiels, l'enfant se contente le plus souvent de comparaisons par à peu près. Le premier jugement lui suffit, en général, et, à moins de vifs stimulants d'attention, il le redresse rarement par des jugements nouveaux. Un enfant de quatre ans s'est fait hucher par son frère sur un âne arrêté devant leur maison. Malgré leurs hue! hue! le baudet ne bouge pas. — Tu devrais bien, dit le petit, m'aller chercher les éperons de papa. — Baste! répond l'aîné, âgé de six ans, une épingle suffira. » Ces jeunes têtes, si pauvres en expériences organisées et si promptes à juger, font quelquefois des appréciations plus saines des choses, quand leurs émotions, maintenant leur attention fixée, laissent aux premiers jugements le temps d'en suggérer d'autres. Un enfant de six ans me dit : « Voici où demeure l'élève le plus bête de ma classe. — Bête! bête! Quel gros mot! Tu veux dire sans doute que tu le trouves ennuyeux, que tu n'as pas de plaisir à jouer avec lui? — Mon Dieu, non. Il n'est pas bête pour jouer ni pour une foule de choses : il fait très habilement les échanges de timbres-poste, il sait s'amuser très bien en classe sans que le maître le voie. Mais pour tout ce qui se fait en classe, il est à la queue. » L'enfant, excité à prouver son dire, a produit quelques jugements issus du premier, qui, sans le modifier absolument, en ont du moins restreint et précisé le sens. Un des grands progrès de l'enfant consiste à pouvoir consciemment prouver ou corriger ses premiers jugements, reconnus insuffisants, par ceux que l'attention fait venir à la suite.

Autres exemples du même genre. Une fillette de six ans me dit: « C'est moi la plus sage de l'école. — La maîtresse te l'a-t-elle dit? — Quelquefois. — Mais pas tous les jours, ni toutes les semaines? — Ah! je ne suis pas la seule : il y en a d'autres qui sont aussi les plus sages; mais il n'y en a pas beaucoup. » Ce superlatif « la plus sage » a été sur-le-champ atténué, grâce à l'attention, dans ce qu'il avait de trop absolu. L'esprit de l'enfant n'est, en bien des cas, étroit, superficiel, tranchant, excessif, absurde, que parce qu'il a plus vite fait, et partant se contente de considérer un seul côté des choses, celui qui le frappe tout d'abord, qui flatte son amour-propre, ses convoitises, ses petites passions, ses habitudes de sentir, de penser et d'agir.

Jules, âgé de cinq ans, quand il y a quelque chose d'agréable à faire, trouve que son tour ne revient pas aussi souvent que celui de son frère aîné. S'agit-il d'une commission qui le dérange de son travail ou de ses jeux, d'aller avertir sa mère que le dîner est prêt, d'aller chercher une bouteille à la cave, d'aller porter une lettre à la poste, il geint, il tarde à obéir : « C'est toujours à moi! » L'aîné réplique alors : « Tu n'y es allé qu'une fois hier, et moi trois fois! » De même à table, le petit ne se juge bien servi qu'après avoir inspecté du regard l'assiette de son frère. « Je n'ai pas eu mon premier rond de saucisse; Paul en a deux. » Et l'autre : « Je n'en ai qu'un et demi. » Il se ferait volontiers, par gourmandise, charger l'assiette de mets dont il n'a d'ailleurs nulle envie. Ainsi, le chien qui nous voit fouiller dans une assiette avec un bâton, s'imagine que le bâton va manger sa pitance, et, le poil hérissé, féroce, vient engloutir l'assiettée, pour la rendre aussitôt après.

Comme nous le voyons par les exemples qui précèdent, la faculté de comparaison s'étend et s'affine, par le jeu spontané de l'activité de l'enfant, en opposition ou en collaboration avec celle d'autrui, et spécialement sous l'in-

fluence des instincts égoïstes, Elle pèche très souvent, il est
vrai, par inexactitude et exagération ; mais ces deux défauts
engendrés par l'ignorance et par l'impétuosité des sentiments, à force d'être contrebalancés par des expériences
en sens contraire, arrivent peu à peu à se corriger d'eux-
mêmes, sans l'intervention d'autrui [1].

La comparaison qu'ils font d'eux-mêmes avec des enfants moins âgés, et des adultes ignorants qu'on leur
donne comme tels, ou qu'on ne les habitue pas à respecter,
fait sur certains enfants le même effet que, sur d'autres,
la confiance en leurs forces éprouvées et le souvenir d'entreprises réussies. L'assurance du jugement est avant tout
subordonnée à l'énergie des tendances actives. Un enfant
de quatre ans se promène avec son père au bois de Vin-
cennes. Au milieu d'un épais fourré, le père lui dit : « Que
ferais-tu, si tu te perdais ici ? — Oh ! répond résolument
l'enfant, si tu te cachais ou si tu t'en allais, je ne me
perdrais pas. Je marcherais, je marcherais jusqu'à ce que
je trouve la porte dorée, et je dirais au conducteur du
tramway de me ramener à la maison. » Un enfant apathique ou timide n'aurait peut-être pas trouvé cette réponse.

L'enfant croit surtout en lui, juge avec décision, quand
il a occasion de dire son avis à ceux qui sont ou qu'il
regarde comme ses inférieurs. Un enfant de six ans veut
expliquer à son jeune frère ce que c'est qu'un garde fores-

1. Il n'en reste pas moins que cette influence est des plus néces-
cessaires et des plus heureuses, quand elle s'exerce à propos et
avec mesure. « Un des premiers services que l'instruction doit
rendre à l'enfant, c'est de lui apprendre à comparer, a saisir les
rapports qui existent entre les choses en apparence les plus éloignées. Rien n'est plus facile, non pas qu'on puisse obtenir de tous
les mêmes résultats, car les aptitudes naturelles sont très différentes,
mais on obtient de tous des résultats sans proportion aucune avec
ceux que l'on voit quand l'éducation manque ». Marion, *Leçons de
psychologie*, p. 321.

tier. Il lui dit que c'est un soldat qui habite dans les bois, un homme des bois habillé en soldat, que sais-je? En un mot, il se perd dans ses explications. « Ce n'est pas la peine, s'écrie-t-il d'un ton assuré et légèrement protecteur, de chercher à te faire comprendre ces choses-là. Tu es trop jeune. » Cette foi en lui-même met quelquefois l'enfant de pied avec les adultes. Un enfant qui est naturellement très discret et même très secret, sans être pour cela sournois le moins du monde, et qui sait combien on apprécie la discrétion chez un enfant, s'imagine que non seulement ses camarades, mais même les grandes personnes sont loin de posséder comme lui cette belle qualité. Il veut faire une surprise à sa mère la veille de sa fête; il en fait part, d'un air très sérieux, à son père, et il ajoute : « Mais es-tu bien sûr, papa, de pouvoir garder un tel secret? »

On voit, par cet exemple, combien la décision du jugement, qui tient à la décision du caractère ou à la bonne opinion que l'enfant peut avoir faussement de lui-même, touche de près à l'impertinence et à la fanfaronnade. Un enfant vif et hardi, mais ni présomptueux, ni volontaire, peut avoir toujours son opinion à lui, souvent juste, sur bien des choses. Mais un enfant gâté par la flatterie ne doute de rien, tranche sur tout, sans autre raison que sa vanité et son vain caprice. J'ai connu autrefois le précepteur d'un jeune prince, que l'on élevait fort mal, à n'en juger que par le trait suivant. L'enfant aborde un jour le professeur et lui demande à brûle-pourpoint : « Croyez-vous à un seul Homère ou à plusieurs? » Et sans donner à son maître abasourdi le temps de glisser une parole : « Eh bien, moi, je suis sûr qu'il n'y en a eu qu'un. » Notez que le prince était censé faire sa septième, et qu'il ne savait pas plus de grec que de latin. Cette sotte présomption, du goût de ses

parents, ne devait que s'accroître avec les années. Elle
s'affirma de la plus ridicule et plus triste façon dans
une circonstance mémorable. Les chefs de corps délibé-
raient en face de l'ennemi deux fois vainqueur, dans la
tente du général en chef, qui n'était autre que le père de
l'héritier présomptif. Celui-ci, à peine adolescent, assistait
au conseil. A un certain moment, il coupa la parole à un
vieux général pour proposer son plan à lui. Le général
releva comme il convenait cette impertinence. Le père se
contenta de dire doucement à ce conseiller de quatorze
ans : « Laisse parler le général X..., il sait mieux que
nous ce qu'il y a à faire. » Cette anecdote historique peut se
passer de commentaire.

Le jugement a des rapports si étroits avec la volonté
qu'on a essayé quelquefois de les ramener l'un à l'autre.
Wundt considère le jugement et le mouvement, d'où la
volonté dérive, comme les deux aspects d'une même réalité.
Le jugement, comme la volition, implique souvent, en effet,
un choix entre deux alternatives, entre affirmer et nier.
Pourtant, comme l'a fait remarquer M. Janet, ils diffèrent par
leurs motifs et par leurs résultats. Au début de l'affirmation
volontaire, se trouve un désir ou un sentiment ; elle a pour
terme une fin, une action. Mais l'affirmation de croyance,
ou simple jugement, n'est pas directement excitée par
le sentiment, et n'a jamais une fin immédiate. Cela suffit
bien à distinguer ces deux états mentaux ; mais ils se
rapprochent souvent au point de se confondre. M. Ribot
nous fait « remarquer combien cette coordination à complexité croissante des perceptions et des images, qui forme
les étages de la volonté, est semblable à la coordination à
complexité croissante des perceptions et des images, qui
constitue les divers degrés de l'intelligence, l'une ayant

pour base et condition fondamentale le caractère, l'autre
pour base et condition fondamentale les « formes de la
pensée »; toutes deux ayant une adaptation plus ou moins
complète de l'être à son milieu, dans l'ordre de l'action et
dans l'ordre de la connaissance [1]. »

La hardiesse, la fermeté de la volonté poussent à la
hardiesse et à la fermeté des jugements. La première est
assez fréquente, même chez les enfants les plus timides : la
vivacité du sang et l'ignorance donnent à leurs pensées
et à leurs actions une forme plus ou moins impulsive. Le
doute, qui est en suspension d'action, est rarement leur
fait. On voit plutôt chez eux cette croyance facile et pleine
qui excite à l'action, mais qui, en la faisant obstiné-
ment poursuivre, favorise l'observation, la comparaison
et, en définitive, le jugement. Il en est ainsi chez l'animal,
et il doit en être ainsi chez l'enfant. La poule dont parle
Romanes, qui, ayant élevé successivement des couvées de
canetons et de poussins, ne savait pas distinguer les
caractères spécifiques des uns et des autres, et s'obstinait
à pousser dans l'eau les jeunes poulets, montrait une persistance bien malheureuse : l'instinct l'aurait sans doute
mieux guidée que ne le faisait dans ce cas son intelligence.
On n'en saurait dire autant de l'animal cité dans le passage
suivant, et qui montrait, en même temps qu'une impulsion
vive et prolongée, une force d'attention comparative, qui
ferait défaut à beaucoup d'enfants de quatre à cinq ans.
« Un orang, qui est mort récemment à la ménagerie du
Muséum, avait coutume, lorsque était venue l'heure du
dîner, d'ouvrir la porte de la chambre où il prenait ses
repas en compagnie de plusieurs personnes. Comme il

1. Les *Maladies de la volonté*, p. 174.

n'était pas assez grand pour atteindre la clef de la porte, il se pendait à une corde, se balançait, et, après quelques oscillations, arrivait rapidement à la clef. Son gardien, ennuyé de tant d'exactitude, profita un jour de l'occasion pour faire trois nœuds à la corde, qui, ainsi raccourcie, ne permettait plus à l'orang d'atteindre la clef. L'animal, après un essai infructueux, reconnaissant la nature de l'obstacle qui s'opposait à la réalisation de son désir, grimpa à la corde, monta au-dessus des trois nœuds, et les défit tous les trois, en présence de M. Geoffroy Saint-Hilaire, qui me rapporta le fait. Le même singe, désirant ouvrir une porte, son gardien lui donna un trousseau de quinze clefs; le singe les essaya l'une après l'autre, jusqu'à ce qu'il eût trouvé celle qui ouvrait. Une autre fois, une barre de fer ayant été mise entre ses mains, il s'en servit comme d'un levier[1]. »

1. Leuret, *Anat. comp. du syst. nerv.*, ᴠ , *p.* 540. Cité par M. Romanes dans l'*Évolution mentale des animaux.*

CHAPITRE IX

I

Si l'enfant ne raisonne pas par concepts généraux, comme l'adulte, suivant certains, le fait même à son insu, ne trouve-t-on pas du moins chez lui cette tendance à l'état de germe? Les faits vont nous répondre.

Sans doute, même à l'âge de trois mois, et à plus forte raison à l'âge de trois ou quatre ans, l'enfant paraît manifester une tendance de ce genre. Ayant trop approché son doigt d'une bougie, la douleur qu'il éprouve lui fait instinctivement retirer la main. Il lui faudra d'autres expériences pareilles, mais pas très nombreuses, pour qu'il retire sa main à la seule vue d'une bougie. A l'âge de six ou sept mois, il retire en général sa main, quand il la sent ou la voit trop près d'un certain nombre d'objets sur lesquels il a répété ces expériences douloureuses. Un métaphysicien idéaliste reconnaît là, sans hésiter, l'instinct rationnel de la généralisation, qui fait appliquer une expérience à toute série d'expériences analogues. Un métaphysicien empirique attendra que l'enfant ait appris nos mots et, par sa tendance instinctive à les généraliser, les ait aussitôt échangés en substituts commodes des expériences passées, pour déclarer qu'il induit et déduit, qu'il applique ces substituts communs à des cas analogues. Il n'y a pourtant là rien de général, au sens propre du mot. Autrement, vous aurez le droit d'appeler principe de déduction la coordination toute mécanique des mouvements qui, chez le plus infime des êtres, répond à telle ou telle sensation extérieure. Nous avons, quant à nous, beaucoup de peine à concevoir une déduction quelconque dans un être qui n'a par devers lui, comme l'infusoire nouveau-né, aucune expérience de chocs réels et de mouvements propres à réagir contre eux [1]. Éviter le feu ou la chaleur brûlante sous un certain nombre de formes, est-ce là posséder une idée abstraite et générale, à proprement parler, de qualité *brûlante*, et l'appliquer, soit à un, soit à plusieurs cas? J'en doute.

1. M. E. Pannier, cherchant (*Revue phil.*, septembre 1882, p. 298) les origines du syllogisme, ou du raisonnement scientifique, les trouve dans cette tendance toute mécanique. « L'être rudimentaire chez lequel toutes les impressions résultant d'un choc aboutissent à une contraction, en vertu d'un ajustement préétabli, ignore les événements qui réaliseront pour lui les conditions du choc prochain, et ne peut pas même savoir si celui-ci se produira jamais. Il possède néanmoins tous les éléments d'une conclusion applicable à ce choc, et qu'une conscience plus compliquée pourrait essayer de formuler de la manière suivante : « Tout contact implique un danger ou annonce une proie. Tout contact nécessite, soit un état de fuite ou de défense, soit un effort de capture. » Quelque variété de détermination qu'un mode d'activité soit appelé à revêtir, en se spécialisant, les concepts qui le dirigent, qui dirigeront par la suite ses différentes fonctions, auront toujours pour forme l'absolu. Comme l'ont proclamé depuis longtemps les écoles de la Grèce, il n'y a de science que de l'universel. Mais cet universel ne manifeste rien de plus qu'une tendance. Une idée générale n'est point à elle-même sa propre justification : fondée sur l'expérience, l'expérience peut la transformer, etc... » — Réformée ou perfectionnée par l'expérience, cette tendance ne peut, selon moi, se confondre avec un concept général : l'application, l'extension, l'inférence qui en résulte n'est, comme le dit H. Spencer, — qu' « un ajustement des rapports internes aux rapports externes », — un processus mécanique d'expériences associées ou groupées.

Même à l'âge de quinze mois, l'enfant dira : « La bougie brûle, le feu brûle, la braise brûle, la soupe brûle. » Que faut-il voir ici? des cas de ressemblance, tous particuliers, auxquels se relient certains mouvements spéciaux, et, si l'on presse l'enfant de questions, une vague tendance à saisir entre eux une analogie. Mais ce n'est pas cette idée d'analogie, même quand on la supposerait plus nette qu'elle ne l'est à l'âge de trois ou quatre ans, qui intervient en rien dans l'accomplissement des actes correspondant à cette phrase de l'enfant : « J'évite le feu parce qu'il brûle. » L'enfant sait que le feu brûle, et il fait ce qu'il sait faire pour le fuir : voilà tout. C'est affaire au logicien d'affirmer non seulement qu'un objet d'une certaine espèce qui se présente à ses yeux ou se représente dans sa pensée a telle ou telle qualité, mais d'exprimer la conviction qu'un objet de la même espèce a eu et aura cette qualité en quelque temps et en quelque lieu que ce soit. Ce n'est ni l'affaire de l'enfant, ni même, en général, de l'adulte, de raisonner ainsi. C'est seulement après coup que celui-ci applique sa faculté de généraliser aux données particulières du raisonnement [1].

---

1. Conférez Paul Janet (*Revue phil.*, août 1881) : « L'enfant qui s'est brûlé une fois le doigt au flambeau le retirera, *une autre fois*, pour ne pas se brûler de nouveau; et il aura raison, mais par hasard ; car une autre fois, en agissant de même, il pourra avoir tort; car, par exemple, s'il a mangé une fois un fruit amer, il pourra ensuite refuser ce fruit, croyant qu'il doit être amer : et ce sera une erreur. Toutes les erreurs, les superstitions sont de fausses inférences du particulier au particulier. C'est sans doute un des grands principes de la prudence dans la vie pratique; mais c'est un principe d'erreur et de paresse intellectuelle autant que de perfection pratique. Or, si nous nous demandons dans quel cas le passage du particulier au particulier est vrai, nous verrons que c'est lorsqu'il est réellement un passage du particulier au général; nous ne pouvons prévoir le particulier qu'en tant qu'il est général : ainsi je ne peux rien prévoir de Paul en tant que Paul, mais seulement en tant qu'homme. »

Ne cherchons donc aucun principe antéempirique, aucun instinct irréductible, pour expliquer la nature du raisonnement. Bain, qui aurait dû s'en tenir à l'association des idées ou des expériences, donne au raisonnement pour fondement un instinct primitif qu'il appelle croyance à l'uniformité des lois de la nature. L'idée de cette uniformité subsistant partout et toujours, c'est-à-dire dans tous les lieux et dans tous les moments où nous en faisons expérience, est une de nos plus difficiles acquisitions. La croyance qu'en a l'homme adulte est en rapport avec sa conception plus ou moins scientifique de l'univers. Pour un homme relativement instruit, elle se limite au champ déterminé de la science qu'il a parcouru. Partout ailleurs, les préjugés, la passion, l'autorité, l'intérêt, le disposent à croire que les lois naturelles peuvent être violées. Il acceptera, sur la foi d'autrui, que la pluie tombe ou s'arrête spontanément, et sans causes météorologiques ; qu'un corps pesant se suspend en l'air par l'unique vertu d'une volonté surnaturelle ; que telle source guérit sans la moindre propriété curative : tout cela s'appellera pour lui mystère ou miracle, et son instinct de croyance n'en demandera pas davantage. Que sera-ce alors de l'homme à peu près ou tout à fait ignorant ? Otez-le de la sphère de sa vie journalière et de ses relations habituelles, où il témoigne par ses paroles et par sa conduite d'une foi absolue à l'ordre nécessaire des expériences accoutumées : la nature, la société sont pour lui un chaos, où tout est possible, même le contradictoire, où tout ce qui arrive ordinairement peut cesser d'arriver, où tout ce qui n'a jamais été vu peut

Ce que M. Janet appelle ici le *general* n'est pour nous que le semblable, dont il a été fait un plus ou moins grand nombre d'expériences, mais qui ne cesse pas d'être unilatéral ou particulier, en tant qu'élément d'association ou d'inférence.

apparaître. Tel le sauvage, et à plus forte raison l'enfant, même âgé de cinq ou six ans, sauf la rare exception d'enfants élevés à peu près scientifiquement. Un mauvais plaisant, plus puéril en vérité que l'enfance même, ayant dit à une petite fille de cinq ans, bonne élève d'une école de Paris : « Je te brûlerai dans l'eau froide », la petite de rire à gorge déployée. « Vilain sot, lui dit-elle, pourquoi me dis-tu de ces choses-là ?» Pourtant, un quart d'heure après, elle dit à sa bonne : « Est-ce que tu croirais jamais, toi, que l'eau froide fait des brûlures ? » Et, quelques instants après, d'un air fort sérieux, elle demanda à sa mère « si jamais on avait vu cela, qu'on se brûle avec de l'eau froide ? » Sa croyance à l'uniformité des lois naturelles, fondée sur une courte et vague expérience, était, malgré tout, envahie par ce doute : que tous les phénomènes connus, relativement aux brûlures, n'étaient pas les seuls à connaître.

Les incessantes observations faites sur divers objets, et groupées, concentrées sur un nombre plus ou moins considérable d'entre eux, sont l'unique source des associations de rapports, c'est-à dire des raisonnements, ou, si l'on veut, des inférences. « Pour vivre, dit M. Ribot, résumant, les idées de M. Herbert Spencer [1], il faut nécessairement qu'il (le sauvage adulte) puisse connaître ce qui le nourrira, ce qui peut lui nuire, ce qu'il doit éviter; il doit distinguer une grande variété de substances, de plantes, d'animaux, d'outils, de personnes, etc. Mais cette distinction ou classification des objets, que suppose-t-elle ? Une recognition de la *ressemblance* ou de la *dissemblance* des choses. Par un progrès naturel, la classification va des ressemblances grossières à d'autres plus cachées; dans les classes se forment les sous-classes, suivant les *degrés de dissemblance;*

1. La *Psychologie anglaise contemporaine*, 3ᵉ édition, p. 185

et l'esprit éliminant toujours le dissemblable, cherchant des ressemblances de plus en plus rigoureuses, tend finalement vers la notion de *ressemblance complète*, qui suppose la *non-différence*. Ce que nous venons de voir dans la perception et classification des objets se produit de même dans la genèse du raisonnement. Classer, c'est grouper ensemble des *choses semblables;* raisonner, c'est grouper ensemble des *rapports semblables*. Il est de l'essence même du raisonnement de percevoir une *ressemblance* entre les cas, et l'idée qui est au fond de tous nos procédés de raisonnement, est l'idée de *ressemblance*. Et, de même que le progrès final de la classification consiste à former des groupes d'objets complètement semblables, de même la perfection du raisonnement consiste à former des groupes de cas complètement semblables. »

II

Il est intéressant de voir comment les vives impulsions de la sensibilité, le besoin d'agir, de jouir, de repousser le mal sous toutes ses formes, poussent l'enfant à raisonner, à conclure. Le raisonnement se ressent toujours de ses origines animales et utilitaires. Les actes coordonnés en vue de satisfaire tel désir attractif ou répulsif sont des raisonnements pratiques, et ces combinaisons d'actes pensés et non accomplis sont de purs raisonnements. Pour l'enfant, le raisonnement se mêle toujours à l'action, tend à l'action, s'y surajoute ou la supplée. Le désir se transforme sans cesse en jugement ou en détermination volontaire. Étudions ce passage si fréquent du désir ou du sentiment à l'acte et au raisonnement chez des enfants âgés de plus de trois ans.

Deux frères, âgés l'un de sept ans, l'autre de quatre ans
et demi, viennent d'entendre raconter des histoires fort
intéressantes par leur cousin, jeune officier de l'armée de
Tunisie. « Les histoires de notre cousin sont bien amusantes, dit l'aîné à son frère; je voudrais les entendre encore. Vois-tu d'ici ces démons de zouaves, avec leurs grands
fez rouges et leurs grands pantalons, qui se glissent comme
des chats le long des murs et sur les toits pour aller pêcher
à la ligne, quoi? des canards et des poules. J'espère bien
que papa me laissera engager dans les zouaves quand je
serai grand. Je n'aurais pas peur de grimper, comme eux,
sur les murs. Et toi, aurais-tu peur? Si j'essayais de passer
par la treille de notre jardin pour aller rejoindre le mur
du second voisin, qui donne sur une basse-cour, aurais-tu
peur de m'y suivre? Entends-tu les poules et les pintades
qui gloussent? Elles semblent nous dire d'aller les voir.
C'est cela qui ferait rire notre père et notre cousin quand
nous leur rapporterions des poissons à plumes, comme les
zouaves, au bout de nos lignes à pêcher! Toi, tu prendras
une poule; moi un coq, parce qu'il est plus lourd, et je suis
plus fort que toi. » Le petit, plus doux, plus chétif et
moins entreprenant, sous l'influence d'une frayeur naissante, hasarda quelques objections, c'est-à-dire se mit à
raisonner dans un sens contraire. « Tu sais, mon ami, que
papa t'a défendu de monter sur le mur du voisin, qui est
recouvert de tuiles mal jointes, et d'où tu peux tomber et
te tuer raide. Tu pourrais te casser le cou, surtout parce
que tu aurais désobéi. Ma bonne m'a dit que Dieu punit
ainsi les enfants désobéissants. » L'autre s'enferre de plus
belle dans les raisonnements favorables à son désir. » Pourtant, dit-il, c'eût été bien amusant ! Et puis, tu sais que ta
bonne nourrice est un esprit faible, une radoteuse : c'est

papa qui l'a dit. D'ailleurs, les tuiles du mur sont plus solidement fixées qu'elles ne le paraissent ; je sais marcher sur
un mur, car j'ai vu faire le domestique du voisin ; en regardant bien où l'on pose les pieds, c'est un jeu que de courir
là-dessus. Le tout est de n'avoir pas peur. » Le père, inter-
rompant la discussion, dont il avait entendu quelques lam-
beaux, défendit de nouveau à son fils aîné d'essayer une
tentative de ce genre, et lui déclara très énergiquement
qu'il y avait danger, que la muraille n'était pas sûre. L'enfant, malgré la confiance et le respect que lui inspirait son
père, ne tint pas son désir pour battu. « Je vous promets
d'obéir, dit-il ; mais, mon père, êtes-vous bien sûr de ne
pas vous tromper ? »

Le goût du *fruit défendu*, la frayeur d'un mal exagéré
sont les ressorts dominants de la logique enfantine. Tous
les sentiments qui se rattachent au désir ou à l'aversion
ont la même influence. Ils prolongent ou interrompent,
modifient quelquefois instantanément la suite des associations mentales, attirant l'attention sur l'objet qui flatte et
la détachant de celui qui déplaît. A trois ans, une des filles
de M. Egger « se plaint d'avoir mal aux dents (notez en
passant cette exacte localisation de la douleur) ; on lui dit
(à tort ou à raison, peu importe ici) que cela tient à ce
qu'elle n'a pas été sage ; elle répond que, quand elle était
sage, elle avait déjà mal aux dents » [1]. Le père ne voit là
qu'un indice de précocité dans le raisonnement. Il y a sans
doute autre chose : soit le désir de paraître sage et de ne
pas mériter des reproches, soit le désir d'avoir été sage
comme condition de n'avoir pas mal aux dents. Le raison-

---

[1]. Voyez *Observations et réflexions sur le développement de l'intelligence et du langage chez les enfants*, par M. E. Egger, 3ᵉ édition, 1881,
p. 41.

nement abstrait, indifférent, désintéressé, est très rare
chez l'enfant en général, et presque impossible chez un
enfant de cet âge.

Une petite de cinq ans et demi, qui va depuis deux
mois à l'école, s'y trouve encore dépaysée; elle s'y ennuie,
quoiqu'elle y reçoive des éloges pour sa conduite et pour
son travail. Elle n'a pas encore oublié les jupons de sa
mère. Ce sentiment d'ennui et les autres qui s'y ajoutent
l'ont fait changer d'avis sur un point très délicat. Autrefois,
il ne fallait pas lui parler d'une sœur ou d'un frère qui
pourraient venir. Elle dit maintenant: « Je serais bien contente d'avoir une petite sœur. On la ferait aller en classe,
et je resterais à la maison avec maman. » Ceci n'est pas
enfant seulement, mais humain. J'ai vu bien des hommes
se servir, après avoir changé d'opinion, pour établir leur
nouvelle manière de voir, des mêmes faits qui leur avaient
servi à prouver l'ancienne. C'est que le principe ou le point
de vue, disons mieux, l'intérêt, la passion, le désir, peuvent
changer du tout au tout, mais on ne fait pas pour cela table
rase. Combien de politiciens et d'administrateurs se croient
les mêmes, et sont au fond les mêmes, après avoir plusieurs
fois changé de conclusions et de cocardes !

Les goûts naturels ou acquis de l'enfant ont autant d'influence sur la direction de ses pensées que sur celle de ses
sentiments. Un enfant de neuf ans a appris de sa mère à
modeler de petits objets avec de la terre glaise. Son frère,
âgé de sept ans, et pourtant peu adroit dans ce genre de
travail, lui demande s'il ne saurait pas faire des assiettes,
des plats, des casseroles, des gigots, des haricots, des gâteaux. C'est un gourmand décidé. « Tu saurais faire tout
cela, puisque tu sais faire des bonshommes, qui sont sans
doute plus difficiles à faire. » Un autre enfant, leur ami, âgé

de six ans, dont le père est chasseur et qui aime fort tout ce qui
tient à la cynégétique, lui dit: « Non, je crois qu'un chien,
un fusil, une gibecière sont plus difficiles à faire. Tu sais
faire des hommes: je parie que tu ne saurais pas faire un
chasseur. » Les effusions de la gaieté, l'entrain de la plaisanterie, comme aussi les aiguillons du chagrin et du désespoir, excitent de la même manière l'enfant à raisonner.

Cette poussée du sentiment au raisonnement et à l'action
rend compte, en partie, de la mobilité de ses pensées et de
ses caprices, elle explique sa continuelle diversité d'avec
lui-même. A cinq ans et à sept ans, comme à deux et à
trois ans, il raisonne et agit d'après les mobiles qui sur-
gissent, tout autre suivant les cas et suivant les personnes;
par exemple, tendre et délicat avec sa mère, froid et stoïque
avec son père, plus obéissant envers celui-ci, plus obsé-
quieux envers celle-là. On dirait plusieurs caractères et
plusieurs personnalités en un seul individu. Ce ne sont que
divers états de la même personne. Le caractère, comme le
tempérament, comme l'intelligence et la volonté, est un
composé instable[1]. Aussi l'enfant, bien plus que l'adulte,
paraît, tour à tour, bon et méchant, réservé et grossier,
moral et pervers, bestial et raffiné, en un mot, réunit toutes
les oppositions, tous les contrastes. Ce doit nous être une
raison de plus d'être indulgents à ces petits êtres, qui, pri-
vés du contrepoids d'habitudes réglées de longue main et
d'expériences organisées en jugements solides, sont les
jouets de leurs vives impressions. Ils ont tant à faire pour
s'élever jusqu'à nous!

1. Sur cette importante question des anomalies apparentes de la
personnalité, voyez F. Paulhan, les *Variations de la personnalité à
l'état normal* (*Revue phil.*, juin 1882), et Th. Ribot, les *Conditions organiques de la personnalité* (*Revue phil.*, décembre 1883). Voir aussi
les nombreuses expériences de notre nouvelle école médico-psy-
chologique sur les suggestions hypnotiques de personnalités.

III

Raisonner, c'est conditionner un objet indéterminé, conférer à un sujet un attribut qu'on a déjà perçu dans un sujet ou des sujets semblables. C'est, pour employer en passant le langage de Jacotot, rapporter la chose qu'on sait à la chose qu'on voit, ou, comme les rapports des choses semblent infinis, retrouver *tout dans tout.* Plus on a vu d'objets, saisi de ressemblances, établi de rapports communs, plus on possède de conditions de raisonnement. Mais plus on a perçu de différences, d'exceptions, plus on est excité à raisonner et préparé à bien raisonner. On présente à un adulte un fruit inconnu, parfumé, velouté, de couleur appétissante. Il l'entame, en met une tranche dans sa bouche et la rejette aussitôt: ce fruit était d'un goût très désagréable. La première fois qu'il rencontrera un fruit pareil, il se gardera bien d'y toucher: une seule expérience lui a suffi pour savoir définitivement que les fruits de cette espèce sont détestables. S'il n'a pas ainsi formulé son jugement, s'il ne l'a même pas pensé de cette façon, il a réellement conclu d'un fait particulier à un fait particulier. Mais les termes de son raisonnement, qu'il peut analyser, sont pour lui décomposables en une infinité de notions équivalant à ce qu'on appelle des idées générales. Des expériences très nombreuses lui ont appris que la présentation désignée par le mot *fruit* a pour suite ordinaire la saveur agréable qui caractérise un objet comestible; d'autres expériences, en moins grand nombre, lui ont fait connaître des exceptions à la règle. Ces exceptions forment une espèce dans le genre, la catégorie des fruits qui, malgré leur belle apparence, sont amers ou même dangereux. C'est pourquoi,

s'il est prudent, s'il a bonne mémoire et jugement alerte,
il n'oubliera pas, à la vue d'un fruit nouveau, l'exception
possible, et il le goûtera, comme nous l'avons vu faire,
avec précaution. Le cas ne serait pas aussi simple, même
pour un enfant de cinq ou six ans. Combien il faut au jeune
civilisé, combien il a fallu aux premiers hommes d'expériences répétées, de synthèses et d'analyses renouvelées,
malgré toutes les excitations et tous les secours fournis par
le langage, l'éducation et l'exemple, pour pouvoir ébau-
cher d'une manière à peu près sûre, des analogies cons-
tantes et étendues, avec leur cortège de contradictions,
d'exceptions possibles !

Tout raisonnement implique un obstacle, un retard
apporté à l'évidence immédiate : autrement ce serait un
simple jugement. On pressent un rapport entre un objet et
un autre objet, entre une image et une autre image.
C'est une question qui se pose dans l'esprit. Très souvent,
surtout au début, l'enfant la résout sans coup férir, au
moyen d'analogies plus ou moins valables. Mais souvent
aussi, dès l'âge de trois ans, quelquefois un an plus tôt, ce
petit être, dont la crédulité nous fait sourire, montre un
scepticisme naïf, perplexe et hésitant où l'adulte affirme
ou nie. C'est qu'il a déjà été entamé par le doute qui naît
des expériences d'exceptions.

Il sait d'une manière positive que toutes les présenta-
tions ne donnent pas toujours ce qu'elles promettent, que
les suggestions les plus imminentes ne se réalisent pas
toujours. Que d'objets il a vus, désirés, demandés, touchés,
qu'on lui a refusés, ou dont on ne l'a pas laissé user à sa
guise ! Que de gronderies, de punitions lui ont values ses
plus délicieux caprices ! Que d'objets dérangés, détériorés,
brisés, perdus, par maladresse, étourderie, malice, enjoue-

ment, complaisance, colère! Que d'objets présents aussitôt
disparus, et d'objets invisibles rendus présents! Il sait tout
cela, et sa douce philosophie parfois s'en égaye et en égaye
les autres. En un mot, ni tout ce qu'il avait eu raison de craindre, ni tout ce qu'il avait eu raison d'espérer ne lui est arrivé.
L'idée des changements, des contradictions, des possibles,
couve dans sa jeune tête. Cette idée, cette disposition d'esprit, dans une foule de circonstances, se traduit par des
questions, des formules optatives, conditionnelles, dubita-
tives. Mais elle a toujours bien moins d'influence que le
mécanisme des associations habituelles.

C'est surtout, comme l'indiquent quelques-uns des
exemples déjà cités, dans ce qui intéresse directement sa
sensibilité que l'enfant, pressé d'arriver à ses fins, de conclure, et s'en trouvant empêché par quelque cause extérieure ou intérieure, demande aux autres la réponse à la
question qui s'est posée dans son esprit, et qu'il ne peut
résoudre. Mais son doute expectant s'exprime aussi bien
par la forme hypothétique ou conditionnelle que par la
forme interrogative[1]. Un enfant de trois ans et quelques

---

1. M. G. Tarde n'est pas tout à fait de cet avis. « L'esprit attentif,
dit-il, est essentiellement questionneur. Cette étrange faculté de dire
si, qui, non moins que la faculté de dire *oui* et *non*, concourt à la
formation de toutes nos idées (car toutes les lois scientifiques ne
sont que des hypothèses vérifiées et embrassant essentiellement
l'immensité des faits jugés possibles), s'explique par une analyse
pareille. Avant d'hypothétiser, l'enfant questionne. Avant de songer
à se dire : « Si ce rocher tombe, il m'écra.... », l'enfant commence
par se demander implicitement : « Le roc   tombera-t-il ? » L'i-
mage d'un rocher, ou la vue de ce rocher et l'image de son mouvement de chute se présentent ensemble à l'esprit de l'enfant ; et son
esprit, par exception (car la thèse et l'antithèse sont la règle ordinaire), n'établit entre ces deux idées aucun lien de foi positive ou
négative. Cependant, il désire, il a besoin de croire ou de nier. Ce
désir qui a une croyance future pour objet, c'est l'interrogation. »
(*La croyance et le désir : la possibilité de leur mesure, Revue phil.*
août 1880.)

mois a vu consolider un échafaudage, et on lui a dit qu'on
l'a attaché très fortement pour que les maçons travaillent
en sûreté. « Si le plancher tombe, dit l'enfant, les maçons
se feront-ils bien mal? » On voit ici la question doublée
d'une hypothèse. Un enfant de quatre ans et demi dit à
son frère, âgé de six ans et neuf mois : « Pourquoi dis-tu
les *pieds de la table*? Est-ce que la table a des pieds et des
jambes? » L'aîné répond, en employant tout à la fois la
forme interrogative et l'hypothétique, ce qui indique chez
lui le travail de raisonnement qu'il veut suggérer à son
frère: « Et toi, est-ce que tu n'as pas des pieds pour te
tenir debout? Si la table n'avait pas des pieds, est-ce
qu'elle se tiendrait debout? — Oui, répond l'autre, il
faut qu'elle ait des pieds. » La dernière question, faite
par une mère, serait absurde; elle rappellerait le fameux
refrain des *petits bateaux qui vont sur l'eau parce qu'ils
ont des jambes*. Mais elle est naturelle, raisonnable, utile,
dans la bouche d'un enfant s'adressant à un enfant plus
jeune. Les raisonnements en vertu d'analogies grossières
et superficielles sont tout à fait à la portée de ce dernier.

L'enfant trouve si commode et prend si bien l'habitude
de faire résoudre par autrui toutes sortes de questions
qu'à l'âge de cinq ans (surtout l'enfant du sexe féminin)
il en vient à poser, à tout propos, des questions indifférentes. Il jette dans ce moule, indistinctement, et ce qu'il
sait, et ce qu'il veut savoir. Même quand il est seul, il se
fait à lui-même les questions qu'il ferait à d'autres. Ce
n'est pas toujours en pure perte. En présentant comme
douteux ce qui est certain, il est quelquefois amené, si on
sait discrètement l'y encourager, à revoir ses prémisses et
ses conclusions, à vérifier ses jugements antérieurs. Il faut

tant répéter, comme l'a tant redit Jacotot, pour savoir à la fin quelque chose! Il est d'ailleurs à peu près impossible qu'un raisonnement se présente absolument dans les mêmes circonstances qui l'ont déjà fait produire; le nouveau point de vue modifie en quelque façon les connaissances déjà acquises. Un enfant, que l'on gronde assez souvent pour sa maladresse, dit à sa mère: « Mais je pense bien que je deviendrai plus adroit après, n'est-ce pas? » On lui a dit souvent que son frère était autrefois maladroit aussi; il a pu lui-même remarquer quelques-uns de ses propres progrès en dextérité. Le point qu'il met en question ne devrait donc pas lui offrir l'ombre d'un doute. Mais en posant la question à autrui, il se la pose à lui-même, il y réfléchit plus ou moins; il revoit les raisons qu'il a de conclure. Il repasse de la sorte une leçon déjà sue et qu'il saura de mieux en mieux, à force de la répéter.

Si, bien raisonner, c'est ajuster exactement des expériences antérieures à des expériences actuelles ou supposées prochaines, on comprend qu'avec son pauvre stock de connaissances différenciées, l'enfant, dans bien des cas, raisonne autrement qu'un adulte à l'esprit cultivé. Il doit même en être ainsi : sa logique n'est pas la nôtre; elle est faite de ses prédispositions innées ou héréditaires, de ses expériences propres, ou de nos expériences transmises par mille voies, et agglutinées aux siennes. Ses expériences à lui le guident-elles souvent dans ses inférences? Peut-être moins souvent qu'il ne le semble. Quoi qu'il en soit, on peut retrouver chez lui la plupart des mauvais raisonnements de l'adulte ayant pour causes la précipitation, la passion, l'inattention, les souvenirs incomplets, les associations désordonnées. Mais très souvent aussi, comme le dit Mme Necker de Saussure, ses « raisonnements ne sont

que le prétexte de la volonté¹ »; ils s'exercent en vue
d'actions simples et immédiates, par le moyen de représentations concrètes, vivantes, bien définies ; par suite, la
logique de l'enfant, comme celle de l'animal, doit être
plus rarement en défaut que celle de l'homme, dont la
vie et la pensée sont beaucoup plus complexes, les besoins
plus variés, plus artificiels, et la science peu supérieure.
En tout cas, bien raisonner, pour lui, ce n'est pas tirer la
conclusion que nous tirerions nous-mêmes : au contraire,
l'éducateur doit toujours se mettre en garde contre ces
fausses rencontres de la raison enfantine avec la nôtre. A
quatre ans, à cinq ans, à six ans, l'enfant emploie à notre
façon les mots de *présent*, d'*avenir*, de *passé*, de *durée*. les
mots *on*, *tous*, *se*, et d'autres ayant pour nous une extension
assez grande; il moralise sur principes, parle avec aplomb
de mérite et de démérite, de sagesse, de prudence, de
bonté et de méchanceté ; il cherche à tout des raisons, et
il n'est presque jamais embarrassé pour donner les siennes; il discute en personne entendue ses affaires et celles
d'autrui : en tout cela, nous le prendrons au sérieux, mais
pas autant qu'il le fait lui-même. Sachons bien que dans
tous ces raisonnements à l'adulte, dont pourraient s'émer-
veiller des parents malavisés, il n'y a souvent, et il ne doit
y avoir que des apparences de raisonnements, de véritables paralogismes.

Dans un enfant de quatre ans, les idées relatives aux
trois aspects du temps et à la durée sont encore nécessairement bien vagues. De même que ses expériences passées,
ses idées sur le temps sont toutes limitées, personnelles,
concrètes. Il n'applique assez bien l'idée de futur qu'aux

1. *L'Éducation progressive*, t. II, p. 127.

relations les plus simples et les plus familières. Ainsi, après s'être miré dans les facettes d'un cristal, il dira fort bien : « Regarde, maman, tu verras deux, trois, quatre petites mamans. » Et encore : « Dans trois jours, c'est dimanche : je porterai un bouquet à grand'mère, et j'aurai des dragées pour deux ou trois jours, si mon frère Paul ne me les mange pas toutes. » Mais, et même un peu plus tard, s'il faut en juger par les applications qu'il en fait, les idées du temps, des séquences naturelles des choses, de la durée, sont encore bien peu distinctes pour lui. La petite fille de M. Egger « croit qu'on l'appellera Marie quand elle aura neuf ans ». Elle dit aussi : « Je porterai Emile (son frère aîné) quand il sera petit. » Semblablement, mon neveu Charles, à quatre ans passés, ayant vu passer un petit vieux, me disait : « Quand je serai un petit vieux, est-ce que tu seras jeune? »

Pour le maniement de ce concept du temps, comme pour les autres concepts dits généraux, j'ai cru remarquer une certaine différence entre les enfants élevés par des parents instruits et les fils d'ouvriers, surtout de paysans, et peut-être aussi, en général, entre les garçons et les filles. Une de mes petites voisines, fille d'un maraîcher, fort vive dans ses jeux, qui paraît intelligente, qui compte jusqu'à *mille*, mais qui, à mon avis, est trop habile à reproduire les phrases des grandes personnes, entend sa mère dire : « Voilà aujourd'hui sept ans et demi que nous nous sommes mariés ! » La petite, qui a six ans passés, fait pourtant la réflexion suivante : « Sept ans et demi, ce n'est pas bien longtemps, ça : j'ai dû vous voir marier, alors? » A l'âge de cinq ans, un petit garçon, qui ne l'aurait pas dit à six ans, disait à sa mère quelque chose de semblable. Celle-ci lui avait appris qu'avant d'être mariée et de s'ap-

peler M^mo X, elle s'appelait Mlle Z. L'enfant lui dit :
« Quand je serai grand, je n'aurai pas besoin d'aller.
chercher une demoiselle pour me marier : tu t'appelles
déjà M^mo X, et moi M. X; il n'y aura rien à changer ; je
pourrai me marier avec toi. »

On dit que, pour un être infini, prévoir, c'est voir :
pour l'homme prévoir, c'est avoir vu, c'est revoir. Ces
confusions des temps verbaux que nous notons dans les
phrases d'un jeune enfant ne sont pas seulement des
erreurs grammaticales[1] ; elles expriment quelque chose de
bien réel, l'identification de faits semblables pour lui,
mais distincts pour l'adulte. Rien d'apriorique dans cette
notion du temps, et l'usage maladroit qu'en fait l'enfant,
encore à cinq ou six ans, et quelquefois plus tard, accuse
bien son origine expérimentale. La croyance à des choses
à venir, qui se trouve aussi chez l'animal, n'est pas la
croyance à l'avenir. L'anticipation de l'avenir, dont on a
voulu faire une intuition, n'est pas d'abord autre chose
qu'une disposition organique à répéter les mêmes actes
et les mêmes jugements pour se mettre en relation avec
les mêmes objets. A propos d'une sensation éprouvée ou
imaginée, penser à une certaine sensation ou à un groupe
de sensations mentalement associées à la première, s'attendre à retrouver des rapports connus, c'est reproduire
simplement une représentation du passé. Si le raisonnement atteint l'avenir, c'est en tant qu'objet d'expérience
faite, en tant que passé. Il y a bien réellement une expérience de l'avenir, quoi qu'on en dise, et l'avenir pour
l'homme n'est jamais, ne peut être que cette expérience.
Un enfant de trois ou quatre ans, qui a été d'abord grondé,

1. Voir Mme N. de Saussure, L'*Educ. progr.*, 2, I, liv. II, ch. vi,
et le Mémoire de M. Egger, partie II et III.

puis corrigé, pour avoir tiraillé avec les pincettes les oreilles du chien, au moment où il cède à la tentation de renouveler cette méchante action, se rappelle tout à coup le visage irrité, la grosse voix, le dur contact de la main de son père. Ces derniers faits, conséquence des premiers, sont revus par lui dans l'ordre où ils se sont produits, c'est-à-dire après eux. Il les revoit, il ne les prévoit pas. Si son père survenait juste au moment où la représentation s'en fait dans l'esprit de l'enfant, et s'il le frappait aussitôt, il n'y aurait rien de changé dans l'ordre des faits qui se sont déroulés dans l'esprit de l'enfant : son raisonnement serait le même; mais on ne pourrait pas dire qu'il aurait prévu le coup; il l'aurait tout à la fois mentalement revu et physiquement senti. Il faut donc s'entendre quand on dit que le raisonnement conclut du passé à l'avenir, comme aussi du connu à l'inconnu, du particulier au général et réciproquement[1]. Nous concluons et toujours du

1. Conférez V. Brochard, dans sa remarquable étude sur la *Logique de Stuart Mill* (*Revue phil.*, nov. et déc. 1881) : «... L'inférence et le raisonnement sont, non pas un passage quelconque, mais un passage réfléchi, raisonné, d'une idée ou d'une chose à une autre. En d'autres termes, on doit introduire dans la définition du raisonnement l'idée d'une conséquence, d'une garantie, d'un principe, d'un droit, c'est-à-dire d'un rapport non seulement empirique et donné, mais nécessaire. » C'est d'ailleurs ce que Mill semble admettre quand il dit : « Inférer une proposition d'une ou de plusieurs autres préalables, la croire et vouloir qu'on la croie comme conséquence de quelque autre chose, c'est ce qui s'appelle, au sens le plus large du mot, raisonner. » Ce mot *passage* fait, selon moi, une confusion regrettable, en ce qu'il paraît établir une distinction réelle entre deux idées, tandis qu'il n'y a, en fait, dans le raisonnement, qu'application d'une seule idée, d'un semblable, à deux objets distincts. Aller du connu à l'inconnu, ce n'est pas devancer l'expérience, c'est la prolonger, grâce à des analogies éprouvées, soit dans une durée, soit dans un espace, dont les idées ne sont elles-mêmes que des expériences étendues, non conclues, au sens exact du mot. Il y a donc passage, non d'une idée à une autre, mais d'un objet (réel ou supposé tel) à un autre objet.

même au même, du semblable au semblable, mais dans des circonstances et à propos d'objets où le même et le semblable s'unissent à quelque chose d'inconnu et de différent. L'idée même abstraite d'avenir n'exprime, en réalité, rien d'ajouté à l'expérience. Le passé connu n'est-il pas une série ininterrompue de passés, de présents et d'avenirs concrets, c'est-à-dire d'antécédents et de conséquents invariablement reproduits?

L'appréciation de la durée, qui marche de concert avec celle de la distinction des trois temps, exige elle-même de nombreuses expériences, l'usage de l'abstraction supérieure et une certaine capacité d'observation qui fait défaut à beaucoup d'enfants, et qui, chez le même individu, est toujours très variable. « Je sais ce que c'est que deux et trois heures, disait un enfant de six ans, qui accompagnait souvent son père aux cours que ce dernier faisait à la Faculté : c'est le temps de deux et de trois conférences de papa. » Ainsi le fils de M. Egger avait dit au même âge : « Une heure, c'est le temps d'une leçon (il prenait des leçons d'une heure). » C'était déjà là, pour ces deux enfants, un commencement de détermination dans l'idée de durée : mais combien vague ! Quand le premier, à la campagne, sur le bord de la mer, ou pendant ses visites à des amis, rencontrait un plaisir absorbant, il ne s'occupait guère des heures et des minutes. Le jeu terminé, surtout s'il avait besoin de se disculper, l'appréciation du temps écoulé ne manquait pas de se faire en sa faveur, et c'est le plus franchement du monde qu'il disait, à onze heures ou à midi, après toute une matinée d'escapade : « Je ne pensais pas qu'il fût plus de neuf heures et demie. » Les indications numériques entrent comme elles peuvent dans ces supputations enfantines, et presque toujours passionnées, de la durée. Dans mon dernier voyage de vacances, la famille de mon frère m'attendait pour deux heures de l'après-midi. Le plus jeune de mes neveux (sept ans et deux mois), dès le matin, courait à la porte ou aux fenêtres, à chaque bruit de voiture. Il disait vers midi : « Je me figure que la pendule retarde : il doit être au moins deux heures ; je n'ai jamais vu passer autant de voitures les autres matins. — Parbleu ! le temps te paraît long, lui dit son frère, parce que tu attends notre oncle ; mais il ne passe pas plus de voitures aujourd'hui que les autres jours. Les autres jours, tu ne remarquais pas toutes celles qui passaient : aujourd'hui tu les comptes. »

Même alors que l'enfant en est arrivé à pouvoir analyser quelques-unes de ces idées complexes, comme l'idée de *tous*, et malgré le grand nombre d'expériences sans cesse accrues et diversifiées, il est loin de raisonner sur ses termes comme on pourrait le croire. *Tous*, ou *tout le monde*, a pour lui bien plutôt le sens d'un collectif partitif que d'un collectif général ; *on* signifie le plus souvent moins que cela, il est l'équivalent d'*une personne* ou de *quelqu'un*. Une mère dit à son fils, âgé de cinq ans et demi : « Tout le monde aujourd'hui va mettre des drapeaux à la fenêtre : c'est la Fête nationale, la fête de tout le monde ? » L'enfant ajoute : « Qui est ça, tout le monde ? » Un enfant de six ans est rencontré dans l'escalier par sa tante, à la maison depuis deux jours, et qui, en habits de dimanche, se dispose à aller à la messe. « Jack, dit-elle à la mère de l'enfant, ne vient donc pas avec nous à la messe ? Il n'est pas endimanché. » L'enfant riposte avec dignité : « Les hommes ne vont pas à l'église. » Cela est très vrai pour le père de l'enfant, et pour l'enfant lui-même, car sa mère a une foi tolérante. Mais si l'enfant était allé une seule fois à l'église, il saurait qu'il y a des hommes, et même des enfants qui vont à l'église. Jack fait là un raisonnement du genre de ceux qu'on appelle inductifs, raisonnement faux pour nous, mais dont la conclusion est légitime pour l'enfant qui n'a pas fait les expériences voulues pour donner au mot *hommes* l'extension qu'il aurait dans la bouche de son père. En voici un autre d'apparence déductive et aussi bien conditionné qu'il peut l'être, eu égard aux incomplètes expériences de son auteur. Deux enfants, l'un de six ans, l'autre de quatre ans, se sont égarés dans les champs, assez loin de la villa paternelle. Le plus jeune, harassé, les pieds meurtris, ne peut plus marcher. « Attends ! dit l'autre, je vais te porter. Viens dans mes bras : c'est cela ! Pends-toi à mon cou. C'est comme cela qu'on te porte quand tu ne peux pas suivre. Allons ! Nous y voilà ! » Mais, deux ou trois minutes après, les deux frères, à bout de forces, roulent sur le sol. Inférence relativement juste, mais que l'enfant, ce semble, aurait pu mieux conditionner. En effet, il n'avait pas seulement vu quelques personnes de sa famille porter ainsi son jeune frère ; lui-même avait plus d'une fois essayé de le soulever en faisant quelques pas, et il aurait dû se rappeler qu'il n'y avait jamais bien réussi. Ici donc le désir très vif d'accomplir cet acte le faisait raisonner contrairement à son expérience.

C'est surtout quand l'enfant veut agir et raisonner en homme qu'il raisonne et agit le plus mal, c'est-à-dire tout à fait en enfant. Il le sent bien quelquefois, et alors il semble faire effort pour se hausser jusqu'à nos généralisations. Il analyse lui-même, d'après notre exemple, les mots dont il se sert pour bien s'en expliquer le contenu.

Me trouvant de passage chez mon frère, je m'étais laissé retenir deux jours de plus que je ne voulais. Mon neveu (sèpt ans), au lieu de me dire que, puisqu'on avait obtenu de moi deux jours de plus, on pourrait m'en demander davantage, me parla ainsi, tout en riant : « Tu sais, tu ne pars pas aujourd'hui, tu pars demain. Demain, on te dira que tu pars demain, et tu resteras toujours. » On le voit, la formule générale que nous donnons toute faite à l'enfant n'est pas reçue par lui comme telle : il lui en faut une à son usage, et qui soit son œuvre ; celle-ci ne se développe pas tout d'un coup, sans préparation. L'exemple suivant en est encore une preuve. Deux enfants avaient été confiés par leur mère à leur cousin pour une promenade en voiture. Au retour, l'aîné, âgé de cinq ans et demi, dit à sa mère : « Nous t'avions promis d'être bien *tranquilles*, et nous l'avons été. N'est-ce pas, cousin ? Nous ne nous sommes pas trop penchés pour regarder en bas autour de nous ; nous n'avons pas crié de façon à effrayer les pauvres chevaux ; nous ne nous sommes pas tenus sur la roue pour descendre ; nous n'avons pas sauté à terre avant que les chevaux fussent arrêtés : nous avons été très sages. Tu peux être contente de nous. » L'enfant éprouvait le besoin, pour se faire bien comprendre, pour se bien comprendre lui-même, de détailler en ses composants sensibles et concrets ces deux formules générales : *être sage, être tranquille*.

Il en est de même pour la plupart des raisonnements de causalité et de finalité. L'enfant a toujours besoin de chercher des *parce que*, des *raisons*, des *causes*, des *motifs*, des *justifications*. Quand ses conclusions ne dépassent pas la portée de ses expériences les plus simples, passe encore : mais que de raisonnements il opère à chaque instant, auxquels il manque une condition essentielle, qu'il ne sait pas, qu'il a oubliée, ou que sa paresse à analyser, l'impétuosité de ses désirs, sa tendance à réaliser sur-le-champ une hypothèse intéressante lui font outre-passer! Un enfant, âgé de sept ans, vient éveiller son oncle qui se repose des fatigues d'un long voyage. Il lui dit : « J'ai trouvé ton porte-monnaie sur la cheminée de l'autre chambre. J'y ai vu cent francs d'un côté, et cinq francs de l'autre. Il y avait quelque chose au milieu, que je n'ai pas pu ouvrir. Il doit y avoir là d'autre argent : car tu as plus de cent francs? Tu n'es pas si pauvre que ça! — Pourquoi donc? — Parce que papa, mon grand-père et mes tantes ont beaucoup plus d'argent quand ils voyagent. » Ce raisonnement n'est bien conditionné qu'en apparence. L'enfant a vu les porte-monnaie des divers membres de sa famille, il sait qu'ils contiennent des sommes assez rondes pendant les voyages ; mais il n'a aucune donnée pour supposer que le porte-monnaie de son oncle ne lui a pas révélé tous ses secrets. Il ignore qu'il y a des différences de position, etc. Si la conclusion de son raisonnement n'est pas réellement fausse, elle a eu plusieurs chances de l'être. Au point de vue de la logique enfantine, elle est vraie.

Faute d'expériences assez nombreuses pour multiplier les hypothèses, tenir compte des exceptions, du différent dans le semblable, en un mot, pour consolider les prémisses, pour conditionner les termes de leurs raisonnements, les enfants, de trois à six ou sept ans, montrent la même faiblesse dans leurs inférences morales. Les principes généraux pour nous ne les dirigent, dans ce domaine du bien et du mal, de la sagesse et de la prudence, que sur un nombre infiniment restreint d'objets. Nous nous bornerons, sur ce point, à une belle citation de Mme Guizot, et cette page, d'une si pénétrante finesse, terminera au mieux le chapitre :

« Un principe général se forme en nous, dit-elle, par

abstraction : procédé qui ne peut être à l'usage des enfants
que sur le nombre infiniment petit d'objets qu'ils connaissent assez familièrement pour en tirer certaines qualités
qu'ils appliquent à tous les objets de même espèce. Louise
(cinq ans) sait très bien qu'on se fait mal en donnant de la
tête contre la table de la cheminée, mais je ne répondrais
pas qu'elle en eût encore tiré, du moins de manière à s'en
rendre compte, l'idée générale qu'il faut, en courant, regarder ce qu'on a devant soi; et je suis bien sûre que si
elle entendait dire que la lumière éclaire, elle répondrait
que c'est le soleil et la lampe qui éclairent. Sophie (huit
ans) comprend très bien, quoiqu'elle l'oublie souvent, que
je ne veux pas qu'elle emploie à son plaisir mes pelotons
ou mon coffre à ouvrage ; mais si j'avais commencé par
lui dire qu'on ne doit se servir que de ce qui vous appartient, elle m'aurait certainement demandé pourquoi. Il
faut bien, et il faudra encore longtemps qu'elle obéisse à ce
précepte et à beaucoup d'autres avant d'en comprendre la
base; mais du moins, pour en tirer quelque profit, a-t-elle
besoin d'en connaître l'application : elle n'y arrivera que
par l'expérience. Ainsi, comme il lui est plusieurs fois
arrivé de trouver mauvais que sa sœur prît sa poupée ou
se servît de son écritoire, elle sait à présent que se servir
de ce qui ne nous appartient pas, c'est faire une chose
qu'elle condamne, et le précepte a pris pour elle une forme
sensible. Mais tant qu'on n'en est pas arrivé là, les maximes générales entrent, comme on dit, par une oreille et
sortent par l'autre : aussi, rien de plus parfaitement inutile
que ce qu'on appelle prêcher les enfants. Votre oncle
m'amuse singulièrement lorsque, dans ses jours de bonne
humeur, il veut faire aussi de l'éducation, et représente à
Sophie, par exemple, qu'elle ne peut se mettre en colère

parce que la douceur est le mérite des femmes, ou veut détourner Louise de jeter sa poupée par la fenêtre, en lui faisant des raisonnements sur les inconvénients de la prodigalité[1]. »

L'enfant ne comprend rien, en effet, à ces raisonnements étrangers à sa propre expérience. Non seulement il n'y comprend rien, il n'en retient rien ; mais, et bien peu de parents le savent, ces raisonnements imposés à l'enfant lui font perdre en même temps l'occasion et le goût de raisonner lui-même avec son propre fonds d'idées.

1. L'*Éducation domestique* ou *Lettres sur l'éducation*, t. I, p. 31.

CHAPITRE X

I

Les émotions du premier âge sont vives et passagères, appliquées à des objets simples, peu variées, et accompagnées de tendances mal coordonnées à des fins ou à des actions prochaines. Leur développement ou leur progrès en complexité est dû, en premier lieu, à l'accumulation des expériences ou des représentations, qui s'associent à l'idée de leurs objets, et qui, par suite, les font renaître elles-mêmes. Un enfant qui perd sa mère à trois ans n'en aura toute sa vie qu'une image vague et indifférente. Mais l'enfant qui perd sa mère à cinq ans, et surtout à sept ans, en conservera une image bien plus nette et plus exacte, et cela en raison de la précision et de la ténacité de ses perceptions, plutôt qu'en raison de son propre tempérament émotionnel. Que de représentations variées et suggestives se rattachent pour un enfant de cinq ans à l'idée de sa mère! Il aime tout en elle : le son de sa voix, son sourire, ses attitudes, ses gestes, ses vêtements, sa parure, ses bijoux; il voit en elle la pourvoyeuse des appétits, la dispensatrice des caresses et des faveurs; tout ce qui lui appartient, tout ce qui l'entoure, les lieux où il la voit d'habitude,

ceux où il l'a vue dans des circonstances extraordinaires;
en un mot, ses plus intimes et ses plus durables souvenirs,
se rapportent à cette chère image. Plus tard, adolescent,
homme fait, vieillard, c'est le retour fortuit d'une de ces
mille perceptions qui fera revivre avec l'image maternelle
l'émotion filiale. On dit qu'il est impossible à un aveugle-né
de se faire une idee à peu près exacte du monde de la
lumière : ainsi l'âme d'enfant qui a été privée des bontés
d'une mère, ou que des impressions ternes et peu nombreuses ramènent seules à ce souvenir, ne comprendra
jamais tout ce qu'il y a d'ineffable douceur dans ce nom
de mère. Il en est de même pour tous les sentiments, soit
agréables, soit pénibles, que peut éprouver un jeune enfant;
plus ont été répétées et variées les circonstances de leur
production, plus la reproduction en sera facile et fréquente.

Avec le nombre des expériences s'accroît la faculté de
les distinguer, de les classer, de les ordonner dans l'espace
et dans le temps. Ce progrès rejaillit sur les émotions. Un
enfant de trois ans avait été mis quelquefois en pénitence
dans une chambre obscure où on l'avait laissé pendant
cinq ou six minutes; ce genre de punition fut supprimé à
cause de la frayeur qu'elle produisait sur lui. Pendant les
quelques mois que ce moyen disciplinaire cessa d'être
employé, le seul mot de *chambre noire* le faisait pâlir et
arrêtait soudain une action commencée. Quand il eut près
de quatre ans, sa mutinerie ayant paru réclamer un surcroît de sévérité, on en revint à l'incarcération d'autrefois;
mais, comme cette peine lui fut infligée à plusieurs reprises
en peu de temps, l'impression primitive fut promptement
atténuée. Peut-être l'enfant était-il plus capable de la
classer, de l'apprécier en elle-même, de se dire qu'après
tout, ce court instant de solitude forcée n'avait rien de

bien pénible et de bien effrayant; en tout cas, l'effet de la punition matérielle était subordonné à celui de la punition morale, et l'enfant paraissait sincèrement plus affligé de l'avoir méritée qu'effrayé d'avoir à la subir.

Nous voyons, de même, que les animaux sont vivement impressionnés par les objets d'émotions pénibles qui n'ont eu que peu d'occasions de se représenter à eux. Pendant plus de deux ans, ma chatte Grimpette ne put entendre, sans grande frayeur, la voix d'une dame qui était venue me voir deux fois avec sa chienne. Au bout de ce temps, la dame ayant pris l'habitude de revenir souvent à la maison, et toujours accompagnée de sa chienne, celle-ci devint peu à peu un objet moins effrayant pour la chatte qui, cachée sous le lit, l'observa, se familiarisa avec son aspect, sa voix et son odeur. Elle finit même par ne plus se déranger, à la venue de la chienne, du lit ou du meuble sur lequel elle se trouvait. De là elle regardait, avec une certaine circonspection, peut-être avec quelque jalousie, mais sans effroi, son ancien épouvantail. Les expériences favorables à sa sécurité avaient remplacé des impressions paraissant annoncer des expériences contraires. C'est ainsi que nos émotions s'affaiblissent et s'usent, non pas tant par leur propre répétition que par le changement de nos idées relatives à leurs objets.

L'accroissement des expériences peut donc augmenter ou diminuer, selon les cas, la quantité et la fréquence des émotions. Cela dépend aussi de la qualité des émotions. La somme des émotions agréables que représente un être ou un objet l'emporte, pour un adulte, sur une somme égale ou seulement quelque peu inférieure d'émotions pénibles. C'est que l'adulte peut, en général, faire ce calcul d'algèbre morale. L'enfant en est incapable. Le plus souvent,

même encore à six ou sept ans, quelques impressions pénibles le détachent d'un objet considéré auparavant comme
une source de vifs plaisirs. Le plus souvent, c'est l'habitude
qui établit machinalement pour lui cette balance des émotions bonnes ou mauvaises. Il est beaucoup d'êtres, d'objets, de lieux, qui tour à tour lui font plaisir ou lui causent
de la peine. L'idée de ce plaisir est quelquefois en conflit
avec celle de cette peine : l'enfant imagine alors la possibilité d'atteindre ce plaisir ou d'éviter cette peine.
L'émotion qu'il éprouve en est quelque peu aiguisée ;
elle a une tendance à s'abstraire du moment présent. C'est
un progrès en complexité. Ainsi, la crainte qui se mêle
nécessairement à l'amour des parents amplifie cet amour
en le compliquant de respect. La somme des peines infli-
gées par les parents ou les maîtres l'emporterait-elle même
quelque peu sur celle des plaisirs qu'on doit à leurs bontés,
que les parents ou les maîtres ne laisseraient pas d'être chers
à l'enfant. Si elle l'emportait à tel point que la somme des
plaisirs en parût dérisoire, il n'en serait pas de même.
Rappelez-vous les mots amers qui jaillissent sur les lèvres
ou sous la plume de ceux qui furent chez eux méconnus
ou maltraités, lorsque, bien des années après, ils revoient
en image leur enfance abreuvée d'ennuis ou bourrelée de
coups. Rappelez-vous Chateaubriand, rappelez-vous Vallès.
C'est que nos sentiments les plus purs ne vivent pas d'abstraction ; ils vivent de satisfactions égoïstes, ou, si vous
l'aimez mieux, agréables. Faute de cet aliment naturel, ils
meurent ou s'aigrissent.

Nous ne parlons toujours que des émotions dont les
objets sont présents. La complexité des émotions implique
aussi un certain prolongement de leurs représentations.
L'enfant de cinq ans éprouve souvent des plaisirs ou des

peines par anticipation. Mais, pour qu'il en soit bien ému, il ne faut pas que leur moment lui en paraisse bien éloigné. Ainsi nous voyons des enfants de cinq ans, et même de quatre ans, que l'attente d'un cadeau ou l'espoir d'une partie de plaisir tient en éveil pendant toute une journée. Les mots *demain, après-demain* rapprochent la distance presque jusqu'à aujourd'hui, quand il s'agit de plaisirs; les mots la *semaine prochaine* jetteraient un froid considérable. J'ai vu des enfants de cinq ans qui, après six mois, parlaient avec émotion des plaisirs des vacances, et qui pourtant ne manifestaient aucune joie en entendant dire que les vacances allaient recommencer dans huit jours.

Quand la peine et le plaisir prévus sont en conflit, et l'un et l'autre assez prochains, il est rare, même pour un enfant âgé de six ou sept ans, que la balance émotionnelle ne penche pas du côté du plaisir. C'est que, au moment où l'image agréable surgit dans sa conscience, elle la remplit tout entière; toutes les tendances, toutes les forces de son être emportent son esprit vers ce plaisir assuré d'avance : toutes les autres images que l'objet pourraient susciter sont supprimées, expériences passées, conseils, leçons et châtiments. Au moment où l'image de la peine sensible attire à son tour l'attention de l'enfant, il se trouve en face d'une représentation bilatérale : la crainte de la peine prévue et le désir de la voir ne se point réaliser; par la force des choses, le désir devient si vif qu'il devient croyance; dès lors, l'enfant n'a plus d'effort à faire pour chasser de son esprit l'idée pénible; elle s'en élimine elle-même; la voilà pour un moment évanouie. Il est heureux que l'habitude, aidant un peu le progrès du jugement, dresse l'enfant à la prévision des peines prochaines qu'il encourrait en agissant différemment. On pourrait faire une

longue liste des actions que l'enfant accomplit ainsi par
habitude et par un vague sentiment du devoir. Tel est le
cas de l'enfant resté seul à la maison, qui continue à faire
ses devoirs, malgré toute facilité de jouer, ou le cas d'un
enfant qui hésite à faire devant un étranger un acte dont
il rougirait devant ses parents. Tous les petits progrès de
la prudence et de la moralité enfantine marquent une
extension des idées dans le temps, avec la subordination
émotionnelle dont je viens de parler.

Entre cinq et sept ans, les différences individuelles
sont beaucoup plus accusées. D'abord, le développement des organes de motilité permet aux sentiments une
expression plus parfaite. On peut donc, jusqu'à un certain
point, juger d'après la fréquence et l'intensité des diverses
émotions de ce qu'il y a de permanent et de dominant
dans le caractère. Ces dernières dispositions ont eu plus
de facilité à se développer sous l'influence des causes favorables, et les influences contraires n'ont pu qu'opposer de
fragiles barrières à ces impulsions manifestement héritées.
Cependant, il peut souvent arriver que des tendances naturellement plus faibles, mais favorisées par l'éducation, le
régime et les diverses actions du milieu physique et social,
affectent une vitalité trompeuse, une force qui ne persis-
tera pas en l'absence de ses causes d'excitation. Il faut
ajouter que telle émotion complexe et véritablement dé-
rivée ressemble souvent, dans ses caractères et dans ses
effets, à quelque émotion franchement primordiale. Les
plus savants observateurs s'y sont quelquefois mépris.
Ainsi, la crainte est évidemment une émotion primitive
et universelle; mais non pas, à mon avis, tel ou tel genre
de crainte. La peur causée par l'éclat du tonnerre, par la
vue d'un éléphant, d'un tigre, d'un loup ou d'un serpent,

le dégoût causé par la vue d'un crapaud, et nombre d'autres émotions analogues proviennent, assurent Darwin, Preyer et Sikorski, d'anciennes expériences ancestrales. On ne voit pourtant pas ces émotions se manifester de prime abord chez tous les enfants. De telles expériences ont dû être faites par les ancêtres de tout homme, comme par les ancêtres de tout animal manifestant les émotions instinctives dont il est ici question ; elles ont pu être, il est vrai, contrebalancées et enrayées chez tels ou tels de leurs descendants par un grand nombre d'expériences contraires. On peut admettre aussi, chez les premiers expérimentateurs de ces émotions terribles, des différences d'impressionnabilité et de mémoire qui expliqueraient la force ou la faiblesse de ces réminiscences lointaines. Mais cette force ou cette faiblesse indique-t-elle une qualité émotionnelle du genre de celles que les influences éducatives modifieront avec peine? Je ne le crois pas. J'ai connu un médecin qui avait habitué ses fils et même ses filles, malgré leur première répugnance, à prendre à la course des serpents : ils les saisissaient par la queue, les faisaient pirouetter à tour de bras, et les précipitaient de toutes leurs forces sur le sol, où ils leur écrasaient la tête.

La cruauté est, aussi bien que la sympathie, une transmission héréditaire. Mais que d'expériences diverses et contradictoires dans une lignée animale ou humaine! Je connais des enfants pleins de douceur pour certains animaux, cruels ou indifférents envers d'autres. L'ouverture de l'intelligence, l'exemple, l'éducation, peuvent seules expliquer ces anomalies. Les différents éléments d'expérience qui se sont associés à un sentiment quelconque, comme ils font partie d'un grand nombre d'autres associations, peuvent, de mille manières, se séparer du groupe

émotionnel auquel ils sont le plus habituellement réunis.
Cette abstraction ou dissociation des éléments émotionnels
rend compte de la pluralité des caractères dans le même
individu, de l'homme « ondoyant et divers » qui intriguait
et charmait tant Montaigne. Une jeune fille de dix-
sept ans, fort bonne et fort aimable, quoique fort vive,
(c'était une Espagnole), venait d'achever ses études en
France. Sa mère vint la chercher, et, fort satisfaite de ses
progrès, lui dit : « Pour te récompenser, nous irons à
Vittoria, où tu verras quatre exécutions. — Ah! s'écria la
jeune fille, d'une voix ravie et les yeux étincelants. Son
plus grand plaisir, disait cette charmante enfant, fort aimée
de ses compagnes et très caressante envers les chats de
l'institution, c'était de voir *la espada* entrer dans le cou du
taureau. J'ai dans mes relations le pendant de cette douce
jeune fille. C'est un jeune Uruguayen, âgé de dix-huit ans,
très sérieux, très rassis, très doux, qui est venu suivre à
à Paris les cours de l'École de médecine. Je l'ai un peu
malmené à propos de sa passion pour les toréadores. « Vous
direz ce que vous voudrez, me dit-il, je vous accorderai
que vous avez raison, que c'est une fête de bouchers et de
sauvages; mais je ne puis m'empêcher de trouver cela très
excitant, très attachant, très beau. Je me ferai inscrire
dans une société protectrice des animaux; je ne ferai
jamais de mal à un animal; mais chaque fois qu'il y aura
une course de taureaux, j'irai. » C'est bien ici le cas de
dire avec notre aimable poète :

Parlez après cela des bons et des méchants!

Une autre cause d'erreur dans l'observation du caractère des enfants, c'est le peu de précision, et quelquefois
le peu de sincérité des réponses qu'ils nous font, quand

ñous voulons aller au delà de leurs menifestations superficielles. Leur parole et leur mimique, instruments très
incomplets d'analyse mentale, ne nous apprennent rien de
certain sur leurs intimes sentiments. Excités à nous les traduire, ils les modifient à leur insu; ils se voient autrement
qu'ils n'ont été; ils se font tels qu'ils auraient dû être ou
tels qu'ils veulent paraître. Souvent, ils cherchent dans nos
yeux la réponse à faire; ils la risquent à tout hasard,
d'après nos sentiments présumés, par envie de nous plaire
ou peur de nous fâcher. Se voyant scrutés, ils deviennent
innocemment faux. Ils ressemblent en cela aux hommes
des races peu civilisées. Un Australien avait apporté à
Oldfield quelques spécimens d'une espèce d'eucalyptus.
Désirant connaître les habitudes de la plante, le voyageur
lui demanda: «Est-ce un grand arbre? » L'indigène répond
immédiatement que oui. Peu satisfait de sa réponse
Oldfield lui demanda de nouveau : « C'est un petit arbris-
seau? — Oui, » répondit-il encore [1]. L'enfant élude ainsi
quelquefois nos questions embarrassantes. D'autres fois,
pendant que nous épions chez lui l'effet de notre suggestion, son imagination est bien loin du lieu et du moment
présents : une impression quelconque, une seconde incitation venue du cerveau ou des viscères l'ont enlevé pour un
instant à nous et à sa conscience. En revanche, telle impression qui paraissait à peine avoir effleuré son esprit,
nous vient étonner par une brusque irruption dans ses discours ou dans sa conduite. Comment fixer à coup sûr cette
mobile conscience?

1. Lublock, L'*Homme avant l'histoire*, p. 7

II

Passons rapidement en revue les principaux chefs d'émotions distinguées par les mots de personnelles, sociales, supérieures, et voyons quel degré plus ou moins parfait d'intégration et de différenciation elles comportent, en général, dans la période de trois à sept ans.

A mesure que l'enfant grandit, l'amour de soi devient chez lui plus complexe, mieux défini, plus réfléchi, par moments plus conscient. Des représentations de toutes sortes, des souvenirs émotionnels plus nombreux l'excitent à chaque instant. On parle devant un enfant de quatre ou cinq ans de chute, de coups reçus, de souffrance aiguë, de maladie, d'agonie, et l'enfant, selon le nombre d'expériences précises que ces mots représentent pour lui, est plus ou moins porté à faire un retour sur lui-même, pour se féliciter d'être exempt de tels maux, ou pour demander s'il n'a pas à les craindre. Sa pitié est mêlée de réminiscences, d'appréhensions personnelles. On peut lui appliquer le mot de Mme de Sévigné, si vrai dans tous les sens : « J'ai mal à votre tête. » Les affections de toutes sortes qui se sont développées chez lui se répercutent sur ses émotions personnelles, sur la conscience qu'il a de les pouvoir ressentir et d'être par là heureux ou malheureux. Aussi, l'idéal du bonheur ou du malheur dépend-il de bien des choses, non seulement de l'espèce à laquelle on appartient, mais de la race, de la nationalité, du sexe, du tempérament, de l'âge, de la situation morale, de l'éducation, des dispositions momentanées du corps et de l'esprit. « Dis-moi qui tu fréquentes, je te dirai qui tu es » ; on peut aussi bien dire, à beaucoup d'égards : « Je te dirai ce que tu aimes ou détestes. » J'ai vu, chez des enfants nés très obligeants et très complaisants, dès l'âge de six ans, quelquefois un peu plus tard, les signes d'une froideur, d'une malveillance, d'une avarice qu'on était loin de prévoir : les exemples de leur entourage avaient, pour une large part, contribué à produire ce changement. L'égoïsme exclusif n'est qu'un égoïsme imparfait; il faut s'aimer dans les autres, comme il faut se respecter dans les autres. La froideur de cette ambitieuse que Louis XIV appelait sa Solidité lui vint sans doute en partie du sang et en partie de l'éducation : « sa mère ne l'avait, de toute sa vie, embrassée que deux fois au front, et encore après une longue absence [1]. » Je plains ceux dont on dit qu'ils sont durs à eux-mêmes comme aux autres. L'espérance, a dit je ne sais plus qui, nous parle avec un voix de mère : le joli mot! La conscience morale nous parle aussi avec la voix de nos proches, et quelquefois, hélas! avec celle de nos maîtres. Voyez ce que Töppfer dit de sa conscience d'enfant :

« Il est certain qu'une des choses qui nuisent le plus à la bonne influence des reproches intérieurs, c'est le timbre de voix, l'air que nous leur prêtons dans notre esprit. Pendant bien longtemps, je n'ai pas distingué la voix intérieure de ma conscience de la voix de mon précepteur. Aussi, quand ma conscience me parlait, je croyais lui voir un habit noir, un air magistral, des lunettes sur le nez. Elle me semblait pérorer d'habitude, faire son métier, gagner son salaire. C'est ce qui était cause que dès qu'elle se mettait à me régenter, je me mettais à regimber du ton à la fois le plus respectueux et le plus insolent [2]. »

1. Compayré, *Cours de pédagogie*, p. 185.
2. Töppfer, la *Bibliothèque de mon oncle*, p. 196.

N'est-ce pas une des plus vilaines formes de l'amour de soi que de ne pas s'aimer dans sa conscience?

Il est d'autres formes de l'amour de soi qui touchent à la vanité, mais qui peuvent engendrer avec une bonne opinion de soi des qualités propres à entretenir la socialité.

Tel est, ce me semble, le cas cité par M. Arréat. « Notre sympathie pour notre semblable, dit-il, vient aussi de ce qu'il s'intéresse vivement à notre activité, et partant la favorise le plus. L'enfant a plus de plaisir à jouer quand on s'associe à ses jeux; il vous invite à les partager. A un de mes camarades d'enfance, aimable causeur, aujourd'hui député, qui m'exprimait un jour son plaisir d'être avec moi, je répondis très naïvement : « C'est que je t'écoute volontiers. » Je n'y voyais pas de malice, tant c'était vrai[1]. Si l'on s'aime soi-même dans les autres, évidemment, on aime aussi les autres dans soi-même. Voici une application un peu moins aimable de la même loi psychologique. Ancien professeur et ancien député, M. S... disait à ses compagnons d'exil : « Vous vous plaignez du coup d'État, qui vous ravit à la France. Et moi, j'y perds encore plus que vous. Mon métier est d'être député, et l'on m'enlève à la tribune. » On a beau avoir une éloquence harmonieuse et persuasive, ce mot, bien que naïf, me paraît l'indice d'une personnalité trop faite d'elle-même.

Mais je reviens à mes enfants et à leur bon égoïsme. Ils rapportent à leur personne, grâce à l'abstraction et à l'analogie, dominées par le sentiment persistant de leur être, tous les attributs d'intelligence, de bonté, de grandeur, de beauté, d'excellence, de puissance, qui les ont

---

1. M. L. Arréat, dans un article de la *Revue de phil. posit.*, t. XXXI, p. 304, où il consacra un solide article à mes *Trois premières années de l'enfant.*

impressionnés chez les autres. Ainsi le développement
de l'émotion en apparence désintéressée, qui s'appelle
curiosité, ne manque pas de profiter au sentiment de notre
excellence. L'habitude et la facilité de découvrir des ressemblances et des différences, le plaisir de se sentir ému,
étonné, en face de ce qui paraît nouveau ou extraordinaire, le plaisir de découvrir la science, de posséder la
vérité, de voir qu'on est plus estimé et plus fort grâce à
elle, de voir qu'on échappe à mille inconvénients de
l'ignorance, le plaisir de se sentir, grâce à ses petites
connaissances, supérieur à d'autres et supérieur à ce qu'on
fut soi-même, la conscience de tenir en sa possession un
plus grand nombre d'idées applicables, de moyens de
réaliser son plaisir ou celui des autres, tous ces jugements,
tous ces sentiments, groupés autour du sentiment de la
curiosité, excitent, affinent, amplifient le sentiment de
l'excellence intellectuelle. Je sais que l'enfant, encore à
six ou sept ans, exagère souvent son mérite et rabaisse
celui des autres ; mais pas toujours. L'enfant intelligent et
bien élevé est beaucoup moins pédant à cet âge qu'il ne
le fut à trois ou quatre ans. Il a des moments de clair-
voyante modestie. Il fait volontiers le pédant, et, pour peu
qu'on l'écoute, qu'on le flatte, ou qu'on le contredise, il
étale superbement son petit moi, souvent indiscret, presque jamais haïssable. Mais il sait bien vous dire: « Je ne
sais pas cela ; je n'en suis pas encore là ; on ne m'a pas
encore appris cela. »

Tous les plaisirs d'activité nous montrent, chez l'enfant, le même mélange de jugements et d'émotions égo-
altruistes. Il jouirait mal tout seul du succès de ses efforts.
Il ne comprendrait guère la joie d'un triomphe incognito,
s'il n'avait eu plusieurs fois l'occasion de voir triompher

les autres. Remporté sur les choses extérieures, ce triomphe est bien peu de chose, quand il n'aboutit pas à la satisfaction d'un besoin pressant ou d'un violent désir. « J'étais là, j'ai fait cela, » voilà une formule qui doit avoir un auditeur pour que l'enfant se croie sûr d'un résultat ou qu'il en apprécie la valeur. Il ne se tient pas de joie lorsqu'on l'applaudit pour un talent, si petit qu'il soit, pourvu qu'il ait son louangeur en estime. Il se sent un personnage, quand un cocher, un domestique, un jardinier, un ouvrier, un paysan lui permettent de toucher leurs instruments et de déranger leur travail. C'est surtout l'appréciation certaine ou supposée d'autrui qui fait que l'enfant exagère ou rapetisse la grandeur de son œuvre. Écoutons encore M. Arréat: « Moi-même je me rappelle, un hiver qu'il était tombé beaucoup de neige, d'en avoir formé, en roulant une pelote dans la grande allée de notre jardin, une belle boule dont le souvenir me demeura comme de quelque chose d'énorme. Les années suivantes, je n'en sus faire aucune qui me parût telle, et je ne pouvais penser à la première sans l'imaginer toujours plus volumineuse, à mesure que je grandissais. Un jour pourtant, la réflexion venant, je me dis que cette grande boule de neige avait dû être fort petite, pour la mouvoir quand j'étais si petit. L'objet de mon idéalisation enfantine avait grandi avec moi ; et de plus, si cette grosse boule de neige m'avait paru une belle boule, si l'idée de beauté s'était attachée à celle de grandeur, c'était en raison de l'effort accompli[1]. » Le tableau, pris en lui-même, est vrai et complet; et, si je me permets d'y faire une surcharge, c'est seulement pour l'assortir à la circonstance présente. Voici le trait, ou plutôt la réflexion que j'y voudrais ajouter : c'est que le

1. L. Arréat, *loc. cit.*, p. 303.

plaisir d'avoir exécuté tout seul une boule si grosse et si belle se double inconsciemment du plaisir imaginé de dire à quelqu'un : « Voyez ce que j'ai fait là. »

Du reste, l'estimation purement judiciaire que l'enfant fait de son excellence ou de sa puissance influe sur la qualité et le degré des émotions qu'il en ressent. Sa confiance en lui-même est toujours excessive; mais elle s'étend dans le temps quand l'expérience lui interdit formellement de l'étendre dans l'espace. Sa puissance, à l'égard d'un grand nombre de choses, ne lui paraît plus illimitée que par l'illusion de la perspective. Comme il remet à demain, à plus tard, ce qu'il n'aime pas à faire aujourd'hui, de même il compte pouvoir faire plus tard ce qu'il sait bien ne pouvoir faire aujourd'hui. Son impuissance ne lui semble donc que relative et passagère. Aussi n'est-il plus autant humilié, quand il se voit vaincre par un de ses compagnons, tout en étant peut-être aussi fier qu'autrefois de l'emporter sur eux : « Tu verras plus tard comme je serai savant, quand j'aurai une belle grande barbe noire comme mon cousin ! » Il ne doute, ni de sa future science, ni de sa future barbe noire. Les jolis mots, mais souvent trop pris au sérieux, qu'entendent tous les jours les mères, mots exprimant une confiance ou une affection toute en perspective ! Je n'en citerai qu'un seul, pour faire voir le peu de fond qu'il faut en faire, car autant peut en emporter le vent. Une vieille demoiselle, fort charitable, s'était maternellement occupée du sort de quatre jeunes orphelins. L'aîné des garçons, âgé de douze ans, dit un jour à cette demoiselle: « Tu prends bien soin de moi, mais tu verras, quand je serai grand, je travaillerai beaucoup, pour te faire une vieillesse heureuse. » Huit jours après, le second des garçons ayant été amené chez sa bienfaitrice, lui dit à brûle-pourpoint : « Tu sais, quand je serai grand, tu n'auras pas besoin de travailler, ce sera moi qui travaillerai pour toi. » La demoiselle, intriguée, répéta le propos à la supérieure de la maison où était l'aîné des enfants : elle apprit que la phrase de l'aîné était la reproduction d'une leçon qui lui avait été faite, et qu'il avait repassée à son frère. Ce sont de ces mots sans portée, dont chacun de nous sourit plus tard, quand on les lui rappelle.

III

Dans les premières années, l'enfant se montrait sous ses formes spécifiques plus que sous ses formes individuelles. A mesure qu'il avance en âge, il paraît un peu moins espèce, et un peu plus individu. Autrefois, la sympathie et l'antipathie se rapportaient aux manifestations les plus extérieures et les plus simples des animaux ou des personnes. Il y avait tel son de voix, tel geste, tel regard, telle démonstration amicale ou joyeuse, hostile ou triste, qui avait un retentissement dans l'âme de l'enfant, selon qu'il était plus impressionnable, plus nerveux ou plus maladif. Jusqu'à l'âge de trois ans et demi, un enfant exsangue et souffreteux, né d'une mère phtisique, se mettait à pleurer si on lui parlait d'une certaine façon. A quatre ans et demi, quand il croyait vous avoir fait quelque peine, il pleurait, et cherchait à détourner la conversation, pour vous faire penser à autre chose. Maintenant, à l'âge de six ans, un peu plus gaillard, et développé en intelligence, il s'attache bien moins aux manifestations extérieures des sentiments qu'à l'appréciation qu'il peut faire de ces sentiments eux-mêmes. Ainsi, il aime beaucoup plus son

père que sa grand'mère, et il le dit franchement : « Toi,
dit-il à sa grand'mère, tu n'es pas méchante, mais tu n'es
pas bonne : tu ne sais pas ce qu'il faut faire pour me faire
plaisir. J'aime à me promener, et tu te plais dedans comme
une marmotte. Tu ne me fais jamais jouer. Tu ne me
contes aucune jolie histoire. Tu ne me fais jamais rire.
Ah ! par exemple, tu fais de la bonne soupe et de bons
pâtés ! »

Ce même enfant est d'un tempérament beaucoup moins
émotionnel qu'il ne le paraissait autrefois. Il a même une
certaine froideur qu'il tient sans doute de son père et de sa
grand'mère, bonnes gens, mais flegmatiques. Dès la cinquième année, j'ai pu constater que la sensibilité serait
chez lui subordonnée à l'intelligence et à l'activité. Il entre
fort bien dans les sentiments des autres, mais pour les
expliquer, pour en tirer des déductions pratiques. On lui
parle d'un pauvre ouvrier qui travaille douze heures par
jour pour nourrir sa femme et ses cinq enfants : « Oui, mais
il est payé pour chaque heure, il doit être bien content de
gagner plus que les autres. » Une dame inconnue, le ren-
contrant devant la porte de la conciergerie, où il passe les
trois quarts du temps, lui dit bonjour, en l'appelant par
son nom. L'enfant la regarde dans les yeux et lui dit :
« Je ne vous connais pas. » Il est, d'ailleurs, très poli envers
les personnes qu'il connaît. Une autre fois, en entrant chez
le concierge, il dit : « Bonjour, messieurs et dames. » Puis,
s'adressant à sa grand'mère, dont il tenait la main : « Il n'y
a pas de messieurs, n'est-ce pas ? — Non, il n'y a pas de
messieurs. — Alors, bonjour, mesdames. » Il est toujours
préoccupé de l'exactitude des choses qu'il doit dire ou faire.
Le tempérament proprement émotionnel, même quand il
est accompagné de beaucoup d'intelligence, s'occupe, avant

tout, du côté sentimental des choses. La sensibilité est à développer, à exciter chez les uns, à modérer et à régler chez les autres.

Quand il s'agit de l'interprétation des actions d'autrui, qui amène presque toujours une réaction émotionnelle, l'enfant le plus sensible paraît quelquefois inférieur à l'intelligent moins sensible. C'est que l'un a moins d'efforts constructifs à faire que l'autre pour comprendre. Les sentiments complexes ne se transmettent guère en vertu de l'instinct et par contagion ; mais ils peuvent se communiquer par réflexion, en vertu des associations établies entre les sentiments simples et leurs diverses manifestations. Un enfant de six ans, à qui sa mère demandait s'il ne trouvait pas que son oncle fût un peu triste cette année, lui répondit : « Je ne m'en suis pas aperçu ; il nous raconte des histoires très gaies. — Oui, dit son frère aîné, mais il les raconte sans rire ou, du moins, on ne peut pas savoir s'il rit, à cause de sa moustache. » Le plus jeune est très émotionnel, l'autre l'est beaucoup moins. Leur père avait eu une indisposition fort grave, qui l'avait retenu quelques jours au lit. Quinze jours après, les enfants écrivaient à leurs grands-parents. Le jeune avait fait un dessin comique, où il représentait son père au lit avec son bonnet de nuit, et il accompagnait cette caricature d'explications joviales. Il aime pourtant beaucoup son père ; mais il n'avait pas compris que la maladie de son père avait été assez grave, et qu'il aurait dû s'en affliger. L'aîné se borna à écrire, avec sa précision et sa sécheresse ordinaire : « Il y a huit jours, notre père a été pris d'une maladie qui a duré deux jours, et qui m'a beaucoup inquiété. C'est heureusement tout à fait passé. » Le plus jeune de ces enfants en était encore aux émotions simples et primitives, le second montrait des dispositions acquises, filles de l'expérience et du jugement.

L'imperfection du jugement est pour quelque chose dans cette étonnante versatilité des sentiments sociaux que nous trouvons encore chez les enfants, bien au delà de l'âge de sept ans. D'un jour à l'autre, d'une heure à l'autre, vous les entendez se récrier contre le caractère d'un camarade auquel ils venaient de prodiguer les plus tendres caresses. Ils ne sont jamais bien sûrs des dispositions que l'on a pour eux. Un froncement de sourcils leur gâte une partie de plaisir. Leurs propres dispositions changent avec la rapidité des images du rêve. En voici un exemple fort bien décrit, et qui vaut pour un nombre infini d'applications. « C'est vrai, pensai-je, que je suis petit, mais pourquoi me dérange-t-il ? Pourquoi ne va-t-il pas tuer les mouches au-dessus du lit de Volodia ? Il y en a pourtant assez ! Mais non, mon frère Volodia est plus âgé que moi ; je suis le plus petit de tous ; c'est pourquoi il me tourmente. Il passe sa vie, murmurai-je à demi-voix, à chercher ce qu'il pourrait me faire de désagréable. Il sait très bien qu'il m'a réveillé et qu'il m'a fait peur ; mais il fait semblant de ne pas s'en apercevoir... Le vilain homme ! Et sa robe de chambre, et sa calotte, est-ce assez laid ? » L'enfant n'a pas compris que son précepteur chasse les mouches pour l'éveiller doucement. Voici que la scène change. Le précepteur chatouille les pieds du dormeur endurci. « Je renfonçai ma tête dans mon oreiller, j'envoyai des coups de pied de toutes mes forces, et je me tins à quatre pour ne pas rire ! Comme il est bon et comme il nous aime ! disais-je en moi-même. Comment ai-je pu en penser tant de mal ? J'avais du remords, et je ne comprenais pas comment, une minute auparavant, j'avais pu ne pas aimer Karl Ivanitch, et trouver horrible sa robe de chambre, son bonnet et son gland. A présent, au contraire, tout cela me paraissait charmant, et le gland me semblait même une preuve évidente de la bonté de Karl Ivanitch. » [1] Voilà comment l'enfant, voilà souvent comment l'homme juge des dispositions de ses semblables.

Les affections individuelles ou électives, base des sentiments humains, ont pour éléments principaux la pitié et la protection. La pitié est un sentiment bien fragile, quand il ne s'appuie pas sur une expérience longue et réfléchie. La pitié naturelle, même chez les enfants les plus affectueux, est, à six ou sept ans, aisément satisfaite. Si l'enfant ne fait pas un retour sur lui-même, deux ou trois mots appris lui viennent machinalement sur les lèvres, en présence d'une personne ou d'un animal malheureux, et c'est tout. Si, par habitude ou par vanité, par l'effet de nos encouragements ou le désir de mériter nos éloges, il prolonge son apitoiement, ou le pousse jusqu'à l'action, il est vite fatigué de ce rôle. Il se sent plus fait pour être protégé que pour être protecteur. J'ai vu des enfants de six à sept ans garder une attitude silencieuse et contristée dans la chambre de leur père malade, qu'ils voyaient pâle, amaigri, incapable de prendre de la nourriture et de faire un mouvement. A peine sortis, ils avaient tout oublié, et jouaient avec l'insouciance de leur âge. J'en ai vu d'autres se récrier à la vue de quelques petits oiseaux que leur oncle avait pris au filet : « Les jolies petites bêtes ! J'espère que tu ne vas pas les tuer ! » L'oncle leur ayant dit qu'ils feraient un excellent manger, ils le regardèrent tranquillement prendre un à un les oiseaux, et leur serrer les flancs entre deux doigts pour les étouffer. S'ils avaient à pourvoir eux-mêmes à leur

1. Tolstoï, *Souvenirs*, traduit du russe, dans la *Revue polit. et litt.*, du 26 décembre 1885.

alimentation, ils ressembleraient le plus souvent à cette dame qui aime beaucoup ses poulets et ses pigeons, qui les caresse et les embrasse, et qui, le moment venu de les manger, les saigne ou les étouffe d'un cœur léger. Je lui disais un jour que si j'avais des animaux à tuer, je n'aurais pas le cœur de les aimer auparavant. « Cela m'amuse, dit-elle, je les aime pour moi. » Voilà bien le mot vrai. La pitié est chose égoïste, qui a tous les caprices et toutes les variations de l'égoïsme. Ainsi les sauvages accueillent des hôtes avec empressement, les régalent, les traitent en amis, et le lendemain les torturent ou les tuent. Bons et cruels tour à tour, par égoïsme inconscient.

Le sentiment en apparence tout personnel de la protection est à cultiver chez l'enfant. Il paraît instinctivement très développé chez certains enfants dès l'âge de quatre ans, et surtout chez beaucoup de petites filles. Le plaisir de donner et celui de recevoir sont tous les deux impliqués dans la bienveillance active, qui se manifeste quelquefois de très bonne heure. Plutarque, dans une lettre de consolation écrite à sa femme, trace ainsi le portrait d'une fille qu'il eut le malheur de perdre à l'âge de deux ans. « Outre l'amour naturel qu'on a pour ses enfants, un nouveau motif de regrets pour nous, c'est son caractère bon et ingénu, éloigné de toute colère et de toute aigreur. Elle avait une douceur admirable et une rare amabilité : le retour dont elle payait les témoignages d'amitié qu'on lui donnait, et son empressement à plaire, me causaient à moi-même le plus vif plaisir, et me faisaient connaître la bonté de son âme. Elle voulait que sa nourrice donnât le sein non seulement aux enfants qu'elle aimait, mais encore aux jouets dont elle s'amusait, appelant ainsi, par un sentiment d'humanité, à sa table particulière toutes les choses qui lui donnaient du plaisir, et voulant leur faire part de ce qu'elle avait de meilleur[1]. »

Ce sont là des symptômes rassurants pour l'avenir, mais toujours à condition que l'influence du milieu, de l'éducation, des exemples, que quelque passion violente, quelque dérangement important du cerveau ou des viscères ne viennent pas à la traverse. L'éducation peut développer outre mesure des sentiments intéressés qui font gravement tort, sans pour cela les détruire, à ces tendances naturelles de bonté et de bienfaisance. Cet enfant, à l'âge de deux ans, avait un excellent cœur; il était tout disposé à aimer son jeune frère. Il a grandi, il vous a vus chaque jour lui prodiguer les caresses et les attentions qu'il connaissait autrefois; quand vous embrassez son frère, vous ne le voyez pas détourner la tête, comme s'il regardait ailleurs; vous ne savez pas qu'il ressent alors au fond de son être quelque chose comme un coup de poignard, qu'il est jaloux sans savoir pourquoi, et peut-être pour la vie. Le plus jeune (l'avez-vous remarqué?) était d'abord tout admiration pour son aîné, plus fort et plus habile en toutes choses, c'est-à-dire capable de l'aider, de le protéger, de lui procurer des joies et de lui éviter des peines. Ce besoin et cette attente de services, d'abord gratuits, payés ensuite de retour, voilà le vrai ciment du sentiment social. Si vous n'avez pas pris garde d'établir, au moins de faciliter, par toutes sortes de moyens, ces puissants liens d'intérêt entre le grand et le petit, entre le bienfaiteur et l'obligé, ne soyez pas surpris de voir bientôt le plus jeune affecter envers l'autre une indépendance allant parfois jusqu'à l'hostilité.

J'ai connu une jeune fille très bonne, très douce, très sympathique, dès l'âge de quinze mois, qui devint peu à

1. Plutarque, *Consolation sur la mort de sa fille.*

peu tout autre, jusqu'au point de montrer, à l'âge de sept
ans, un parfait égoïsme. Elle n'aimait plus à donner, ou
donnait de mauvaise grâce ; elle semblait peu soucieuse de
faire du plaisir ou de la peine à ceux dont elle n'attendait
rien. Quand de pareilles transformations frappent des tendances manifestement innées, ce n'est plus du côté des
ancêtres qu'il faut regarder : dix fois sur vingt, si nous
observons l'entourage de l'enfant, nous trouverons le mot
de l'énigme. La vie, l'âme de l'enfant est aux trois quarts
l'image des nôtres. C'est nous qui avons favorisé ou contrarié la croissance de tel ou tel sentiment, utile ou nuisible,
joyeux ou triste. Dans le cas dont je parle, le mal venait
de ce que la mère, habituée dès l'enfance à recevoir et à
se faire donner des cadeaux, avait dressé l'enfant de telle
sorte qu'elle regardait aux mains des gens avant de regarder à leurs yeux.

Voici un exemple du même genre. La petite Georgette,
âgée aujourd'hui de six ans et demi, aime encore à donner
comme autrefois, mais surtout aux personnes qui ont l'habitude de lui donner. Ses caresses sont beaucoup plus vives
quand elle espère qu'on les lui payera en friandises ou même
en argent. C'est que sa mère l'a habituée à parler à tout
propos de l'argent qu'elle met dans sa tirelire pour acheter ceci ou cela. Elle ne juge plus les amis que sur ce
que leur visage promet. Ses démonstrations les plus tendres sont pleines de sous-entendus, de petits mots à double
sens, et les formules *je te donnerai, on m'a donné* ne manquent jamais d'y trouver place. On peut me dire que, dans
l'un ou dans l'autre cas, l'éducation et les exemples donnés
par la mère n'ont fait que développer un germe préexistant,
qui devait tôt ou tard se manifester pleinement, quand
l'enfant aurait fait assez d'expériences pour apprécier la

valeur de l'argent et se livrer en connaissance de cause à
ses tendances intéressées. C'est possible, après tout. D'autant plus que le frère aîné de la petite Georgette, qui tout
jeune se montrait peu tendre et peu obligeant, est devenu
à douze ans, grâce à sa droiture d'esprit et de cœur, un
petit garçon beaucoup plus sympathique et beaucoup plus
affectueux que n'est ou ne le paraît aujourd'hui sa sœur. Il
faut, d'ailleurs, dans le diagnostic si délicat du caractère,
faire la part de cet âge intermédiaire, de cette période extrême de l'enfance que Mᵐᵉ Necker de Saussure appelle
« la vieillesse de l'enfance ». Alors l'enfant, plus maître
de son activité, tout en restant aussi dépendant de nous
par ses besoins, plus riche en sentiments dérivés, sans avoir
encore perdu son impulsivité première, a plus d'occasions
d'exercer ses pétulantes facultés au profit d'une personnalité plus ample et plus consciente, mais encore très peu
fixée par l'habitude, très mal dirigée par la raison naissante.

Et puis, il ne faut pas regarder le revers seul de la
médaille. Il n'y a pas de sentiment personnel qui, même
chez l'enfant le plus mal doué ou le plus mal dressé, ne touche par quelque endroit à la sympathie. Une petite fille
de quatre ans et demi avait, malgré la défense de sa mère,
attelé un épagneul à la petite charrette du jardinier, et
elle s'y faisait porter en excitant à coups d'épingle la pauvre
monture d'occasion. L'animal, piqué jusqu'au sang, affolé,
partit d'un trait, renversant charrette et enfant, et il s'éloi-
gna traînant la charrette dans une direction inconnue. La
petite fille se releva, le front et les mains écorchés, et cou-
rut se cacher dans le salon ; sa mère et sa bonne étaient
absentes. Elle tremble de les voir rentrer. Elle pense à sa
chute, au chien. Son cœur bat fort dans sa poitrine ; elle

s'assied, elle bondit en avant, elle fait quelque pas, elle écoute, elle a l'air de réfléchir anxieusement. Qu'éprouve-t-elle, en définitive? Remords d'avoir désobéi, peur d'être grondée, d'être moquée, pitié pour le chien blessé ou perdu, tout cela peut-être. Un autre jour, la même petite fille supplia son frère aîné de grimper sur un arbre pour dénicher des oiseaux; le petit garçon, à peine à cheval sur la première branche, dégringole et se fait quelques contusions au visage. Très généreux, il fait promettre à sa sœur de taire l'aventure, parce qu'elle serait grondée de l'avoir poussé à désobéir. Un quart d'heure après, la mère découvre l'enfant, pâle et tremblante, sous la tonnelle du jardin: elle veut à toute force savoir ce qu'elle a. D'un air honteux, la voix entrecoupée de sanglots, l'enfant dit qu'elle a juré à son frère de garder le secret. La situation morale de cette petite impliquait un mélange de sentiments égoïstes et de sentiments bienveillants: pitié pour le blessé, désir de tout avouer pour lui faire donner des soins, désir de garder une parole d'honneur, crainte d'être grondée, de voir gronder son frère, de mériter son indignation par un parjure: en un mot, toutes les suggestions de l'égoïsme et de la générosité en conflit dans un jeune esprit, qui sait, lui aussi, dissimuler par intérêt ou par vertu. Dans le mal qu'il accomplit, le sentiment dominant, c'est, au début de l'action, le désir d'une jouissance égoïste; c'est, l'action faite, la crainte de s'attirer de la peine ou d'en faire à quelqu'un.

CHAPITRE XI

I

Un des principaux éléments de l'émotion esthétique, c'est cette transformation idéale que l'éloignement produit dans nos souvenirs de toute sorte.

Il y a pour nous un plaisir à demi désintéressé à contempler nos événements passés, avec les suppressions et les exagérations qui font l'illusion de la perspective mentale. N'étant plus exactement localisés dans le temps et dans l'espace, mis à part de leurs concomitants réels, ces événements nous paraissent tout à la fois nôtres et étrangers. Le sérieux et le rebutant des détails de la vie se trouvant aussi écartés, nos souvenirs, même les plus tristes, revêtent quelquefois cette idéale sérénité qui est le caractère le plus saillant de l'émotion esthétique. La première condition, pour éprouver cette émotion, c'est donc d'avoir la mémoire meublée d'un grand nombre d'impressions variées, et de réminiscence facile.

A ce compte-là et abstraction faite des diverses adaptations, plus ou moins accusées, de la mémoire héréditaire, il n'est pas un enfant âgé de trois ans qui n'ait en sa pos-

session les éléments les plus essentiels de l'émotion esthétique. Le fils du bouvier a tout ce qu'il faut, tout degré de
sensibilité et d'intelligence à part, pour devenir une façon
de Lulli ou de Michel-Ange. Remarquons, d'ailleurs, que si
la nature paraît donner les aptitudes spéciales, et la culture en assurer le développement, la qualité et la matière
de leur production sont dus aux souvenirs les plus personnels. Admettons, par exemple, que l'intérêt qui s'attache pour tout homme à la vue d'un paysage provienne
de tendances ancestrales aussi vagues que puissantes. On
sait, en effet, que Spencer et Schneider placent l'origine de
ce genre d'émotion dans l'imagination inconsciente d'objets
ou d'actions qui furent utiles à nos ancêtres. Il n'en est pas
moins vrai que ces tendances instinctives, d'où dérive le
plaisir de retrouver d'anciennes impressions agréables, se
compliquent et se renforcent des impressions de tout genre
qui ont pu s'y ajouter pour chacun de nous.

Un enfant de six ans, élevé à la ville et qui n'a eu que
de rares occasions d'aller à la campagne, ne voit dans
l'herbe qu'un beau tapis vert à souhait pour s'y ébattre.
Un campagnard du même âge, devant lequel on étale une
belle étoffe de soie, en admire simplement la couleur, sans
dire : « Je voudrais bien la froisser ! » Mais il dit : « Le beau
chien ! Je voudrais qu'il fût à moi ! » Une petite fille de
cinq ans, devant une des vierges de Murillo, qu'on l'invite à
regarder, s'écrie : « Je voudrais bien embrasser cette belle
dame ! comme elle ressemble à maman ! » Une autre fillette,
âgée de quatre ans, disait des anges qui s'éparpillent sur la
même toile : « Est-ce que je ne suis pas aussi jolie qu'eux,
quoique je n'aie pas des ailes ? » Jusqu'à l'âge de sept ans, un
petit paysan prenait pour des oiseaux qu'il ne connaissait
pas les anges grossièrement sculptés sur l'autel de son

église rustique. Il est bien difficile de dire tout ce que l'é-
motion esthétique doit aux influences du milieu, de l'éducation, du genre de vie.

L'émotion esthétique, en éveillant tout ce qu'il y a de
plus intime dans la personnalité, produit une tendance
plus ou moins forte à l'activité. C'est que le sentiment esthétique, comme tous les autres, d'ailleurs, « s'accompagne
toujours d'une certaine tendance au mouvement »[1]. C'est
un fait très bien mis en lumière par M. Paulhan, et qui,
ainsi qu'il le dit lui-même, peut rentrer dans la théorie de
Spencer et de Schneider. Que voyons-nous chez l'enfant
déjà maître de ses forces? L'émotion produite chez lui par
l'audition d'un air désagréable n'éveille pas seulement
chez lui, comme elle le ferait chez le chien, une forte tendance à faire des mouvements désordonnés et à pousser
des cris joyeux; elle met en jeu chez lui de tout autres
tendances, le besoin d'accompagner l'air, de le mimer avec
ses gestes, le besoin d'embrasser quelqu'un, enfin, si l'instrument est laissé à sa disposition, le besoin pressant d'essayer une imitation du morceau. Un peu plus jeune, l'enfant
aurait rapproché l'instrument de ses lèvres comme pour
exercer ses organes nutritifs. Quelque image relative à la
nutrition, c'est-à-dire à la conservation personnelle, et relative à la conservation de l'espèce, c'est-à-dire aux émotions
et aux actions sociales, accompagne à tout âge, et surtout
au premier âge, l'émotion esthétique.

Le tempérament émotionnel, avec ses différences nati-
ves et acquises, se retrouve aussi dans toute émotion
esthétique. Plus l'enfant est jeune, plus cet élément,
avec l'élément actif, prédomine. Agréable à voir, l'objet
excite un vif désir de possession et de jouissance ; désa-

---

1. Fr. Paulhan, *Revue phil.*, nov. 1885.

gréable, une répulsion ou un dégoût plus ou moins prononcé. L'idéal auquel nous mesurons à chaque instant la beauté est composé des sensations qui nous ont le plus fait jouir, et implique l'exclusion de celles qui ont été les plus pénibles. L'animal ne peut traduire ces émotions idéales que par des mouvements de joie violente et comme furieuse. On dirait que son instinct de combattivité, l'un des facteurs intimes de l'émotion sociale, se réveille chez lui dans le transport de sa joie. « Quand on débarqua en Angleterre le premier bœuf brahmine, l'animal, doux et soumis pendant le voyage, ne put se contenir en apercevant le gazon. Jetant la tête avec animation, il laboura le sol de ses cornes, alternativement à droite et à gauche, dans le transport de son contentement[1]. » L'enfant tout jeune traduit aussi de la sorte ses émotions esthétiques. Mais tout jeune aussi, il précise et analyse quelque peu ces émotions en même temps que les qualités de leur objet. Ici commence le rôle de l'intelligence proprement dite.

Les émotions, comme les perceptions de l'enfant, s'attachent à tout ce qu'il y a de plus saillant et de plus élémentaire dans le sentiment et la conception du beau. L'homme instruit et exercé peut seul démonter par l'abstraction tous ces composés mentaux que résume le mot de beauté : sensations primaires, idées, émotions dérivées, idéal formé des conceptions les plus raffinées et les plus grossières de la nature animale. Ce serait peine perdue de chercher à placer un si complexe idéal devant la conscience d'un enfant de cinq ou six ans, mais non pas de lui en faire remarquer de temps à autre les traits les plus simples et les plus saillants. Je rirais vraiment d'un petit esthéticien de cet âge (je crois avoir vu de ces productions tératalogi-

1. Ch. Bell *The Hand.* p. 254, cité par Houzeau.

ques) qui, en face d'un beau site, d'un ardent coucher de soleil, d'une immense nappe d'eau, d'un spectacle imposant des montagnes, formulerait en connaisseur, en perroquet élève d'un sot maître, les raisons savantes de son plaisir. Heureux de vivre, de voir, d'écouter, de jouir par tous les sens, au sein d'une admirable nature, des exclamations naïves peuvent seules traduire ses impressions vives et diverses : « Quel bonheur d'être ici ! le beau ciel ! les beaux arbres ! les jolies pelouses ! le joli ruisseau ! la vaste mer ! la grande montagne bleue que voilà ! » Des substantifs, des verbes, des épithètes accumulés à tout hasard, mais avec une précision relative, voilà, je crois, la forme naturelle de son appréciation esthétique. Je lui passerais bien, à la rigueur, quelques formules servilement reproduites de psittacisme artistique, pourvu qu'il y mêlât des réflexions de son cru, aussi enfantines, aussi primitives, aussi inconscientes que possible.

Voici, par exemple, de naïves impressions esthétiques qu'un art, point naïf, a présentées sous une forme éminemment juste et saisissante. La forme est de l'écrivain, l'impression est de l'enfant. « Déjà, dès en entrant (dans un bal d'enfants), on entendait un peu de musique, des petits pieds ébranlant le parquet et des bouffées de voix confuses. Je prends la main d'une petite Alsacienne en corsage de velours, et maintenant voici l'éblouissement des glaces, des clartés. Le piano étouffé, assourdi par les voix de tout ce petit monde assemblé, cette confusion de la grande lumière qui faisait sous les lustres toutes les couleurs flottantes à force d'intensité, les rubans, les fleurs, les bruyères blanches des jardinières, les visages animés et souriants, tout m'est resté longtemps ainsi qu'un joli rêve avec le vague des choses reflétées, comme si, en entrant, j'avais vu le bal dans une glace, les yeux un peu troublés par l'heure du sommeil[1]. »

Voici, en revanche, du même auteur, un souvenir qui paraît un peu plus imaginé que vécu. « Mais ce qui me charmait surtout, c'était le musée ouvert sur les parterres, le *On ferme !* des gardiens vous précipitant des galeries de peinture aux allées du jardin, à l'heure où le jour tombant rend aussi vagues les tableaux et les arbres. Quoique petite fille, on sortait de là avec je ne sais quelle attention aux œuvres d'art, une susceptibilité d'impression qui vous faisait regarder les becs de gaz allumés dans la brume ou des paquets de violettes étalés sur un éventaire comme si on les voyait pour la première fois dans un Paris nouveau[2] ». Je me trompe peut-être, mais les impressions contenues dans la dernière phrase ne me semblent pas tout à fait *enfant* : fillette de douze ans, passe encore.

Il faut aussi que le petit enfant se reconnaisse au détaillé naïf de ces histoires et de ces récits, dont le plaisir est pour lui tout d'imagination et de sympathie. Toutes les fictions sont pour lui aussi vraies que des réalités, mais elles le sont autrement. Il les sent en acteur et en spectateur. Les descriptions, les réflexions que l'auteur répand autour des personnages l'intéressent moins que les actions elles-mêmes, et que le costume, les signes particuliers de ces personnages. Mais il ne s'émeut tant de cette suite animée d'aventures que parce que les faits, intéressants en eux-mêmes, sont entremêlés de sentiments qu'il connaît, qui ont été ou pourraient être ses mobiles ou ses fins. Un de mes petits amis, âgé de cinq ans, avait déjà lu au moins vingt fois je ne sais plus lequel des charmants

1. M⁻⁰ A. Daudet, l'*Enfance d'une Parisienne.*
2. Ibid.

livres de M. Girardin. Je lui demandai pourquoi ce livre
lui plaisait tant. Il fut tout d'abord embarrassé de répondre; mais son hésitation ne fut pas longue : pour se tirer
d'affaire, il se mit à me débiter par le menu, et presque
avec les mots du livre, les événements de cette belle histoire. De toutes ces émotions si vives, dont il restera
peut-être des traces ineffaçables, l'intérêt une fois passé,
et jusqu'au nom du livre oublié, l'enfant ne pouvait faire
une synthèse convenable, et il se contentait de m'en donner une simple énumération, la plus élémentaire et la plus
pitoyable des analyses. C'est ainsi que décrivaient les premiers poètes : Lucrèce lui-même, dans ses peintures comme
dans ses argumentations, procède souvent de la sorte.

Un autre mode d'expression de l'émotion esthétique,
ou du libre plaisir, dont l'équivalent se trouve dans les animaux supérieurs, mais qui ne paraît réellement développé
que chez l'homme, c'est la tendance à imiter, à reproduire
les belles choses. Tous les arts sont à la fois expressifs et
représentatifs. L'enfant tout jeune sent à sa façon la partie
expressive de la musique, c'est-à-dire le rythme, la mesure
et la tonalité; ce n'est guère qu'à l'âge de quatre ou cinq
ans qu'il en comprend grossièrement la partie représenta-
tive, c'est-à-dire le timbre et l'articulation. Un enfant de
deux ans montrait beaucoup de plaisir à entendre toute
sorte de chant ou de musique; mais certains airs, chantés
par certaines voix, dits par certains instruments, lui faisaient
éprouver une joie ou une excitation plus vive; l'émotion
allait quelquefois jusqu'aux larmes. A cinq ans, il imi-
tait, aussi bien que les membres de certain parlement,
toutes les voix de la création. A six ans, il aimait beaucoup entendre la musique du régiment. Il en portait le
jugement suivant : « Le trombone a la voix de M. X (son

maître) quand il est en colère; l'ophicléide a la voix de
papa quand il déclame des vers, et la clarinette a quelquefois la voix des canards, et d'autres la voix de notre tante
quand elle rit. » Notez que cet enfant, au même âge, jouait
passablement cinq ou six airs sur le piano. La pratique et
le sentiment, en matière d'art, comme en toute autre
matière, ne marchent donc pas de pair pour le jeune
enfant. S'agit-il de dessiner ou de mouler, l'appréciateur
et l'opérateur seront encore bien imparfaits l'un et l'autre;
mais le premier l'emportera de beaucoup sur le second.
Cela vient de ce que l'émotion esthétique s'attache bien
plus facilement aux objets de vision qu'aux objets d'audition. L'enfant peut assez bien se rendre compte de la représentation des figures. Aussi est-il aussi réaliste dans ses
jugements qu'idéaliste dans ses reproductions. L'imitation,
le calque lui paraissent le seul but de l'art. Il est bien des
gens cultivés qui applaudissent aussi, avant tout, les représentations les plus exactes de la réalité.

L'enfant a-t-il du moins un sentiment développé de
l'harmonie subjective ou objective qui se trouve dans toute
chose belle? Sans nul doute. Autrement, saisirait-il si vite le
défaut de mesure, de symétrie, qui le frappe quelquefois
si vivement dans les personnes et dans les choses? La
faculté du comique, qui est le beau renversé, implique
celle des harmonies naturelles et artificielles. Rarement,
il est vrai, cette perception d'un système dans l'œuvre
humaine ou l'objet naturel, cette perception de l'analogie
dans les différences va bien loin chez le jeune enfant.
L'imitation crue de choses qu'il comprend lui suffit, pourvu
que l'absence de symétrie ne soit pas trop accusée. Cependant, j'ai vu des enfants de sept ans faire, entre dessins et
dessins, des différences qu'ils n'auraient pas faites l'année

d'avant. Ce sont là, toutefois, de très minces progrès. L'expérience réfléchie de l'enfant ne lui en promet point encore de bien sérieux. Le temps de l'admiration réelle, de l'imitation idéale ne viendra pas encore de longtemps. Le réel progrès pour cet âge, c'est encore, avec la faculté de s'émouvoir en présence des réalités, d'apprécier assez exactement les imitations qu'on lui fait voir. Les ignorants ont un goût médiocre, celui qu'ils doivent à leurs idées, à leurs expériences passées, à l'influence de leur milieu; mais il vaut encore mieux avoir un goût médiocre que de n'en avoir point du tout. Ils jugent mal la beauté, en peinture, en sculpture, en ameublement, en toilette; mais ils n'en sentent pas moins qu'ils sont en présence d'une œuvre belle, d'un système harmonieux de lignes, de couleurs, d'ombre et de lumière, d'un tout artificiel destiné à produire tel genre particulier d'émotion. On peut critiquer leur appréciation, mais il n'en faut point rire. Ce qui serait ridicule, c'est qu'un homme portât, sur des œuvres d'art, les mêmes jugements qu'en porterait un enfant de six ou sept ans, même bien élevé.

II

Le sentiment esthétique dépend peut-être plus de nos sentiments sociaux que nos affections ne dépendent du sentiment esthétique. Les affections de l'enfant s'adressent presque toujours à quelque objet propre à satisfaire son égoïsme ou sa sensualité. Cet objet fût-il physiquement laid, ou même repoussant, l'habitude aura vite raison des premières répugnances, même chez les natures les mieux douées en fait de sensibilité et les plus affinées par l'éducation. Il y a là un très bon côté, mais qu'il y en a d'autre sorte! Si la bonté n'a pas besoin de revêtir le voile de la beauté pour séduire les âmes faibles ou tendres, le vice et la méchanceté peuvent aussi, malheureusement, se passer de beauté pour le flatter et le perdre. Une mère ne pouvait comprendre que son fils, âgé de six ans, trouvât si grand plaisir dans la société d'un sabotier voisin, aussi vilain et beaucoup moins spirituel qu'Ésope, et qui était loin de passer dans le quartier pour un exemple de bonté. L'explication du fait était pourtant bien simple : pour retenir l'enfant, dont le babillage compensait pour lui les plaisirs de toute autre société, notre homme lui faisait des histoires de revenants, qu'il entremêlait de petits cadeaux tels que pommes, noisettes, petits morceaux de bois et de ferraille. Un enfant, je ne dis pas de cinq, de sept ou huit ans, a-t-il jamais trouvé que sa mère ou son père fussent laids, ou moins beaux que d'autres?

L'enfant idéalise peu l'objet de ses affections; il se contente d'en exagérer les qualités physiques ou morales. Un enfant de six ans était fort attaché à un domestique très bon pour lui, mais qui commit dans la maison une indélicatesse telle qu'on dut le renvoyer. Quand le domestique était sur le point d'emporter sa malle, l'enfant dit à sa mère : « Est-ce vrai que tu ne veux pas que Jean revienne jamais à la maison, et que tu me défends de lui rien dire? Mais, si je le rencontre dans la rue, tu ne me gronderas pas de lui parler? — Si, car c'est un voleur. — Alors, il part pour aller en prison? — Non, je n'ai pas poussé mes droits jusque-là. — Alors, s'il n'est pas en prison, tu me laisseras bien lui parler si je le rencontre. Il est si bon! — Un voleur est un homme méprisable, qu'on doit rougir d'avoir pour ami. — Il était bien mon ami, autrefois, quand j'étais un petit voleur, que je t'ai pris des gâteaux, du sucre et même des sous. Jean sera peut-être comme moi : il cessera d'être voleur. » La beauté morale du caractère, tout comme la beauté physique, n'est pas assez profondément sentie par l'enfant pour qu'il en fasse une condition expresse de ses affections.

La mort elle-même, ce stupéfiant et immobile fantôme qui prend tout à coup sous nos yeux la place du plus tendre et du plus chéri des êtres, n'a pas pour tous les enfants ce glaçant aspect qui arrête les baisers sur les lèvres et trouble jusque dans ses intimes profondeurs la plus vive et la plus douce des affections. J'ai vu une fillette de six ans, qui déjà, il est vrai, avait eu deux fois devant les yeux le spectacle de la mort, demander à grands cris à voir sa mère défunte, pour lui faire ses adieux. A peine devant le lit, elle s'écria : « Maman, maman, réveille-toi ! il me faut maman ! Non, tu n'es pas morte, maman ! » et prenant à deux mains ce visage inanimé, elle l'embrassa avec fureur. On se hâta de l'emmener. Mais elle exigea qu'on l'habillât en noir pour l'enterrement, et elle suivit le corps à l'église et au cimetière, pleurant avec une sorte de sérieux de grande personne, ne se préoccupant que de son père, à qui elle dit à l'oreille, en sortant de l'église : « Je la remplacerai pour toi. » Ce furent les seules paroles qu'elle prononça durant la lugubre cérémonie.

Bien peu d'enfants de cet âge ressemblent à cette petite. Je crois que le type général de l'affliction enfantine, dans de telles circonstances, serait plutôt celui qu'un illustre écrivain a tracé d'après ses propres souvenirs. « Lorsque je pense maintenant à ce que j'éprouvais alors, je m'aperçois que cette seule minute de vrai chagrin a été cette minute d'inconscience. Avant et après l'enterrement, je ne cessai pas de pleurer et d'être triste ; mais j'ai honte de me rappeler cette tristesse, car elle était toujours mêlée d'un sentiment personnel : tantôt le désir de montrer que j'avais plus de chagrin que les autres ; tantôt la préoccupation de l'effet que je produisais ; tantôt une curiosité sans but, qui attachait mes yeux sur le bonnet de Mimi ou sur les figures des assistants. Je me désolais de ne pas être entièrement absorbé par la douleur et je m'efforçais de dissimuler les autres sentiments qui m'occupaient : il en résultait que mon chagrin manquait de naturel et de sincérité. J'éprouvais, d'ailleurs, un certain plaisir à penser que j'étais un enfant malheureux ; je m'appliquais à exciter la pitié, et ce sentiment égoïste contribuait plus que tous les autres à étouffer en moi le chagrin...

« Le service était terminé. Le visage de la morte était découvert, et tous les assistants, à l'exception de nous, s'approchèrent l'un après l'autre pour la baiser. Presque en dernier se trouva une paysanne tenant dans ses bras une jolie petite fille d'environ cinq ans; Dieu sait pourquoi elle l'avait amenée là. Je venais de laisser tomber par mégarde mon mouchoir humide et je me baissais pour le ramasser, quand j'entendis un cri perçant, effroyable, un cri exprimant une telle terreur que je ne l'oublierai jamais, vivrais-je cent ans, et que, lorsque j'y pense, j'en ai encore le frisson. Je relevai la tête : la paysanne était montée sur le tabouret, à côté de la bière, et s'efforçait de retenir la petite fille, qui se débattait, se rejettait en arrière avec une expression d'épouvante et regardait le cadavre avec des yeux dilatés, en poussant des hurlements. Je jetai un cri encore plus effroyable, je crois, que le sien, et je m'enfuis à toutes jambes hors de la salle à manger. Je ne compris qu'à ce moment d'où venait l'odeur lourde et prononcée qui se mêlait à l'odeur de l'encens et remplissait la cham-

'bre; l'idée que ce visage si beau et si aimable quelques
jours auparavant, le visage de ce que j'aimais le mieux au
monde, pouvait inspirer l'épouvante me dévoila, pour
ainsi dire, la cruelle vérité et remplit mon âme de désespoir [1]. »

III

Les philosophes ne comptent, en général, que la vue et
l'ouïe parmi les sens directement esthétiques. Ce qu'on peut
dire, c'est que ces deux sens étant les plus représentatifs
sont les plus favorables aux impressions esthétiques. D'après
Bain, les sens qui servent plus ou moins les sentiments
égoïstes ne nous donnent pas des émotions esthétiques. Il
admet cependant que les sensations qu'ils nous procurent
peuvent devenir esthétiques en idée. « Tant qu'elles se ren-
ferment dans le cadre de notre expérience actuelle ou
même de notre expérience passée ou à venir, elles sont
exclues du domaine que nous étudions présentement ; mais
quand on les considère isolément, abstraction faite d'un
individu qui les accomplit, elle deviennent la propriété de
l'artiste. Ainsi, l'intérêt que nous prenons à la nutrition, à
la subsistance de la vie animale, est un intérêt qui n'a rien
d'exclusif. Une circonstance secondaire, respirer l'air pur
et libre, apporte à l'esprit l'idée d'une respiration abondante qui réjouit ; elle est très intéressante et assez élevée
pour être digne du pinceau de l'artiste... La jouissance
actuelle de la chaleur et du froid est sensuelle pour parler
ainsi, mais la suggestion de ces effets à l'esprit de l'observateur par des circonstances associées, couleur, lumière,
ombre, devient raffinée, artistique... Lorsque nous con-

1. Traduit de Tolstoï, *Revue polit. et litt.* du 2 janvier 1886.

témplons Sancho Pança perdant son dîner par les ordres du médecin, cette contemplation appartient à la sphère élevée de l'intérêt exclusif. Les apparences, qui indiquent la propreté ou l'absence de toute cause de dégoût, sont d'agréables associations avec l'annulation de souffrances organiques. Les odeurs douces auxquelles on fait une allusion qui nous les rappelle vivement, appartiennent au genre de plaisir que nous étudions... Tout ce qui donne un cachet plus intellectuel aux objets de plaisir, pourvu que ces objets restent dans le domaine de la compréhension générale, élève le caractère de ces objets et les rend plus généraux. C'est là qu'est la supériorité de la littérature sur tous les autres beaux arts [1]. »

Les sensations inférieures, les plus basses même, ne sont donc pas absolument incompatibles avec l'émotion esthétique. Mais il est bien difficile d'en arrêter l'expression, aussi bien que la jouissance, sur la limite où disparaissent la décence et la pudeur.

Il y a souvent de très grandes différences, quant à l'instinct de décence ou de propreté, entre les enfants d'une même famille. J'en prends au hasard un exemple. Paul, dès l'âge de deux ans, était propre et discret dans tous ses actes et dans toutes ses paroles. On ne savait jamais quand la nature chez lui devenait pressante. Comme le cas est rare chez les enfants de cet âge, on s'en étonnait : « C'est que, disait sa mère, nous avons entre nous de petits signes d'intelligence, et nous savons nous éloigner discrètement dans ces occasions-là. » L'instinct général de propreté est chez lui héréditaire : il le tient de son père, et celui-ci de son propre père, dont sa belle-mère disait : « Il est sobre et propre comme un oiseau. » Son frère Albert est loin

_____
1. Bain, les *Émotions et la Volonté*, trad. par le Monnier, p. 224.

'd'avoir cette qualité en partage, et l'on ne voit pas que l'éducation ait beaucoup réussi à la lui donner. A l'âge de deux ans, le mot grossier revenait souvent sur ses lèvres. Cela choquait et inquiétait beaucoup sa mère, qui l'avait élevé comme son premier-né. Il entre un jour dans le salon rempli de dames en visite. Ses premiers mots furent : « Je suis une petite poupée, la jolie petite poupée de maman; mais je fais... toute la nuit. » A sept ans, à huit ans, l'éducation avait réduit, mais non supprimé cette tendance à se préoccuper et à s'éjouir des images les plus grossières. Elles entrent encore pour un bon tiers dans ses plaisanteries incessantes.

Cette disposition, quand elle est très accusée et persistante, n'indique pas seulement des tendances à la grossièreté. L'enfant dont je parle sait fort bien être aimable, délicat et poli, lorsqu'il le juge nécessaire. Mais ses plaisanteries épicées sont comme la voie la plus facilement ouverte à sa belle humeur. Il y a là une sorte de contradiction qu'on a signalée plus d'une fois chez des hommes, d'ailleurs, capables d'idées élevées, de bienveillance polie, de délicatesse morale. Pour n'en citer qu'un exemple, on sait dans quel joyeux cynisme de paroles l'illustre seigneur de Montbard oubliait sa pompe artificielle de courtisan et d'écrivain. Je pourrais citer aussi maint illustre contemporain, littérateur, artiste, homme d'État, qui ne cherchait pas dans Rabelais uniquement la naïveté du vieux langage et ce que La Bruyère appelait « le mets des plus délicats. » M. J. Lemaître, ce critique de tant d'esprit, qui sait tout dire avec finesse et agrément, nous donnera peut-être la clef de l'énigme. Ayant à s'expliquer, chez un poète idéaliste, ce mélange inattendu de la plus basse jovialité, voici comment il s'en tirait : « Je pense que cela s'explique par l'association fatale d'images qui, dans la réalité, sont toutes p₁oches, en sorte que celle qui est ignoble béné- ficie du voisinage de l'autre et devient plaisante parce qu'elle la rappelle. Puis, certaines fonctions de ce misérable corps, si elles peuvent sembler avilissantes, sont bonnes pourtant par le soulagement et l'aise qu'elles apportent, par l'idée de joyeuse vie animale qu'elles éveillent dans l'esprit, et sont en même temps comiques par le démenti perpétuel qu'elles opposent à l'orgueil de l'homme, à sa prétention de faire l'ange. Il y a là une source intarissable de gaieté grossière. Il est seulement singulier qu'un artiste aussi recherché s'y complaise[1]... » C'est bien ici, en effet, que l'usage paraît abus. Interdire absolument à l'enfant tout jeune et à certains enfants plus âgés ce plaisir du comique incongru, auquel des adultes bien élevés ne savent pas tou- jours se soustraire, est beaucoup plus difficile que de garder le sérieux, quand ces grosses plaisanteries font explosion. Il est, d'ailleurs, plus d'un cas familier, où l'adulte le plus collet-monté ne peut que sourire à certaines plaisanteries dites, comme dans les vers suivants, avec une mesure parfaite[2] :

> Leur ennemi changea de note,
> Sur la robe du dieu fit tomber une crotte :
> Le dieu la secouant jeta les œufs en bas.

Cette complaisance habituelle pour un mélange d'idées basses et d'idées joyeuses a donc une base essentielle dans la vitalité des fonctions digestives. Aussi a-t-on appelé la gaieté de Rabelais une gaieté physiologique. Remarquons, à ce propos, que les peuples auxquels Proudhon a donné le nom de « dévorants » et de « conquérants[3] », quoique

1. *Revue pol. et litt.* du 7 février 1885.
2. La Fontaine, *Fables*, liv. I, fab. VIII.
3. V. Proudhon, *France et Rhin*, passim.

susceptibles d'idéalisme et quelquefois de mysticisme, ne laissent pas que de prendre plaisir à ce comique ultra-gaulois. J'ignore si l'*humour* des Anglais réussit toujours à couvrir décemment cette grasse gaieté qui se rattache à la puissance de l'appétit. Pour nos voisins d'outre-Rhin, les souvenirs populaires de la guerre de 1870 nous donnent bien des preuves du contraire. C'est là une tendance bien primitive, et difficilement déracinable de certaines races et de certains individus. L'éducation peut toujours au moins la réduire au minimum de force. Mais, en s'attaquant à cette tendance de la sensibilité, elle ne devra pas perdre de vue la tendance physiologique qu'elle accompagne et exprime à sa façon, c'est-à-dire l'énergie des fonctions digestives, qui doit rester en deçà de la gloutonnerie. Réprimer l'une, c'est atténuer l'autre.

IV

La décence et la pureté sont sœurs, de même que l'esthétique et la morale. Pour l'éducateur, le *decorum* et le *honestum* se confondent. Le chapitre des mœurs a de tout temps appelé l'attention des hygiénistes, et l'on n'a rien à ajouter, ce me semble, aux excellents conseils que M. Fonssagrives a donnés, après tant d'autres, sur cette grave matière [1]. Le rôle du psychologue est plus modeste : il se borne à rechercher les causes et à décrire les caractères des états mentaux qui se manifestent sous la forme de perversion morale.

1. V. l'*Éducation physique des filles*, p. 114, et l'*Éducation physique des garçons*, p. 302.

Plusieurs des causes assignées par M. Fonssagrives à cette dépravation précoce sont acceptables en psychologie. « Les causes d'impureté chez les enfants sont diverses autant que nombreuses. Si l'on peut faire intervenir, avec une certaine vraisemblance dans beaucoup de cas, cette hérédité des penchants qui s'exerce pour cet excès comme pour tous les autres, il faut aussi faire une large part à l'imitation, à des sensations fortuitement éveillées, ramenées par l'attrait et entretenues par l'habitude, à certaines éruptions qui, par les démangeaisons qu'elles entraînent, conduisent à des révélations sensuelles, à l'oubli des soins de la propreté, à une éducation de la sensibilité physique et affective que l'on dirige mal, au rôle prédominant et exagéré qu'on attribue à la vie cérébrale [1]. »

Il est certain que les impulsions sensuelles se font quelquefois sentir de si bonne heure chez l'enfant qu'on y doit voir un résultat de transmissions héréditaires. La voix du sexe parle à l'enfant un langage vaguement entendu. On peut citer des enfants de trois ans, et à plus forte raison des enfants de cinq ou six ans, chez lesquels cette tendance inconsciente se manifeste pour des personnes d'un sexe différent, par l'effet de je ne sais quelles secrètes affinités. La jeune fille dont M. Zola a dépeint l'étrange caractère, dans une *Page d'amour*, est un cas présenté comme pathologique; mais pathologique ou normal, il n'est pas aussi rare qu'on pourrait le croire. Houzeau a tort, selon moi, quand il écrit : « Si les fonctions sexuelles ne commencent pas à la naissance, les affections mentales qui s'y rapportent ne se manifestent pas non plus dans l'enfant. L'appel charnel et la pudeur n'appartiennent pas à la pre-

1. L'*Éducation physique des garçons*, p. 306.

mière période de la vie [1]. » Je pourrais citer plusieurs
exemples d'enfants des deux sexes qui éprouvèrent réellement, dès l'âge de quatre ou cinq ans, des affections
inconsciemment amoureuses, non seulement pour des enfants, mais pour des adultes de l'autre sexe. Vallès cite le
fait, ce qui est assez vraisemblable, chez un enfant de dix
ans : « Chère cousine ! grande et lente, avec des yeux bleus
de pervenche, de longs cheveux châtains, des épaules de
neige ; un cou frais, que coupe de sa noirceur luisante un
velours tenant une croix d'or ; le sourire tendre et la voix
traînante, devenant rose dès qu'elle rit, rouge dès qu'on
la regarde... Elle vient quelquefois m'agacer le cou, me
menacer les côtes de ses doigts longs. Elle rit, me caresse,
m'embrasse ; je la serre en me défendant, et je l'ai mordue
une fois. Elle m'a crié : Petit méchant ! en me donnant
une tape sur la joue un peu fort ; j'ai cru que j'allais
m'évanouir, et j'ai soupiré en lui répondant : je me sentais
la poitrine serrée et l'œil plus doux... Je reste quelquefois longtemps sans la voir, elle garde la maison au village,
puis elle arrive tout d'un coup, un matin, comme une
bouffée. « C'est moi, dit-elle, je viens te chercher pour
t'emmener chez nous ! Si tu veux venir ! » Elle m'embrasse ! Je frotte mon museau contre ses joues roses, et je
le plonge dans son cou blanc, je le laisse traîner sur sa
gorge veinée de bleu ! Toujours cette odeur de fram-
boise [2] ! »

Tout cela est normal, innocent encore, et pourtant très
vif. L'impulsion sexuelle est en train de se préciser dans
son objet et dans ses fins. D'autres fois, le plus souvent
chez des enfants un peu moins jeunes, l'impulsion se

1. Houzeau.
2. *Vingtras*, p. 22.

méprend d'objet, par pure ignorance, et sans qu'il puisse
être question de précoce perversion des instincts naturels. Tel est l'effet si bizarre, et qui devrait être le principe de tant d'autres actions plus que bizarres, auquel
la fessée administrée par Mlle Lambercier donna lieu,
pour son élève Rousseau, âgé de huit ans. D'autres fois
encore et chez des enfants plus jeunes, l'instinct sexuel
se manifeste par des méprises moins innocentes en apparence, mais non en réalité. M. Arréat cite « un curieux
témoignage de l'amour d'une petite fille de six à sept ans
pour son père. Celui-ci était absent et envoyait son linge
sale à la maison pour être lavé. Aussitôt qu'on avait ouvert
le paquet, l'enfant se roulait dans ce linge pour respirer
l'odeur de ce père chéri qu'elle était privée de caresser.
Sa tendresse filiale était mêlée d'une sensualité naïve que
l'éducation n'en avait pas encore séparée [1]. »

« On peut observer, ajoute avec beaucoup de sagacité
M. Arréat, que, chez les enfants, les mouvements tendres
trahissent librement l'instinct, parce que le désir n'est pas
venu [2]. » En effet, dès que le désir est venu, la pudeur est
bien près de le suivre. On voit même des enfants de trois
ans se cacher pour se livrer seuls ou avec des camarades
de leur âge à des pratiques spontanément apprises. Un
secret instinct les avertit qu'ils feraient mal de se livrer,
en public, à leurs impulsions sensuelles. En admettant
que la pudeur, si faible et si tardive chez certains enfants,
ne soit pas une tendance héréditaire, on peut supposer
qu'elle dépend jusqu'à un certain point du caractère individuel, ici plus libre et plus franc, là plus timide et plus
cachotier. Peut-être aussi est-elle une conséquence indi-

1. La *Morale dans le drame, l'épopée et le roman*, p. 12.
2. Ibid., p. 12.

recte de tous les effets généraux de l'éducation, qui reporte d'un objet à un autre le respect imposé de soi-même. Or, ici, l'association des idées est en quelque sorte fatale par le voisinage de certaines fonctions naturelles, et il n'est pas étonnant que la discrétion enseignée à propos de l' « objet ridicule », comme dit Rousseau, ne tourne d'elle-même à la réserve par rapport « à l'objet obscène ».

La précocité des impulsions, même dévoyées et perverties, qui se rattachent à l'instinct sexuel, même quand elle est un signe incontestablement héréditaire, ne rentre pas pour cela dans les manifestations pathologiques. Mais elle s'en rapproche et y induit fatalement certaines natures nerveuses ou faibles. Les spécialistes ont étudié ces faits dans leur rapport avec la criminalité et la folie. On connaît les ingénieuses théories, de plus en plus appuyées de preuves expérimentales, par lesquelles M. Lombroso identifie le fou-moral et le criminel-né. Or, pour ce savant criminaliste, l'enfant serait une sorte de fou ou de criminel-né. Le crime étant considéré comme un fait d'atavisme, comme un résidu sans cesse éliminé et réduit de la sauvagerie primitive, l'enfant, qui la reproduit en partie par son impulsivité, son imprévoyance, ses passions désordonnées et ses instincts criminels, offre le type temporaire du sauvage, ou du criminel et du fou. Ce type est quelquefois si bien accusé, ou si bien fortifié par les premières expériences, qu'il est condamné à persister la vie durant. Or, dit M. Lombroso, d'accord avec Charcot et d'autres savants auteurs, tous les amours anormaux et monstrueux, comme presque toutes les tendances criminelles qu'ils accompagnent ou précèdent, ont eu leur début au premier âge. Tous les excès et toutes les perversions précoces de l'instinct sexuel sont le symptôme ou le prodrome de la criminalité ou de la folie. Il n'est pas un sujet plus digne d'attention pour les parents [1].

Mais regardons les choses d'un coup d'œil plus opti-miste. L'exagération précoce des impulsions dont nous parlons est favorisée sans doute, la plupart du temps, par l'incurie, le défaut de surveillance, le défaut de connais-sances hygiéniques chez les éducateurs de l'enfant. Si, comme le dit Bain, l'amour et la sociabilité sont deux actes d'un même phénomène, et si, comme il le dit aussi, l'amour est fondé sur le plaisir de l'embrassement et du contact, ce sont là deux points sur lesquels l'éducateur doit apporter toute son attention. Donnons à l'instinct inné de la tendresse toutes ses satisfactions, et pas davan-tage. Un enfant sevré de baisers et de témoignages d'af-fection est une proie facile pour la débauche solitaire. Trop embrassé, trop caressé, surtout par d'autres que ses parents, il arrive au mal par une autre pente. Il doit trouver dans les pratiques tendres, affectueuses, mais modérées et convenables, de la sociabilité, un préservatif ou un dérivatif de la tendance amoureuse, si forte chez quelques enfants, mais à surveiller chez tous.

Accordons aussi sa part d'influence à l'esthétique géné-rale dans cette thérapeutique morale. « L'art doit être enseigné à l'enfant, dit M. Marion, parce qu'il a une puis-sance éducatrice incomparable. Le beau est essentiellement *ordre et harmonie*. De l'imagination et de l'esprit, cet ordre et cette harmonie passent dans le cœur, et bientôt se manifestent au dehors par l'élégance et par la grâce : une juste proportion s'observe dans les mouvements et finit par se retrouver dans les actes. Le bon goût prend aisé-

---

1. *L'homme délinquant*. Partie I, chap. IV, p. 122; 3e édit., 1884.

ment la forme du respect de soi-même. N'est-ce pas un
lieu commun que l'art adoucit les mœurs privées et publi-
ques? Il y a des fautes et des tendances morales dont un
esprit habitué à vivre dans le commerce de la beauté ne
saurait concevoir ou souffrir l'idée [1]. » Ces excellents conseils peuvent déjà trouver leur application à l'âge de six
ou sept ans.

1. *Leçons de psychologie*, p. 200.

CHAPITRE XII

LA VOLONTÉ

I

La volition, dit M. Ribot, est un jugement pratique, c'est-à-dire un jugement accompagné de tendances à l'action, et par conséquent d'émotions excitatrices. La volition a donc trois facteurs, dont il faut étudier les progrès : l'élément moteur, l'élément intellectuel et l'élément émotionnel.

Il faut avoir fait et avoir vu faire un grand nombre d'actions de toute sorte pour avoir une idée précise des mouvements concourant à un acte donné. Or, les organes d'action sont d'année en année plus forts et mieux exercés. Ils fournissent à l'intelligence qui les dirige, même inconsciemment, des instruments d'action plus compliqués et mieux coordonnés. Les mouvements ayant servi à certaines actions s'adaptent à des fins très peu modifiées. La facilité de les accomplir contribue au désir de les faire. La nécessité de les modifier sans cesse pour les accommoder à de nouvelles expériences appelle sur eux la réflexion. C'est quand l'imitation et l'habitude ont grandement simplifié, facilité, et comme abstrait ces mouvements des diverses fins concrètes auxquelles ils ont été dirigés, que la réflexion peut se porter sur eux sans peine et avec fruit.

L'imitation et l'habitude sont les premières éducatrices de
la volonté.

« L'imitation des mouvements à vue, dit Bain, forme une
grande partie de notre éducation volontaire. » La faculté
d'imitation progresse avec l'expérience. Elle se bornait
d'abord à la répétition machinale d'actes faciles à
observer. Elle s'applique de plus en plus à des actes
compliqués et nouveaux. On a remarqué, chez les animaux, qu'elle dépend de l'acuité d'observation, et qu'elle
s'élève avec le degré de l'intelligence. Ceux d'entre eux
qui apprennent le plus vite oublient aussi, paraît-il, le
plus facilement. Il doit en être ainsi pour les enfants. Mais
je ne saurais accorder que cette faculté décroît à mesure
que l'intelligence se développe, et qu'on « peut la considérer comme inversement proportionnelle à l'originalité
ou aux facultés supérieures de l'esprit [1]. » Cette faculté
reste toujours très puissante chez l'homme le plus intelligent, mais elle se subordonne aux nécessités de la vie, et
souvent, lorsqu'elle paraît réduite dans son champ d'exercice, c'est qu'elle s'exerce dans des conditions infiniment
compliquées et parfaites. Dans les arts, dans la littérature,
l'invention est, par-dessus tout, une imitation supérieure.
On a dit que la faculté d'imiter est plus forte chez les sauvages que chez les civilisés, qu'ils copient plus vite et
mieux. Ils copient mieux des actes simples, au moment où
ils les voient faire. Mais le civilisé, tout en n'imitant en
général des actes présents que ceux qui sont le plus utiles,
puise à chaque instant dans les réserves considérables
d'idées et de tendances qui répondent à des actions déjà
imitées ou à des raisonnements déjà faits par imitation. La

1. Romanes, l'*Évolution mentale chez les animaux*, p. 218-226.

faculté d'imitation se développe donc en vertu de la loi de sélection; elle se replie sur elle-même, elle se concentre; elle vit de son acquis, elle s'étend dans le temps en paraissant se restreindre dans l'espace.

Ainsi l'enfant de cinq à six ans ne vit plus, comme quelques années auparavant, à peu près exclusivement dans le temps présent. Il vit beaucoup de ce qu'il voit, de ce qu'il entend, mais beaucoup aussi de ce qu'il a vu et entendu. Les actions nouvelles, les raisonnements qu'il apprend le mieux sont ceux qui ressemblent le plus à ses acquisitions antérieures. Or, comme l'enfant, il est vrai, dans une moins large mesure que l'adulte, n'imite que ce qui lui plaît, l'émeut ou l'intéresse le plus, on peut déjà apprécier le caractère et l'intelligence d'un enfant de cinq ans d'après la nature de ses imitations les plus fréquentes. Tel enfant imitera les gestes émotionnels plutôt que les actions à fins intellectuelles ou pratiques; tel les intonations joyeuses, tel autre les intonations bouffonnes, un autre les attitudes et les paroles destinées à exprimer la politesse; celui-ci aura une très forte tendance à manier les instruments des travaux pratiques, celui-là les instruments de musique; les plus intelligents imiteront les attitudes d'observation, les tons de voix expositifs, les formules logiques d'induction ou de déduction; les imaginatifs chercheront surtout à réaliser les actes à leur portée, dont ils sont témoins ou dont un récit oral ou écrit leur donne une vive impression. En un mot, la tendance à l'imitation, tout en révélant les caractères, indiquera les facultés maîtresses des esprits, et surtout le degré d'abstraction et de réflexion dont ils sont capables. Les tempéraments simplement émotionnels seront prompts, mais inconstants et significatifs dans leurs imitations; les enfants

mous n'auront que des velléités et des essais informes
d'imitation ; les tempéraments actifs, décidés, seront énergiques et patients, les esprits vifs et intelligents audacieux
et indépendants dans leurs imitations. Aux uns, il faut la
perception nette et détaillée des actions ou des raisonnements, pour que leur tendance imitatrice entre en branle ;
un simple mobile suffit, aux autres, avec un signe, un
mot suggérant l'image de l'action.

Mais les imitations des jeunes enfants qui paraissent le
plus soumises au contrôle de la conscience et de la volonté
appartiennent le plus souvent à ce qu'on peut appeler
l'automatisme d'un être intelligent. Chez la plupart d'entre
eux, l'imitation agit presque toujours à la manière d'un
réflexe, et par une sorte de suggestion de la vue ou de
l'image. Le mot est bien sage et bien vrai, qu'il ne faut
rien faire de mal devant les enfants. J'en ai connu un, très
intelligent pourtant, qui ne pouvait s'empêcher de répéter
les deux ou trois derniers mots des paroles entendues ; un
autre qui, devant les personnes en visite, copiait, sans s'en
douter, toutes les poses et les attitudes qu'elles pouvaient
prendre. Une jeune fille de six ans ne manquait pas de reproduire, dans des essais plus ou moins réussis, les actions
bizarres ou dangereuses dont le spectacle ou le récit
l'avaient frappée, à tel point qu'elle cassait les objets fragiles qu'elle avait vu toucher de telle façon par la bonne,
qu'elle avait la fantaisie de saigner les poulets en l'absence
des personnes de la maison, qu'elle jetait du pétrole au feu
pour voir si cela produisait un incendie, et autres imitations touchant à la folie, et dépendant peut-être de quelque altération pathologique. Les médecins ont d'ailleurs
observé des névroses curieuses qui portent ceux qui en sont
atteints à exécuter impulsivement, non seulement les actions

qu'ils voient faire, mais celles qu'on leur dit de faire, si
dangereuses, violentes ou obscènes qu'elles puissent être.
L'exécution de telle suggestion est faite en apparence avec
conservation manifeste de l'intelligence, et contre la volonté
du sujet. Mais cette tendance à produire des actes suggérés
en dépit de la raison peut n'indiquer autre chose que la
faiblesse relative et passagère des centres modérateurs de
l'action. Elle caractérise, chez les adultes, les races inférieures. Chez les enfants des races civilisées, lorsqu'elle
atteint, à six ou sept ans, des proportions considérables,
elle révèle, aussi bien que l'indolence apathique, une
névrose préparée ou aggravée par des habitudes vicieuses.

II

Le principal effet et la principale utilité de l'imitation,
toujours si puissante chez l'enfant, c'est de lui faciliter
d'autres imitations, et de le mettre en état de s'imiter lui-
même. Cette organisation et cette économie de la force
imitative produit les bonnes habitudes en tout genre.
Prendre des habitudes, on ne le voit souvent que trop
chez l'enfant, ce n'est pas nécessairement en perdre
d'autres. Il est rare que les habitudes même contraires
s'excluent. J'ai un gros chat, point méchant, mais obstiné,
et que je n'ai pas su dresser à obéir : si je veux le pousser
de dessus ma table, même en lui disant de descendre, il se
pelotonne et offre à ma main son gros corps ramassé comme
un mur de résistance ; ma ménagère, dont il connaît la
main prompte à châtier, n'a qu'à lui dire : « Descends! »
pour qu'il décampe. C'est un fait aujourd'hui bien
constaté et bien expliqué que la personnalité de l'enfant

et celle aussi de l'adulte, peut revêtir successivement plusieurs formes diverses. Des enfants, merveilles de douceur,
de sagesse, de bienveillance, tant qu'ils restent au giron de
la famille, se trouvent subitement indisciplinés, vicieux,
insupportables, à peine ont-ils fait leur entrée dans un
groupe scolaire. C'est ce qui fait que si peu de parents
connaissent exactement les qualités, et même les défauts
de leurs enfants. Je conseille aux plus sages de s'enquérir
de l'opinion des étrangers, des camarades et des maîtres,
s'ils veulent juger leurs enfants en connaissance de cause.

Certains éducateurs disent qu'il est des habitudes durables et des habitudes transitoires. Mon avis est que toute
adaptation, une fois faite, peut laisser un germe quelconque
de réminiscence. Toutefois, les habitudes les plus tenaces
paraissent être celles qui conviennent au tempérament naturel et aux inclinations les mieux établies. La répétiton n'est
pas toujours une condition certaine de durée pour les habitudes. Si le goût ou l'aversion pour la chose faite ou évitée ne
vient joindre ses effets à ceux de l'habitude, celle-ci risque
d'être entraînée dans le cours des expériences ou des habitudes nouvelles. Le sentiment est le ciment naturel qui
relie les habitudes entre elles. Grâce à lui, on peut, en toute
sûreté, faire du neuf avec le vieux, modifier toutes les
habitudes pour les adapter à des circonstances nouvelles.
D'une ou d'une autre façon, le sentiment les fera reparaître
dans leur primitive fraîcheur, quand le besoin s'en fera
sentir. Vous avez beau morigéner un enfant, raisonner
avec lui, pour lui donner l'habitude de l'obéissance, de la
propreté, de l'exactitude, de l'application à ses devoirs,
de la douceur envers les animaux : l'habitude sera prise;
mais elle pourra se perdre si quelque sentiment, l'affection, l'amour-propre, ou la crainte, ne rattache tel groupe

de mouvements ou d'actions à quelqu'une des fibres les plus intimes de sa personnalité.

Conclusion pratique : commençons par bien étudier les enfants; ayons la clef de leurs caractères; sachons ce qu'ils aiment ou haïssent le plus : les habitudes que nous leur donnerons ou que nous leur laisserons prendre seront d'autant plus vite acquises et plus vivaces qu'elles seront en plus grande conformité avec leur nature émotionnelle. Par là seulement nous serons maîtres de gouverner l'attention de l'enfant, de l'appeler à s'observer, quand il agit, ou du moins à réfléchir sur ses actes faits, et à s'en donner la raison, autant qu'il est possible et nécessaire.

Mme Guizot, dans ses précieuses *Lettres sur l'éducation*, a institué une discussion çà et là très approfondie sur l'importance des habitudes. Elle se défie des habitudes machinales : elles peuvent devenir une sorte de tic moral; par exemple, l'enfant auquel vous donnez simplement des habitudes d'ordre « rangera pour ranger et prendra la manie de l'ordre au lieu d'en contracter l'habitude. L'épargne, enseignée à celui qui n'en peut comprendre le véritable avantage, prendra pour but le plaisir d'épargner et deviendra de l'avarice. Ainsi en sera-t-il de toutes les habitudes formées par une suite d'actions irréfléchies, sous l'empire d'une volonté que vous n'aurez point comprise[1].» Cette éducatrice d'une raison si élevée et d'un jugement si délicat voudrait donc que les habitudes fussent toujours « précédées de la connaissance du devoir qui les impose[1] ». Combien peu d'habitudes, à ce compte-là, pourrions-nous donner aux enfants, si nous attendions pour ce faire l'âge ou l'occasion venue de leur en donner les raisons! Mais

1. *Lettres de famille sur l'éducation*, t. I, p. 87.

avec un esprit aussi délié que celui de Mᵐᵉ Guizot, il
y a toujours moyen de s'entendre. Essayons. Mᵐᵉ Guizot
déclare elle-même que l'habitude « seconde, chez l'homme
fait, la puissance de la raison, qu'elle la devance ou même
la peut hâter chez l'enfant. » Il faut s'en tenir d'abord là.
Suggérer aux enfants, si jeunes qu'ils soient, quelque raison d'une habitude qu'on leur donne, c'est fort bien,
quand c'est possible. Mais il faut remarquer qu'une habitude bien prise, c'est tout un ensemble d'images et de
sensations connues, sur lesquelles il est d'autant plus
facile de porter l'attention des enfants. La routine, c'est
notre raison agissant chez l'enfant à la place de sa raison,
mais qui la prépare. L'essentiel n'est pas de donner la
raison de toutes les habitudes qu'on doit suggérer ou
imposer au jeune enfant, mais de l'amener à réfléchir, le
cas échéant, sur quelques-unes de ces habitudes. Ce pli
de réfléchir, à l'égard de quelques actions, vaudra pour
une foule d'autres. « Réfléchir, délibérer est, au premier
titre, la vraie manifestation de la spontanéité intelligente,
la condition essentielle de la moralité, la marque propre
de l'homme. Eh bien, par les lois mêmes de l'habitude,
ce travail de réflexion se fait, lui aussi, de plus en plus
facilement, de plus en plus parfaitement, de plus en plus
volontairement, à mesure qu'il s'est fait davantage. On
prend ainsi littéralement l'habitude de se défendre contre
les habitudes [1]. »

On ne saurait mieux dire. Mais, encore une fois, et on
ne peut trop y insister, il faut que le sentiment vienne en
aide à la réflexion pour soutenir les habitudes. Mᵐᵉ Guizot
elle-même nous le prouve par un exemple. L'héroïne de

[1]. Henri Marion, *Leçons de psychologie*, p. 189.

son roman d'éducation, Mme d'Ailly, stylée par son mari, se range à la méthode des habitudes fondées sur des principes. Depuis deux jours qu'elle a commencé de l'appliquer, tout s'est passé avec une merveilleuse ponctualité. Le zèle augmente en raison de la nécessité de l'exactitude. Elle reconnaît déjà, autour d'elle, à une disposition plus calme la puissance de cette loi extérieure pour imposer silence aux incertitudes et aux agitations du dedans. Elle espère que ce moment d'honnête ferveur l'aidera beaucoup à corriger Sophie de sa disposition à l'humeur et à la colère. Le désir de satisfaire sa mère l'agitait au point qu'elle s'emportait pour une tâche mal faite, qu'elle considérait comme un acte de dureté révoltant la plus légère sévérité de la part de sa mère. Celle-ci l'a menacée de la confiner dans sa chambre pour tout le temps du travail, puisqu'elle ne pouvait pas réprimer ses mauvaises habitudes. La petite a supplié sa mère de lui accorder encore un peu de temps. La mère lui a accordé encore huit jours. Mais laissons la parole au charmant écrivain.

« Vous jugez quels transports de reconnaissance, quelle ardeur de promesses ont répondu à ma proposition, quels conseils de raison ont été écoutés et acceptés, avec quelle émotion de vertu s'est dit le dernier bonsoir ! Le lendemain, les résolutions n'étaient pas oubliées, mais l'émotion passée, l'habitude retrouvait son empire. A la première leçon mal sue, on reprenait son livre avec un mouvement d'humeur qui prélude toujours aux grands accès ; je l'ai retenu : « Mon enfant, ai-je dit doucement, ne commence pas, tu te souviens d'hier ; le seul moyen de tenir tes résolutions, c'est de t'arrêter dès cet instant même ; assieds-toi tout de suite près de moi, et rapprends sans rien dire. » Elle s'est assise agitée, mais contenue. Deux minutes après,

elle s'est penchée sur ma main, et la baisant : « Maman,
a-t-elle dit, je n'ai plus d'humeur. » Une bien tendre caresse
a récompensé sa victoire; j'étais heureuse, la leçon à donner
reposait sur un éloge. Tout le jour, il m'a suffi de rappeler
le bon succès du matin pour arrêter les mouvements prêts
à se reproduire, et chaque fois un sourire un peu forcé,
mais sincère, m'apprenait que si l'ennemi n'était pas encore
retiré, la lutte était du moins entreprise. Elle s'est soutenue
depuis avec plus ou moins d'efforts, mais sans notables
échecs, et j'ai déjà laissé espérer qu'au bout des huit jours
je consentirais à prolonger le temps d'épreuve. Avant-hier
j'ai profité de ce que Sophie venait d'atteindre ses huit ans
pour annoncer les nouvelles lois de ponctualité que je
prétendais établir. « Je t'en avertis, lui ai-je dit, prends
garde que ce ne soit pas un sujet d'humeur. Elle a souri et
a paru se sentir fière de braver la tentation. Louise a dit
qu'elle voulait aussi se ranger et être exacte comme sa
sœur. Sophie, pénétrée de la supériorité d'une fille de huit
ans, m'a fait entendre d'un coup d'œil qu'on ne pouvait
exiger grand'chose de cette enfant. Quant à elle, pendant
ces deux journées, son empressement à prévenir l'ordre
lui a constamment épargné la contrariété qu'elle éprouve
à le recevoir, et nous voilà fortes de deux jours presque
entièrement dévouées au bien [1]. »

Ainsi le développement parallèle des organes, de l'intelligence et de la sensibilité rend l'enfant capable d'embrasser des fins spéciales, variées, éloignées, de donner à
ses actions des motifs de plus en plus en rapport avec ses
intérêts et ses idéaux agrandis, en un mot, d'apprendre à
bien vouloir en nous obéissant par raison. Le tempérament

---

1. *Lettres de famille sur l'éducation*, t. I, p. 93.

et le caractère importent ici peut-être plus que l'éducation. Mais l'influence de cette dernière est incontestable.

III

Quelques progrès qu'aient faits l'intelligence et la sensibilité, nous retrouvons encore souvent, à cinq, à six ou
sept ans, l'impulsivité primitive, l'exubérance et la vivacité des mouvements, l'inconstance et la tyrannie des désirs. Cette impulsivité est, il est vrai, chez quelques enfants, beaucoup moins fréquente. Mais chez tous, elle a
ses jours, ses heures, ses crises, variant suivant le tempérament, la santé, l'éducation, l'entourage. Les buts sont
en général plus conscients, les résolutions moins labiles.
Mais l'enfant est encore, plus souvent que nous ne vou-
drions, un impulsif. La joie, l'espérance, la crainte exces-
sives semblent lui enlever le peu de raison qu'il a acquise
par nos soins. Nous voyons encore des enfants de sept ou
huit ans se poursuivre dans les escaliers, les corridors et
les appartements, avec les éclats de voix, le rire convul-
sif, les contorsions de sauvages en fête. Nous voyons souvent se produire des cas semblables à celui de cette fillette
de six ans, si pressée de porter un bouquet à sa grand'-
tante, qu'elle courait, le bras en avant, agitant le bouquet
de toutes ses forces ; puis, ayant trouvé la bonne vieille
endormie sur son fauteuil, elle se mit bravement à la secouer, et bondit sur ses genoux pour lui souhaiter bonne
fête. Est-ce à dire que dans ce dévergondage intermittent
de paroles et de mouvements, il n'entre pas, avec un tant
soit peu de conscience, un peu aussi d'attention directrice
ou modératrice ? Voici la preuve du contraire. Un de mes

petits voisins vient, de la part de son père, m'inviter à passer la soirée chez lui. J'entends frapper deux petits coups
à la porte ; mais, avant que j'aie eu le temps d'y répondre,
la porte s'ouvre avec fracas, et je vois la tête rose et radieuse du petit Alexandre. Sa première action provenait
d'une habitude encore mal formée ; la seconde appartenait
presque entièrement à l'influence réflexe. Un simple
avertissement suffit pour mettre en pleine conscience ces
deux séries de mouvements, dont l'une avait passé presque inaperçue. « Comme tu entres chez les gens ! dis-je
au marmot avec douceur. — C'est vrai, répondit-il d'un air
assez confus. Je ne devais pas ouvrir si vite la porte ; je
devais attendre que vous eussiez dit : « Qui est là ? En-
trez ! » Je le ferai une autre fois. »

Un geste, un mot, une impression soudaine rappellent
l'attention de l'enfant sur ce qu'elle avait seulement en-
trevu au passage. Ce petit être si remuant vous suit-il à la
promenade, vous ne savez jamais où il est, et pourtant il
se retrouve toujours, parce qu'il ne se perd jamais tout à
fait. Un régiment passe, clairons sonnants, sur la chaus-
sée du boulevard ; l'enfant quitte aussitôt votre main, s'é-
lance en avant et essaye de percer la haie des spectateurs
massés sur le trottoir ; il n'y réussit pas, et, pour comble
de malheur, pas une petite place sur le banc où dix
personnes se tiennent debout comme elles peuvent. Mais
voilà un arbre, et un gamin à califourchon sur une de ses
branches ; c'est une idée : l'enfant dirige sur vous un regard anxieux, interrogatif, suppliant. Que de choses ce
regard ne dit-il pas ! Que d'idées, de sentiments, de tendances actives, les uns très peu, les autres tout à fait
conscients ! Ce regard dit, entre autres choses : « Avec quel
bonheur et quelle facilité je grimperais sur cet arbre,

d'où je verrais défiler nos beaux soldats! Me le permettrais-tu? Non, pour une foule de raisons que je sais. Si tu voulais, cependant, encore une fois, être assez bon ou assez faible pour me laisser faire! Il t'arrive quelquefois d'avoir de ces bontés-là, de ces oublis! »

Ce qui distingue la volonté du réflexe, de l'instinct, de l'habitude, c'est, avant tout, le degré de conscience qui est en général assez net dans l'acte dit volontaire. Mais la conscience ne suffit pas pour constituer la pleine volonté; il faut aussi un intervalle, si court soit-il, entre l'idée, le désir et l'acte. Cet intervalle est rempli par le jeu des motifs et des mobiles préparant le choix. C'est ici l'œuvre de la délibération. Elle est quelquefois très simple, ne consistant que dans un choix entre faire et ne pas faire. La volonté n'est souvent pas autre chose que l'assentiment accordé à un motif ou à un moyen d'action seul ou supposé seul. Les hésitations du jeune enfant se rapportent d'ailleurs bien plus souvent aux moyens qu'aux motifs d'agir. Rarement elles se prolongent au delà de quelques secondes. Le doute et l'indécision ne sont guère de cet âge. Quand l'heure est venue des alléchants caprices, des tentations obsédantes, l'idée du blâme ou du danger associée à certaines expériences, les avertissements, les menaces, les prières, glissent sur la conscience de l'enfant. Son libre arbitre, ou ce qui lui en tient lieu, s'efface devant le mobile dominateur. Il dit alors : «Je veux » avec des gestes et d'une voix qui signifient : « Ma volonté n'y peut rien. » Il ne songe alors qu'aux moyens d'agir, si l'acte présente quelque difficulté ou quelque circonstance nouvelle. L'hésitation, la délibération durent juste autant que les obstacles qui s'opposent à l'exécution de l'acte. La délibération est surtout fort courte, lorsque l'acte de nature à satisfaire son désir dépend de lui seul, ou n'est pas sans analogie avec ses expériences passées. Cette analogie manquant, l'enfant l'imagine ; un expédient quelconque, un moyen de rencontre est mis au service de son impatient désir.

Les actes nouveaux ou peu habituels amènent en général une suspension toute mécanique des mouvements, qui n'est pas la délibération, mais qui y prépare. En effet, cette hésitation, sous le coup d'une idée prépondérante ou d'un sentiment exclusif, par le fait de l'association des idées, fait surgir de nouveaux motifs. Examinons d'abord le cas de l'attention expectante à deux fins : deux motifs antagonistes, l'un et l'autre importants, engagent un conflit de courte durée. Deux fillettes de cinq à six ans sont venues déjeuner chez leur grand'mère. On a donné à l'aînée un verre rose, un bleu à la cadette. Le bleu est un peu plus grand ; l'aînée l'aurait préféré. Elle veut le prendre à sa sœur, qui le saisit des deux mains et résiste. On donne tort à l'aînée ; celle-ci se lève, furieuse, et dit : « Je vais chez nous, papa arrangera l'affaire. » On rit de la voir si drôlement en colère. Alors, comme elle est bonne enfant, sa colère passa presque aussitôt ; mais, honteuse de se voir apaisée et d'avoir même souri après sa défaite, elle ajouta : « Je voudrais m'en aller, et je voudrais rester ; je ne sais pas ce que je veux. » Elle se rassit et resta. Pourquoi voulait-elle s'en aller, pourquoi voulait-elle rester? Les raisons du pour et du contre, très conscientes pour elle, étaient claires pour tout le monde. Rester, c'était essuyer un petit affront, éprouver un déplaisir, léger après tout, mais compensé par une réjouissance de quelques heures. S'en aller, c'était d'abord se priver d'une jolie partie de plaisir, et puis s'exposer à des remontrances paternelles. Des deux côtés, alternative importante : aussi

la lutte entre les deux motifs ne pouvait pas être de longue durée.

La qualité de l'acte volontaire dépend essentiellement
du développement intellectuel, tandis que sa quantité, son
intensité, sa force, sa constance relèvent surtout des éner-
gies actives et émotionnelles. Ce n'est pas tant le nombre
des motifs amenés en présence et mis en conflit, que la
faculté de les apprécier, qui importe. Quand l'attention
s'applique non seulement à trouver les moyens d'agir,
mais à estimer l'action à un point de vue de prudence ou
de moralité, l'enfant fait preuve d'un certain développement intellectuel. Cette appréciation est toujours fort
limitée chez un enfant même âgé de sept ou huit ans;
faute d'expériences suffisantes, il confond souvent les cas
nouveaux avec les cas habituels, et traite des cas anciens comme des cas nouveaux. Ainsi un enfant qui res-
pecte les fruits et les animaux du voisin ne se fera pas
scrupule de jeter des pierres dans un jardin plus éloigné,
ou de maltraiter des animaux dont il ne connaît peu les
maîtres. Ainsi encore il se croit en droit de faire à un professeur faible ou contrefait des avanies dont la seule pensée le ferait trembler en présence d'un autre maître.
Remarquons aussi que les circonstances extérieures, que
les modifications survenues dans l'état nerveux et émotionnel de l'enfant entraînent les changements les plus
inattendus dans son estimation des motifs. Selon que son
attention est fraîche ou épuisée, que son humeur est portée à la joie ou à la tristesse, l'enfant voit autrement les
résultats prochains de sa résolution, il ralentit ou hâte
son jugement, il se décide par raison ou par caprice. N'en
est-il pas trop souvent de même pour l'adulte? Il faut
avoir une grande force de caractère, développée et corri-

géc par l'éducation, beaucoup de présence d'esprit et de prudence pour savoir mettre le conflit moral des motifs au-dessus des dispositions variables de l'organisme et en dehors de l'influence d'une impression fortuite. « La volonté... est une résultante toujours instable, toujours près de se décomposer, et, à vrai dire, un accident heureux [1]. »

Cette éducation de la volonté marche de pair avec les progrès de la réflexion. Il est utile de porter souvent l'attention de l'enfant sur les actes, bons ou mauvais, qu'il vient d'accomplir. Souvent, même après une hésitation ayant toutes les apparences d'une délibération, l'enfant s'est décidé sans savoir pourquoi. Ce pourquoi, il peut du moins le connaître après avoir agi. Il n'est plus alors, ni au point de vue des idées, ni au point de vue des sentiments, le même que devant. Ou son désir est satisfait, et il ne porte plus obstacle à l'apparition des motifs que l'idée de l'acte aurait pu faire naître ; ou bien l'action n'a pas réussi à souhait, et, dans ce cas, à plus forte raison, l'acte devenant un objet d'attention, les idées et les sentiments qui s'y rapportent ont toute facilité pour surgir dans la conscience. C'est ainsi que l'interrègne de la raison succède souvent au règne des caprices. Quand l'enfant vient de faire un acte en contradiction avec son expérience utilitaire, il se souvient de cette expérience aussitôt l'action faite, car il sait trouver, comme nous, des excuses pour pallier sa faute, et des raisons pour la rejeter sur autrui.

« Il ne servirait de rien, dit M. Compayré, de former la volonté, si on ne lui donnait pas pour compagnon l'amour du bien. En elle-même, en effet, la volonté peut

---

1. Th. Ribot, *Les maladies de la volonté*, p. 84.

être un instrument de vice comme un instrument de vertu.
Les grands criminels font preuve de volonté à leur façon. On
peut vouloir le mal avec la même énergie que le bien [1]. »

Ce qui vient d'être dit fait pressentir qu'à six ou sept
ans l'enfant aura pu faire quelques progrès, mais toujours
bien restreints, quant à l'appréciation et à l'application du
devoir. Ces progrès sont, en grande partie, d'essence sociale.

On peut faire des actions morales sans être encore un
être moral. Il suffit pour cela que l'égoïsme agisse de concert avec la sympathie. On fera telle action pour faire
plaisir à quelqu'un, on s'en abstiendra pour lui éviter de
la peine. On peut être aussi plus ou moins disposé par
l'hérédité à suivre certaines tendances utiles ou bienfai-
santes, et à résister aux tendances contraires. Mais ces ver-
tus spontanées ne vont jamais bien loin. N'était l'éducation, elles resteraient, même pour l'homme instruit, à
peu près dans les limites de la moralité animale. La conscience et l'abstraction interviendraient fort peu pour
les régler par le jugement et l'appréciation des motifs.
La conduite morale et le sens moral doivent progresser
chez l'enfant, comme ils l'ont fait chez les hommes primitifs, par un développement parallèle de conceptions et
d'émotions avant tout sociales. Il faut qu'aux habitudes
d'amour et de respect, premiers éléments de la conscience
morale, s'ajoute le sentiment du remords, c'est-à-dire du
désaccord entre l'action faite et la règle imposée par
l'imitation et par l'habitude. Il faut qu'au sentiment du
remords généralisé et fortifié par l'expérience s'ajoute le
désir de voir accomplir et d'accomplir des actes reconnus
comme méritant l'approbation et comme produisant des

1. *Cours de pédagogie*, p. 229.

résultats utiles. En un mot, il faut que notre morale artificielle, convenue, complexe, se surajoute aux impulsions
primitives de la sympathie animale.

L'éducation morale est toute une casuistique, fondée en
partie sur l'utilité, en partie sur le sentiment. Or, l'utilité
et le sentiment comportent une infinie diversité de caractères. Certaines actions ne sont morales ou immorales,
utiles ou nuisibles, que dans certaines circonstances, vis-à-
vis ou de la part de certaines personnes. D'un autre côté,
certains actes prohibés par l'autorité morale ne le sont
qu'en vertu d'un raffinement particulier du sentiment.
Combien de pratiques ou d'abstentions uniquement fon-
idées sur des aversions et des dégoûts, sur des délicatesses
affectueuses et tendres, qui sont affaire de dispositions individuelles! [1] Vous ne ferez que difficilement comprendre
à un grossier cultivateur ou à certains de vos enfants
« nés sans pitié » que la cruauté infligée aux animaux
inoffensifs est une faute morale. Mais vous pouvez les y
amener peu à peu si vous développez en eux le besoin de
vous faire plaisir en évitant ce qui vous déplaît, si vous
attirez leur attention sur ce fait que, s'ils souffrent quand
on les maltraite, les animaux sont de même. Toute moralité consiste à fonder certains sentiments sociaux sur un
grand nombre d'expériences, et à subordonner d'autres
sentiments et d'autres impulsions à ces premiers sentiments.

IV

La faculté de diriger, de contenir, de varier, de prolonger l'action idéale, en un mot, la promptitude, l'énergie,
la fermeté de la volition sont avant tout des qualités

---

1. Bain, *Les emotions et la volonte*, p. 271.

héréditaires. L'observation des enfants de deux ans à trois ans nous en montre déjà les différences individuelles. Mais on est plus sûr de les saisir entre cinq et sept ans.

A cette époque, la volonté s'applique à des mobiles plus manifestes et à des fins plus précises ; on est donc moins exposé à confondre les actions entreprises et continuées par choix délibéré et résolution persistante avec les manifestations des désirs passionnés et des volitions impulsives. On voit en jeu une volonté trop parfaite pour qu'on puisse en supposer les qualités acquises. Ainsi, dans la petite histoire suivante, dont Arago a été l'auteur et l'historien, on doit reconnaître un fonds primitif de décision volontaire, que l'imitation a pu seulement exciter à se révéler. Je regrette de n'avoir pas le livre ¹ sous la main pour reproduire le récit tout au long.

En voici la substance. Le jeune enfant habitait un village de frontière, où logeaient souvent des soldats. Exalté par leurs récits, on était obligé de le surveiller pour l'empêcher de les suivre. Il vit un jour déboucher sur la place de l'Église quatre cavaliers espagnols, commandés par un brigadier, qui avaient passé la frontière et s'étaient égarés. L'enfant court s'emparer d'une pique oubliée chez lui par un soldat français, va droit au brigadier et le frappe de sa pique. Il allait payer cher son action audacieuse, si l'on n'était venu à temps pour le sauver. Voilà bien le germe d'une courageuse et forte volonté, qui ne pliera plus tard ni devant l'émeute menaçante, ni devant le crime triomphant.

Si l'on veut bien comprendre la nature de la volonté chez un enfant, il est bon de chercher d'abord, d'une manière générale, les mobiles auxquels elle obéit de pré-

1. *Notices historiques.*

férence. Plusieurs causes rendent cette détermination
assez difficile. La promptitude des organes à obéir à
certaines émotions, la persistance de l'action, dépendent souvent des dispositions toutes physiologiques du
moment, de l'état de repos ou de fraîcheur des nerfs
et des muscles, de l'heure où se fait l'expérience. Il faut
donc, pour trouver une moyenne à peu près exacte de la
susceptibilité et de l'énergie volitionnelle, répéter les
expériences et les varier. Il faut, de plus, se garder de
prendre pour indices du tempérament volitionnel les volitions suscitées par les émotions les plus intenses. Pour la
facilité de la volition, ce sont les mobiles de moindre
tonalité qui peuvent fournir les indications les plus sûres.
Quant à la persistance de l'énergie volontaire, elle résulte
moins de l'influence relative des émotions que de la puissance d'idéation, de réflexion et d'inhibition cérébrale,
les dispositions générales de l'organisme étant supposées
les mêmes. Les tempéraments plus actifs que volitionnels
entrent en mouvement et y persistent, passivement en
quelque sorte, sous l'impulsion d'une volonté étrangère ou
sous l'empire de l'habitude.

Montrons par deux exemples pris dans la même famille
la différence qu'il y a entre une constitution active et une
constitution volitionnelle. Un enfant maladif vient de
passer trois ans à la campagne, soumis à cette éducation
rustaude dont parle Mme de Sévigné. La vie au grand air,
les jeux et les exercices des champs, ont développé ses
forces et son adresse physiques, tandis que son instruction
est restée tout à fait en arrière. Il a l'œil et la main à tout,
dispos, entreprenant, alerte, capable même de persévérance dans les travaux analogues à ceux auxquels il est
accoutumé. Mais, en présence des actions nouvelles ou un

peu difficiles, qui demandent du choix, de la réflexion et
une certaine délibération, il montre la plus grande inap-
titude. Sa volonté passive est aussi mal conditionnée dans
ses mobiles et dans ses motifs que sa volonté active. Il a
une force d'inertie plutôt que d'endurance, par rapport
aux douleurs avec lesquelles il n'a pas fait connaissance.
Il tombe de son long sur le parquet ou sur le chemin cail-
louteux, il se heurte la tête contre la galerie de l'escalier,
il s'échaude en maniant un fer à repasser, il s'écorche les
mollets et les mains en dégringolant du haut d'un cerisier,
et il rit bonnement de tout cela.

Mais voici qu'il a violemment souffert d'une dent pressée
de tomber ; il se désole et croit tout perdu, comme certains paysans, durs au mal qu'ils se font, mais douillets à
ne pas y croire pour certaines douleurs de nature. Il s'est
à grand'peine décidé à laisser attacher un fil à la racine
de sa dent ; les larmes aux yeux, quand on vient voir si la
dent est partie, et l'encourager à la secouer, il tire, mais
moralement sans doute, comme le faisait l'illustre Balzac
en pareille circonstance. Une demi-heure et une demi-
heure s'écoulent, et il n'y a rien de fait. Il se décide enfin
à tirer pour tout de bon, en voyant son frère rire de lui
aux éclats.

Celui-ci, âgé de neuf ans, bien élevé, intelligent et
sérieux, écoute volontiers les raisons de faire ou de ne pas
faire qu'on lui donne. Quand il a une dent branlante à
chasser de son alvéole, il n'y va pas à demi : pas de fil à
tirer ; ses doigts font mieux l'affaire ; il tourne et retourne
le méchant petit os jusqu'à ce qu'il cède.

Pour sa première dent, il s'était laissé mettre un fil ; et,
comme on lui avait dit qu'il abrégerait sa souffrance en
s'y mettant gaillardement, et, un peu aussi, par vanité,

pour faire lui-même cette besogne importante, il eut vite
fait d'amener la dent.

Si le développement spontané de la volonté l'accroît
quand elle est née forte, l'éducation, qui influe bien en
quelque façon sur ce développement, peut-elle faire
quelque chose pour sa faiblesse originelle ? Voyons d'abord
ce que certaines expériences, qui continuent l'éducation
de l'adulte, font pour développer chez lui quelques-unes
des qualités de la volonté.

Un grand homme d'État disait (le mot est bien connu)
d'un de ses anciens collègues de la Défense nationale.
« Comme intelligence, c'est un philtre; comme caractère
c'est une *nolonté*. » Ce jugement, très flatteur dans sa première partie, a été malheureusement bien justifié dans sa
seconde partie. Le ministre dont il est ici question montra,
dans une circonstance très grave pour son pays, une irré-
solution qui ressemblait à une abdication de la volonté.
J'ajoute, entre parenthèse, que les hommes d'étude et de
méditation, les professeurs, les médecins, les ingénieurs,
ont en général beaucoup à faire pour leur éducation politique, plus, par exemple, que les avocats, les industriels,
les hommes d'affaires, tempéraments fortifiés et assouplis
par leur expérience pratique, intelligences pour qui la parole est un instrument d'action plutôt qu'un moyen d'expression. Eh bien, ce ministre, incomparable pour la
sagesse des vues et la netteté de l'exposition, éclairé sans
doute par une dure expérience, plus libre peut-être dans
son initiative, ou mieux favorisé par les circonstances, a
su depuis si bien concilier la prudence avec la décision et
la fermeté, a montré, en un mot, une volonté si heureusement qualifiée que le grand homme d'État, s'il vivait
encore, l'applaudirait avec enthousiasme.

Il y aurait beaucoup d'exemples à citer du développement de l'activité positive sous l'influence et par le fait même du développement de la volonté. On pourrait montrer ce développement parallèle par rapport au courage. C'est une qualité visiblement héritée. Montaigne a dit : « Le caractère de la couardise est indélébile ; à qui il est une fois attaché, il l'est toujours. » Les philosophes sont d'accord là-dessus avec les moralistes. « Si l'on en juge, dit Bain, par les différences physiologiques entre les animaux et entre les sexes, il semble que le courage dépend d'un mode particulier de vigueur nerveuse, et consume une quantité définie de la nourriture de tout le système. Verser goutte à goutte cette qualité dans une nature qui n'en est que très faiblement pourvue, cela demande l'application de toute l'énergie plastique sur un seul point et explique comment il est si rare de voir réussir les tentatives faites pour implanter cette qualité, pour l'acquérir[1] ». On ne saurait nier l'origine essentiellement ethnique de cette qualité morale. Mais l'on a vu plus d'une fois la volonté, excitée par un puissant mobile, refouler les motifs de crainte, et revêtir, ou même simuler les apparences du courage naturel. On connaît les viriles révoltes des poltrons. Le baptême du feu, pour les jeunes recrues, n'est pas un vain mot. Neuf fois sur dix, les soldats valent ce que valent leurs officiers. On peut, par nécessité, par entraînement, par sympathie, par amour-propre, et sans doute aussi par habitude, non pas machinale, mais réfléchie, se donner l'énergie du cœur et la vigueur des nerfs. Il est naturel que les mobiles sociaux qui ont développé le courage à l'origine puissent lui servir encore de

1. *Les émotions et la volonté*, p. 137.

stimulants efficaces. L'autorité du commandement, expression de la volonté sociale, les excitations de l'amour-
propre, la contagion de l'exemple, surtout donné par les
égaux, peuvent assurément beaucoup pour développer la
volonté dans ce sens, quand le tempérament paraît s'y
opposer.

Il est encore bien certain que la volonté s'exerce et se
développe dans le sens de la patience. Il a été constaté
que, pendant la campagne de Russie, la moyenne des officiers morts était de beaucoup inférieure à celle des soldats. Assurément, il faut attribuer en partie cette force de
résistance physique et morale à la supériorité des réserves
physiologiques résultant pour les officiers d'un genre de
vie et d'une alimentation beaucoup plus fortifiants que le
régime habituel des soldats. Mais le ressort de la volonté
mieux éclairée et plus exercée, plus prévoyante et plus
habituée à se modérer, était pour beaucoup dans les
dispositions morales des premiers. Les officiers ne s'exagé-
raient ni l'intensité réelle, ni la durée du mal, auquel les
soldats se soumettaient avec une apathique indifférence
ou un désespoir aveugle.

Si l'émotion était l'élément essentiel de la volition, elle
suffirait à maintenir l'impulsion agréable qu'elle a com-
muniquée aux organes. Il n'en est pas ainsi, quand il s'agit
d'actions un peu prolongées, chez les natures à volonté
faible. La persévérance est généralement, même dans le cas
où l'action plaît par elle-même ou par ses effets prochains,
en raison inverse de la précipitation à se décider et
à faire. En tout cas, la force de la volonté se montre
bien plutôt dans la persistance à accomplir des actes peu
agréables. Il est des enfants assez heureusement doués pour
réunir tout à la fois les avantages du tempérament actif,

du tempérament émotionnel et du tempérament volitionnel. La petite Rosine, âgée de six ans, est de ce nombre. C'est la fille d'un pâtissier. Son père est un homme
grand et fort. Elle paraît tenir de lui : quoique d'une figure
mignonne, elle est un peu grosse pour son âge. C'est une
travailleuse. Elle aime l'action qui réclame beaucoup de
mouvement ou de grands efforts. Bien qu'aimant beaucoup à jouer, elle passera trois heures à écraser des
fruits ou à piler du sucre. Elle se plaît beaucoup à l'école,
où elle est notée comme une des plus laborieuses et des
plus intelligentes, excepté pour les travaux à l'aiguille.
Elle s'y met pourtant de bonne volonté, et les exécute,
par devoir, avec zèle. Elle disait le lundi de Pâques : « Et
dire qu'il y a encore six jours comme cela, sans aller en
classe ! » Un dimanche soir, une voisine était en train de
déménager. La petite vient trouver sa mère : « Maman,
Mme Z... fait son déménagement ; elle a été si bonne pour
moi ! Je ne puis faire de moins que d'aller l'aider ! — Et
tu as ta robe des dimanches ! — Eh bien, je monte chercher ma robe et mon tablier de travail pour que tu me les
mettes, et j'irai donner un coup de main à Mme Z.... » Elle
alla offrir ses services à la voisine, et travailla, pendant
deux heures, comme une servante ne l'aurait pas fait.

L'imagination si prompte, chez de petits êtres ignorants,
à s'exagérer le mal présent ou futur, joue un rôle à surveiller quant à la patience volontaire. Mon père rappelait
souvent deux petits événements de son enfance, qui lui
avaient laissé une très forte impression. A l'âge de cinq an ,
comme il s'était mis à tracasser un nid de guêpes établi
dans le creux d'un arbre, il fut piqué sous l'aisselle par
une de ces irascibles bêtes. « Je sens encore le coup d'aiguillon ! » nous disait-il à quarante ou cinquante ans d'in-

tervalle. Il parlait aussi de son aisselle enflée, de ses douleurs cuisantes, comme de quelque chose d'extraordinaire. De sa vie, il n'approcha que très prudemment d'une ruche d'abeilles. Il n'en est pas ainsi de ses petits-fils. Habitués par leur père à passer, sans se gêner, mais en prenant les précautions voulues, près de deux ruches établies dans le jardin, ils savent chasser les hyménoptères faisant mine de les poursuivre, et, s'il leur arrive d'être piqués, ils viennent tranquillement se faire mettre un peu d'huile sur la peau. Il n'en est pas de même d'une jeune bonne, âgée de dix-sept ans, qui est chez eux depuis un an. Ayant été piquée à la joue par une de ces « chastes buveuses de rosée », elle n'a jamais pu s'apprivoiser avec elles. Si, passant dans le jardin, elle en entend voltiger une autour d'elle, elle s'enfuit en courant dans sa cuisine, le visage bouleversé, et poussant des cris affreux.

J'arrive à la seconde historiette de mon père. Un jars, entouré de ses oies, se dandinait dans la basse-cour. L'enfant voulut leur jeter de l'avoine, à l'imitation de sa mère. Le jars, soit qu'il se crût agacé, soit qu'il fût tenté d'abuser lâchement de sa force contre un petit être sans défense, se précipita sur lui, le cou tendu en avant, le saisit par le fond de sa culotte, et le traîna dans la cour sur une longueur de quelques mètres. « Je me croyais mort, dit l'enfant à ceux qui vinrent aussitôt le délivrer ; je croyais que le père des oies m'avait emporté pour me manger ! » Cette mésaventure n'empêcha pas l'enfant d'apprendre à se comporter de la bonne manière avec le jars et les oies. On lui apprit, et il fit son profit du renseignement, que ces bêtes belliqueuses fuiraient toujours devant lui, quand elles lui verraient une gaule à la main. Aussi passa-t-il désormais très brave à côté d'elles, et même abusa-t-il quelque peu du respect qu'elles avaient pour lui, ou plutôt pour sa gaule.

Comme nous le voyons, dans le premier cas, la volonté est restée sous le coup de l'impression pénible, exagérée et renouvelée par l'imagination. Dans le second cas, l'intelligence, éclairée et encouragée par l'expérience heureuse d'autrui, a décidé la volonté à braver et à repousser une impression de même nature.

Je pourrais citer encore une foule d'exemples pour montrer que, chez l'enfant, comme chez l'adulte. l'éducation de la volonté, quant à la répression des signes de la douleur, est beaucoup plus facile qu'il ne semble. Le couvent de M... avait ouvert, il y a quinze ans, une ambulance pour les blessés, où j'ai passé quelques mois. Le médecin était un homme du plus grand mérite, d'un caractère un peu rude, mais très calme. Nous n'aimions pas à voir cet homme impassible froncer le sourcil, quand il entendait un soldat se plaindre. Mais nous voyions un éclair de joie passer dans ses yeux, lorsqu'on restait immobile et silencieux pendant un pansement difficile ou une opération douloureuse. Et puis, comme on se sentait payé de son courage par un gracieux sourire de la supérieure, qui vous disait ces simples mots : « Vous êtes brave! » Certes, une personne qui aurait eu l'oreille collée à la porte de la salle d'infirmerie ne se serait pas doutée qu'on soignait là-dedans des blessures graves, et quelquefois mortelles. Nous riions, en entendant gémir, se plaindre, et même crier, à la première visite du docteur, les nouveaux venus, qui avaient été dorlotés et gâtés dans une autre ambulance. Mais le visage et l'attitude du docteur, notre tranquillité stoïque, la voix rassurante de la supérieure, avaient bien vite raison des plus lâches. On voyait bien, pendant deux ou trois jours, à leurs sourcils crispés, à leurs yeux inquiets, à leur bouche contractée, à leur pâleur, l'effort qu'ils faisaient pour vaincre et cacher leur émotion. Mais ils s'accommodaient bientôt au règlement moral de la maison.

Finissons par une petite histoire d'enfant, très courte, toujours sur le même sujet.

Henri a maintenant sept ans et demi. Il y a quelques mois à peine, voyant sa mère prendre avec la plus grande répugnance une potion désagréable, il pleurait et criait chaque fois de lui voir faire ces contorsions et ces grimaces. Il a passé deux mois chez son oncle, officier de santé dans un village. Là, il a assisté à plusieurs petites opérations. Il a vu son oncle, un très bon homme très bourru, malmener les patients prompts à geindre. Pour se faire apprécier de son oncle, il a une fois demandé à être purgé avec tout ce qu'il y a de plus mauvais. L'oncle a beaucoup ri, et l'a purgé. Revenu chez ses parents, comme il voyait sa mère, sa potion en main, commencer ses grimaces, il lui a pris le bol, en disant : « Voilà comment cela se boit! » et il a avalé d'un trait l'amer breuvage. Puis, d'un air triomphant : « Mon oncle le dit, les amers sont amis de l'estomac. » Il y a bien un peu, et même beaucoup d'affectation, dans ce trait-là. Mais un peu d'amour-propre ne gâte rien, à cet âge, surtout quand il excite la volonté à l'accomplissement d'actions pénibles, mais utiles.

Ainsi la volonté, comme le jugement, comme la moralité, se développe par les mêmes causes qui l'ont héréditairement constituée, c'est-à-dire par le concours de la spontanéité individuelle et des influences sociales, et particulièrement de l'autorité et de la sympathie. Nous avons même vu que, s'il y a de grandes différences entre les individus quant à l'innéité des aptitudes volitionnelles, les causes dont nous parlons peuvent les réduire plus ou moins. Toutefois, si le tempérament se modifie, se corrige, se perfectionne, il n'en revendique pas moins, soit souvent, soit fortement, ses droits. L'irrésolu, le capricieux, l'obstiné, l'entêté, auront à se surveiller, auront souvent beaucoup à lutter pour maintenir leurs acquisitions volitionnelles. C'est qu'il n'y a pas, à proprement parler, une volonté, mais des tendances à vouloir, dont la force varie suivant les objets, les circonstances et les différents états de l'organisme. Tel pourra déployer une certaine force de volonté positive ou négative dans certains cas, et pas dans d'autres. Il arrivera à vouloir tout ce qu'il peut, mais non pas à vouloir tout ce qu'il faut. Sans doute, en vertu du progrès de certaines aptitudes intellectuelles et morales, et en vertu de l'association de tous les états mentaux, on pourra se faire comme une sorte de volonté générale, paraissant susceptible d'une infinité d'adaptations ou d'applications. Mais, ne nous y trompons pas : la volonté n'est pas une entité, une faculté bonne à tout faire ; elle est plutôt un ensemble d'aptitudes limitées en extension et en intensité, bien que non limitées d'une manière absolue. C'est dans ce sens qu'il faut comprendre cette pensée d'un de nos maîtres en pédagogie : « Avec la volonté, l'œuvre de l'éducation n'est jamais terminée. Un enfant qui a appris à lire n'a plus à y revenir, c'est fini. Avec la volonté, ce n'est jamais fini, et il y a toujours à y revenir. [1] »

1. P. Rousselet, *Pédagogie*, p. 263.

FIN

Sceaux. — Imp. Charaire et fils

www.ingramcontent.com/pod-product-compliance
Lightning Source LLC
Chambersburg PA
CBHW050505270326
41927CB00009B/1907